# 成為父母的資格

## 資格

言傳身教×雙向理解×反面激勵×有效懲罰

每個孩子都是獨特的生命，請為他們提供適合的教育！

### HOW TO BE A PARENT

孔謐，沈麗丹，陳文科 —— 編著

「如果把孩子比作一塊有待琢磨的玉，
那麼父母將在上面留下第一筆雕痕。」

父母的愛讓孩子永生不忘，但是，在每一個愛的記憶中，
有些愛讓孩子幸福，使他們成長；有些愛讓孩子痛苦，令他們反感……
究竟什麼是真正的愛？我們應該如何愛孩子？

# 目 錄

# 目錄

## 第五章　正面的反應

## 第六章　給孩子的「霜淇淋」獎勵

# 目錄

# 目錄

# 目錄

## 第三部分　培養與成長

### 第二十一章　如何培養孩子的獨立性

### 第二十二章　如何解決兄弟姐妹間的衝突

### 第二十三章　責任、工作和零用錢

目錄

# 前言：請把真正的愛傳遞給孩子

愛的力量是教育中的重要力量。有位科學家說：「人類在探索太空、征服自然後，終將會發現自己還有一種更大的能力，那就是愛的力量，當這天來臨時，人類的文明將邁向一個新紀元。」

父母的愛是博大的愛，會讓孩子刻骨銘心、永生不忘。但是，在愛的記憶中，有的愛讓孩子幸福，促使孩子成長；有的愛讓孩子痛苦，令孩子反感。

有些父母，總是用挑剔的眼光看孩子，總覺得自己的孩子不如別人家的好，總嘮叨孩子這不行那不行，其結果是孩子真的不行了。

有些父母，認為孩子是接受愛的大口袋，拚命往裡塞，卻不給孩子愛他人的機會。其結果，孩子感覺不到愛，認為這一切都是應該的，於是變得無情無義、自私冷漠。

還有些父母，把孩子看作自己的私有財產，想打就打、想罵就罵，還認為「打是疼，罵是愛，不打不成材」。

究竟什麼是真正的愛？今天我們應該如何愛孩子？

## ● 第一是愛的目光

—— 注視孩子，用賞識的神情告訴孩子：「太好了！你讓我驕傲！」

對孩子，你愛的目光足夠嗎？

愛的目光是孩子成長的營養源。

與孩子交流時，成人愛的目光往往勝過語言。93 歲高齡的日本小兒科醫生內藤壽七郎先生，也是一位著名的教育家。愛哭鬧的孩子只要一見到內藤博士就會停止哭泣。

# 前言

有一天，一位媽媽帶著兩歲男孩前來找內藤醫生看病。媽媽說，一升裝的牛奶，這孩子一口氣就能喝光。因為喝牛奶超量患了過敏，皮膚刺癢睡不著覺，舉止焦躁不安。

內藤醫生不慌不忙地將白袍脫下，然後跪在那個男孩面前，看著對方的眼睛。

「你喜歡喝牛奶嗎？」內藤醫生溫和地問道。

男孩點點頭。

內藤醫生仍然目不轉睛地看著他說：「如果不讓你喝你最喜歡喝的牛奶，你能忍得住嗎？」男孩顯出一副煩躁和不滿的神色，還把臉扭向一邊。內藤醫生並不氣餒。他跟著轉到孩子面前蹲下身子說：「你可以不喝牛奶的，是嗎？」不管男孩怎樣不耐煩、拒絕回答，內藤醫生的目光一直充滿著信賴，口氣也十分誠懇。

終於，男孩輕輕地點了點頭。

奇蹟發生了。男孩回家後不喝牛奶了，溼疹症狀很快就消失了。一年半以後，他的母親認為可以多少喝點牛奶了，男孩卻說：「醫生說能喝我才喝。」母親只好請內藤醫生來幫忙。

這一次，內藤醫生仍然是看著男孩的眼睛，微笑著說：「你現在可以放心地喝牛奶了。」從那天起，男孩真的又開始喝牛奶了。

內藤醫生透過這件事總結出：哪怕是才兩歲的孩子，只要他明白了道理，就能控制自己。於是，他提出了一個響亮的口號：「愛的目光足夠嗎？」這個口號提出至今已經半個多世紀了，現在聽起來仍然覺得十分親切。

因為，今天的孩子多麼渴望愛的目光！

假如你的孩子變得煩躁不安，你可以想一想，是不是孩子缺少了愛的目光？假如你的孩子變得孤獨寡言，請捫心自問，你給孩子愛的目光足夠嗎？

## ● 第二是愛的微笑

—— 面對孩子，傳遞給孩子的訊息是：「我愛你，孩子！」

西元 1847 年，愛迪生生於美國中西部俄亥俄州的米蘭小市鎮。父親是荷蘭人的後裔，母親曾當過小學教師，是蘇格蘭人的後裔。

愛迪生從小就特別愛問「為什麼」，喜歡對一個問題追根究柢問個明白。有一次老師講一位數的加法，同學們都認真聽講，愛迪生突然舉手問老師：「二加二為什麼等於四？」老師被問得張口結舌，一時難以回答他的問題。父親也常常被他問得無言以對，只好拍拍兒子的腦袋瓜說：「去，去問你媽！」只有媽媽能夠回答他那些奇怪的問題。

有一天，媽媽正在廚房忙著，愛迪生好像有了個驚人發現似的跑來，睜大眼睛問：「媽媽，我們家的那隻母雞真奇怪，牠把雞蛋放在屁股底下坐著，為什麼？」媽媽呵呵笑了，她放下手裡的事情，認真地對愛迪生說：「雞媽媽那是在孵小寶貝呢！她把那些蛋暖熱後，就會有小雞從裡面爬出來。你看那些毛茸茸的小雞，牠們都是這樣被雞媽媽暖出來的。」小愛迪生聽了，覺得真神奇。他認真想了一會，抬頭問道：「難道把蛋放在屁股底下暖和暖和小雞就能出來？」

「對啊！就是這麼回事！」媽媽微笑著點頭。等到飯做好時，媽媽忽然發現小愛迪生不見了，到處都找不到，媽媽急了，大聲喊兒子的名字。這時，從庫房裡傳來他的聲音。媽媽覺得很奇怪，過去一看，原來愛迪生在那裡做了個「窩」，裡面放了好多雞蛋，他正一本正經地蹲在上面。媽媽更奇怪了，問道：「你在做什麼啊？」愛迪生說：「媽媽，妳不知道嗎？我在孵小雞啊！」

就這樣，在這個不怕被問「為什麼」、充滿愛的微笑的母親教育下，愛迪生雖然沒有在學校讀過幾年書，卻做出許多偉大的發明，為人類社會

的發展做出了極大的貢獻。

愛迪生對人類的貢獻如此巨大，是因為他有一顆好奇的心、一種親自試驗的本能，和對超乎常人的艱苦工作的無窮精力與果敢精神。

生活中像愛迪生一樣喜歡問問題的孩子其實有很多，他們的小腦瓜總是裝滿了「為什麼」，就看你是不是能夠帶著足夠的微笑分享孩子的「異想天開」了。

## ● 第三是愛的語言

—— 鼓勵孩子，父母常常對孩子說：「孩子，你真棒！」孩子會自豪地回答：「媽媽爸爸，我可以的！」

美國著名心理學家卡瑟拉博士曾幫助過許多人，使他們走出低谷，步入佳境。有人問道：「卡瑟拉博士，你幫助別人，最倚重的是什麼？」卡瑟拉博士毫無遮掩地公開了她的祕訣：「我使用一種奇妙無比的方法，它具有一種神奇的力量，使我能夠讓啞巴講出話來；讓灰心失望的人展露笑容；讓婚姻遭遇不幸的夫妻重新和睦。接受我診治的人，無論是精神分裂症患者還是正常人，這種力量都是我所知道的所有力量中最富成效的。我把這種力量稱為『真誠鼓勵的力量』。」

真的有那麼神奇嗎？讓我們看看汽車工業巨擘亨利・福特的一段終身難忘經歷吧！在亨利・福特汽車事業的開端，年輕的福特以他超人的智慧和眼光，歷經辛苦，繪製出一幅新型發動機的草圖，但在那個時代，絕大多數的業內人士都一致認為並堅信電氣車輛才是未來的潮流。為此，企圖改良汽車發動機的福特遭受到了無數的白眼和嘲諷。得不到理解和支持的福特為此煩惱不已，幾欲放棄。但一次晚宴上的幸遇，帶給了福特巨大的鼓舞，使他以堅定的信心堅持下來，並最終成為引領汽車行業前行的帶頭人。

在那次晚宴上，大名鼎鼎的大發明家愛迪生也應邀參加了。福特在餐桌上向靠他最近的一位出席者苦口婆心地詳細講解著自己的發動機設想，在此過程中，福特注意到，距離幾把椅子外的愛迪生也在側耳傾聽，並不斷挪動椅子向福特這邊靠近，最後，這位大發明家索性直接走到福特身邊，請他畫出他所設計的發動機草圖。

面對名滿世界的大發明家，福特既緊張又興奮，但他很快就鎮定下來，匆匆幾筆便畫出了簡略的發動機草圖，愛迪生全神貫注地研究著這張草圖，突然，愛迪生用拳頭在餐桌上重重一擊，並喊：「年輕人！」大發明家顯得格外興奮，他雙眼緊盯著草圖，用堅定的語氣對福特說道：「就是它了，你已經得到它了！」

多年以後，功成名就的福特感慨萬千地回憶道：「愛迪生先生擊在餐桌上的那重重一拳，對我而言，它的價值等同整個世界。」

看來，真誠的鼓勵的確具有一種神奇的力量。一個堅定的手勢、一個肯定的眼神、幾句簡短的話語便足夠改變一個人的一生。

## ● 第四是愛的渴望

—— 調動孩子，讓孩子在朝思暮想中獲得愛，使他們明白：幸福不會從天而降，你要尋找快樂嗎？自己去努力！

著名畫家達文西的父親彼特羅是一位令人稱道的好父親，他培養孩子的信條就是：給孩子最大的自由，讓孩子發展自己的興趣。

6歲那年，達文西上學了，在學校裡學了很多知識，但對繪畫最感興趣。一天，他上課不專心聽講，還畫了一幅老師的速寫。回家後，達文西把速寫給父親看，父親不僅沒有生氣，反而誇獎他畫得很好，決定培養他在這方面的才華。

# 前言

正是因為父親如此開明，達文西才能全身心地投入到自己喜愛的繪畫中，甚至敢專門畫畫恐嚇老爸。一次，他花了一個月時間，在盾牌上畫了一個兩眼冒火、鼻孔生煙，看起來十分可怕的女妖。為了把父親嚇一跳，他還關緊窗戶，只讓一縷光線照到女妖的臉上。後來，父親一進家門就被盾牌上的畫嚇壞了，可是等達文西哈哈大笑地解釋完，他竟然也沒有責備兒子。

16 歲那年，父親把達文西帶到畫家委羅基奧（Andrea del Verrocchio）那裡學畫畫。在委羅基奧的指導下，達文西刻苦學習，掌握了許多繪畫技巧，終於成為一代大畫家。

## ● 第五是愛的細節

—— 感染孩子，細節最能使人心動，要讓孩子從生活的細節中學會發現愛、感受愛。

俄國文學家列夫・托爾斯泰十分注重培養孩子的學習興趣，他常常抽時間講故事給孩子們聽，並回答他們提出的各種問題。

托爾斯泰從不強行灌輸知識給孩子，而是根據孩子們的愛好和興趣來教育他們。有一段時間，孩子們對作家凡爾納（Jules Gabriel Verne）的作品很感興趣，托爾斯泰就一本又一本地唸給他們聽。

後來，他發現《環球世界 80 天》（*Around the World in Eighty Days*）這本書沒有插圖，為了幫助孩子們理解故事情節，他竟然每天晚上用鵝毛筆親自為該書描製插圖。托爾斯泰的時間是寶貴的，但是他認為，把時間花在提高孩子的學習興趣、激發孩子的求知欲方面是值得的。

## ● 第六是愛的管教

── 約束孩子，讓他們從小懂得，每個人都要對自己的行為負責，要走好人生的每一步。

著名作家、畫家、教育家劉墉有一雙兒女，兒子叫劉軒，已獲得哈佛大學博士學位，並出版了四本書，女兒叫劉倚帆，才貌雙全，14歲便以優異成績，獲得美國「總統獎」。雖是同胞兄妹，但劉墉對兒女的教育方式卻明顯不同。他對兒子用中國傳統的教育方式，告誡兒子：「你必須成功，不能失敗。」

兒子小時候種花，不敢用手和泥，劉墉就和了一堆稀泥，強迫兒子把手伸進去；兒子看電視他要管；兒子打電話他也要限制；為了訓練兒子的膽量，他把兒子送到曼哈頓「毒蛇猛獸出沒」的地方上國中，每天通勤要花3個小時；兒子考上哈佛大學，他帶著兒子跪在爺爺墳前說：「你的孫子考上了哈佛大學！」

教育孩子沒有現成的模式可套，對於這一點，劉墉有著切身的體會。兒子雖是哈佛博士，卻經常不務正業，到動物園幫獅子、老虎照相。一天，劉墉去看舞臺劇，發現那個忽而辣妹、忽而扮小丑的演員竟是兒子。他氣不打一處來，回家跟妻子說養了個「沒用」的兒子。朋友開導他：「這有什麼奇怪的？你年輕時不就很調皮嗎？」劉墉想，還真的是這樣。時代不同了，做父母的應該「與時俱進」。後來，他對兒子放寬了，給他自由，效果反而更好。兒子跑到阿拉斯加拍電影，又出書又創立公司，事業做得很成功。

所以，劉墉是真正懂得了「約束」是為了給孩子更好的「自由」這道理的父母。

# 前言

## ● 第七是愛的胸懷

—— 包容孩子，讓他們有重新開始的機會。

西元 1800 年，德國哈勒附近的一個叫洛赫的村莊，有一個被認為是痴呆的嬰兒出生了，他的名字叫威特。威特的父親卡爾·威特曾悲傷地嘆息：「我究竟有何罪孽，上帝給了我這樣一個傻孩子？」威特的母親也說：「這樣的孩子教育他也不會有什麼出息，只是白費力氣。」鄰居們儘管在口頭上都勸慰他們要「想開點」，但背地裡也都認為威特是個白痴。

然而，卡爾·威特畢竟是個有驚人獨特見解的人，他的信念是孩子必須從嬰兒時期開始教育，孩子教育必須隨著嬰兒智力曙光的出現開始，父母也必須學會包容孩子的一切缺陷，若是這樣，一般的孩子都能成為不平凡的人。

於是，他踏踏實實地按照自己的計畫教育威特，結果這個被人嫌棄的傻孩子，不久後就讓鄰居都刮目相看了。經過早期教育，威特 8～9 歲時已能夠自如地運用德、法、義、拉丁、英和希臘等 6 國語言，並通曉動物學、植物學、物理學、化學和數學。

9 歲那年，他又獲法學博士學位，14 歲不到就被授予哲學博士學位，兩年之後又獲法學博士學位，被柏林大學聘為法學教授。在其一生的職業生涯中成績顯赫。

## ● 第八是愛的機會

—— 讓他們體會到：索取可以使人滿足，但付出才是真正的快樂。

美國作家馬克·吐溫是一個有著鮮明個性的文學家，他的小說語言簡練生動、風格幽默詼諧，他對孩子的教育就像他寫的小說一樣，也充滿了幽默、輕鬆的情趣。

馬克‧吐溫有3個女兒，他對她們無限慈愛，家庭中充滿了溫馨。從女兒開始懂事那一天起，他就讓她們坐在自己就座的椅子扶手上，講故事給她們聽。故事的題目由女兒選擇，她們常不假思索地拿起畫冊，讓父親根據上面畫的人或動物即興編故事。馬克‧吐溫雖然可以毫不費力地編出一段生動的故事，但是每次他都非常認真，從不敷衍。

在這個家庭裡，父母和女兒之間始終保持著一種平等、民主和相互尊重的關係，洋溢著和睦融洽的氣氛。父親從來不擺出長輩的架子、從不訓斥女兒。如果孩子有了過失，馬克‧吐溫也絕不姑息，讓她們記住教訓，不再重犯，只是馬克‧吐溫懲罰女兒的方式也與眾不同。

一次，馬克‧吐溫夫婦想帶著孩子到農莊度假，一家人坐在堆滿乾草的大車上，搖搖晃晃地向郊外駛去，一跑上飽覽美麗的田園風光，這是女兒們嚮往已久的事了。可是就在大車出發前，大女兒蘇西動手打了妹妹克拉拉，儘管事後蘇西主動向母親認錯，但是按照馬克‧吐溫制定的家規，蘇西必須受到懲罰。

懲罰的方式由女兒自己提出，經由母親同意並付諸實施。蘇西提出幾種受懲的辦法，包括她最不情願受到的懲罰 —— 不坐乾草車旅行。猶豫了老半天，蘇西終於下了決心對母親說：「今天我不坐乾草車了，它會讓我永遠記住，不再重犯今天的錯。」馬克‧吐溫非常理解女兒為自己決定的受罰方式，對她究竟有多大的分量，他後來在回憶這件事時說：「並不是我讓蘇西做這件事的，但想起可憐的蘇西失去了坐乾草車的機會，至今仍讓我感到痛苦 —— 在26年後的今天。」

馬克‧吐溫給予女兒的是友好、接納和民主的家庭生活環境，女兒在尚未成年的時候就對父母充滿了愛與尊敬。

所以，我們今天有幸成為父母，就不能忘記父母的責任是在孩子心中播種愛、培養愛、傳播愛；我們今天有幸培育孩子，就要讓孩子明白，他

# 前言

們的責任是發現愛、感受愛、發揚愛。

真正愛孩子的父母，要在孩子面前表現得弱一點，給孩子一點愛他人的機會，別總把自己看成是高山，視孩子為小草，讓孩子靠著你、仰視你、懼怕你；更不要當大傘，視孩子為小雞，為孩子遮風擋雨，讓孩子弱不禁風。

換個位置、換個形象吧！讓孩子做高山，孩子就會長成山；讓孩子當大傘，孩子就能頂天立地。我們留給孩子最寶貴的東西，就是教會孩子如何做人。

# 第一部分　言傳身教

# 第一章
# 成功的父母

沒有時間教育孩子，就意味著沒有時間做人。

——蘇霍姆林斯基

3 歲的卡娜想幫媽媽擺碗盤準備吃午飯。她拿起一瓶牛奶想往杯子裡倒，可媽媽卻一把奪過牛奶瓶責備地說：「孩子，別動！妳還小，會把牛奶灑得滿地都是，讓我倒。妳來鋪桌布吧！」卡娜生氣地看了媽媽一眼，轉身離開了房間。

安妮的兒子安東尼在他 6 歲時經常扣錯上衣的鈕扣。有一天安妮對兒子說：「寶貝，我有個主意。為什麼你不想想，如果你從最下面的鈕扣開始扣，那會怎麼樣呢？」兒子安東尼照辦了，用一雙小手從最下面的那顆扣子扣，當上面不再有「多餘」的鈕扣時，他高興得眉開眼笑。

第二天，安妮決定再用這種方法，試試幫助孩子解決別的問題。安東尼總愛把自己的衣服掛在帶鉤的衣架上，可是因為他不把褲子攤開，而是弄成一團就往上掛，所以往往掛上好多次，褲子總又掉下來，兒子急得滿臉通紅，還不讓媽媽動手幫忙，似乎偏要讓褲子「聽他的話」。

安妮在兒子失敗幾次之後輕聲地建議他：「寶貝，要是你抓著褲子的背帶抖一抖再往鉤上掛，看看會怎樣呢？」安東尼想了想，拾起掉在地上的褲子，抓著背帶使勁地抖了一下，往鉤上一掛：褲子掛上了！孩子面帶笑容高興地喊道：「哇！成功了！媽媽，我掛上啦！」

還有一個小故事，一個年僅 11 歲的少年，把足球踢到一家商店的櫥窗上，砸碎了玻璃。商店老闆找到少年的父母，要求賠償損失。少年的

父母賠了錢之後，卻把帳記到兒子頭上，他對兒子說：「玻璃窗是你弄破的，你應該負起賠償的責任。我現在先幫你墊，你要利用假期的時間打工，還清這筆錢。」

結果，少年打了整整一個暑假的工，才還清這筆錢，總共 15 美元。

這個少年就是後來的美國總統雷根。當了總統以後，雷根還常常提起少年時的這件小事，他說是父母教他學會做個負責任的人，使他一生受益無窮。沒有父親的教誨，他很可能長成另一種人，當不了美國總統。

如果是你，你會怎麼處理這件事？

會不會說：不就一塊玻璃嗎？爸爸媽媽幫你賠。

有這樣堅強的後盾，做子女的還有什麼好怕的？或者，你會嚴懲不貸，打罵、不讓吃飯……這種管教有時會適得其反。

孩子或許會把懲罰記在心裡，或許會化作仇恨 —— 乾脆再打破幾塊玻璃，也不是不可能。

如果在你的管教下，孩子再也不犯錯，那也要看看是迫於壓力還是真的明白了道理。孩子做錯事是難免的。尤其是現在的孩子，可能每天都會做錯事。所以這就提出了更高的要求給我們這些父母。

個人認為，家庭教育尤重於學校教育。

如果父母喜歡高聲說話，孩子的聲音估計低不了；如果父母經常口出髒話，孩子的口頭語肯定也不少；如果父母不注意儀表，孩子可能會拖拖拉拉；如果父母處事強硬，孩子也許會比較霸道……

家庭教育是孩子的啟蒙教育，孩子從出生到上學，或者到離家求學前，與父母的接觸是最親密、最頻繁的。孩子的世界觀、人生觀的形成，主要來自父母的言傳身教。

身為父母，我們有責任創造一個健康又和諧的環境給孩子，所以父母的一言一行要慎而又慎。

劉備臨終前對兒子說的一句話：「勿以惡小而為之，勿以善小而不為。」

人生在世，無論年齡大小，無論身分高低，都有一份責任。對待孩子要有耐心、有愛心、有恆恆心、有責任心。

負起責任，做成功的父母。負起責任，育成功的兒女。

## ● 我們期盼著什麼

我們的孩子總是製造出許多具有挑戰性的問題。偶爾，我們感到很快樂，更多的時候，我們感到困惑和洩氣，有時我們在處理完這些問題後，還覺得忐忑不安和對不起孩子。

擁有孩子是我們擁有成功與財富的一種方式。透過他們的成功和取得的成績，我們來判斷自己的成功和取得的成績。我們拿自己與其他父母比，將我們的孩子與其他孩子比。

你曾看過人們挑選蘋果吧？他們在蘋果堆裡翻來找去，撿那些光滑的；拿到燈光下，檢查一下它的反光能力，有時候還要捏一捏看看硬度。這一切是因為我們總要研究我們的「競爭對手」而盡力讓事情完美些。

父母們想要完美的「蘋果」，想要會成功的孩子。我們想讓他們快樂並且受到良好的評價，我們希望他們能自我感覺良好，希望孩子們學會愛他人、尊重他人，我們希望他們行事端正且能自律，我們希望他們獨立 —— 而不是到了三十歲仍依靠我們生活。

事實上，天下所有的父母對孩子都有著共同的目標和期望。

父母有了孩子，便會對孩子的未來有美好的期望，這是很自然的事情。但是每一位父母對孩子的期望內容是不同的。人們最常說的是「望子成龍」、「望女成鳳」。常見的是：想讓孩子上好學校讀書，將來出國留學，學成後留國外發展，或一生有個好的職業、收入豐厚、有房子和汽

車……有幸福的一生；等而下之的是：盡量供孩子上學，家長寧可砸鍋賣鐵也要供孩子上大學，孩子實在考不上也沒有辦法；再差一點的是：孩子念完義務教育，有點知識能識字、記帳、寫信……夠用就行了，早點謀生，一輩子不求大富大貴，能有個飯碗、一技之長，能平平安安過日子也就可以了；更差的是：根本沒考慮過這些問題，抱著活一天混一天的想法趕著往前走，誰知道這孩子將來能怎麼樣，能好便好，不好也就那樣了……

這些不同的看法擺在家長們的面前，大家自然能分清高低好壞，可是不勞你多說，對後兩種人，你即便勸他，他也不一定會聽。

我卻認為這些期望都太低，我主張父母對孩子的期望應更高些，也就是說要向那些最優秀的人物看齊，把孩子培養成傑出的優秀人才：學者、科學家、文學家、藝術家……這樣豈不更好？

要知道人有什麼樣的思想就會有什麼樣的行動，人有了崇高的理想目標，就會朝那個目標努力，反之，若是緊緊抱著最低的想法，他也就無需努力了，這種父母教育出來的孩子，很難考上好大學，孩子的發展自然也會受到限制。

古人說：「欲得其中，必求其上，欲得其上，必求上上。」那些對孩子期望極低的父母，可以說是「欲求其下，必得下下」，這不是很糟糕的事情嗎？當今，社會上那些沒有多少知識、品德低下、行為野蠻、只能為糊口奔走，甚至為不勞而獲做出各種壞事的人，不就是由這樣過低期望的父母教育出來的結果嗎？

有人說，對孩子期望高是好高騖遠，不切實際，並且不少孩子正因為父母對他的期望過高，反而鬧出許多問題……

這種說法是不對的，孩子教育成不成功是教育的思想方法問題，而不是「期望」問題。所以期望高些總是好事，是必要的，絕不是過錯。

　　這個問題談到這裡已無需多說，很多家長會重新思考這個問題。願父母們對孩子的期望更高些，更下功夫把我們的孩子培養得好些再好些！

　　假如您是一個「望子成龍」的家長，請務必像關心、期望孩子「成龍」那樣，下功夫提高自身的文化素養，這是教育孩子的要招。

　　之所以這樣說，是因為曾見到許多家長面對諸多教育家的不同教育理論而無所適從。比如法國哲學家、教育家愛爾維修（Claude Adrien Helvétius）說：「兒童獲得運動的生命的時刻，就是獲得最初教育的時刻。」清代學者孫奇逢也說：「聖功全在蒙養，從來大儒都於童稚時定終身之品。」可是有的人卻列舉種種理由說早期學習的「危害」。認為萬萬不可以「摧殘兒童」，溫和一點的人則說「孩子的使命就是遊戲」、「遊戲是最好的學習」、「應給孩子一個無憂無慮、快快樂樂的童年」……

　　有些人認為孩子雖有自主意識，但是對很多問題缺乏正確的了解和理解，因此，家長必須給予指導和管教，而且要有一定的嚴格性。《三字經》上就說：「子不教，父之過，教不嚴，師之惰」。有些人則說：「對孩子不能期望過高，管束太嚴，應該給孩子廣闊的自由空間，讓孩子更自由地發展。」

　　有些人認為「孩子應及早定向培養好」，比如鋼琴、小提琴、畫家、運動員……如果不儘早的「定向培養」則很難有出類拔萃的效果……但是，有些人則認為：「早期定向培養」會產生種種弊端，甚至會扼殺孩子的天性……所以，教育孩子還是「順其自然」更好。

　　其他對立的理論觀點還有很多，那麼家長應何去何從呢？我認為只有不斷地提高自身的文化素養才能解決這類問題。而且即使是正確的理論，也不能照搬、照辦。「刻舟求劍」和「按圖索驥」是不行的，只有靈活運用才能取得最佳的效果。

　　家長需要提高自身的修養，因為教育孩子的過程中還將遇到諸多的具

體問題，包括孩子向家長提出的各種問題……這也只有家長具有較好的文化修養才能最恰當、最正確地解決好問題。特別是家長的文化素養，決定著您的一言一行、為人處事、生活作風……這是對孩子的「身傳言教」，做好表率也具有重要的意義。

因此，「提高家長自身的修養，是教育孩子的要招」是正確的，而且是十分重要的。

## ● 我們擁有的財富

大多數父母面臨著同樣的有關孩子們行為的問題，我們變得嘮嘮叨叨萬事都要重複地說上三遍。我們花費了太多的時間去爭吵。在不斷的抱怨與爭吵中我們變得疲倦不堪，在對孩子的大聲喝斥和恫嚇中，我們自己也變得精疲力竭；那一刻，我們所做的一切都像一種懲罰，我們有一種罪惡感而變得怒不可遏，但好像這又是唯一能奏效的一種方式；我們責備自己，不知道該怎樣做才會更好，有時候我們不喜歡我們的孩子，是因為他們錯誤的表現讓我們覺得如此地臉上無光和痛苦。

培養品行端正的孩子絕非易事。許多父母敗下陣來，不是因為他們沒有接受過良好的教育，不是因為他們缺少對孩子們的愛，也不是因為他們總將孩子往壞的方面想。失敗的父母是因為他們沒有堅持到底；他們心情浮動，他們對孩子提出警告卻未能實施；他們言不達意，缺乏耐心；他們只知道在怒氣衝衝中懲罰孩子。失敗的父母往往是負向行動大於正向行動，批評得太多；有麻煩的父母往往對孩子的發展沒有計畫，亂糟糟的一團；他們沒有意識到，問題的一部分在他們自身，因為他們對問題的處理方式並不正確。

父母處理孩子的問題通常只用兩種方式中的一種。有時他們被動地處理問題，在孩子錯誤的行為前予以屈服，他們覺得力不從心。

　　你將在本書中了解到放任錯誤的行為是錯上加錯，如果你總在怒氣中處理問題，那麼你將在本書中也能了解到這種解決問題方式的惡果。

　　你對孩子錯誤行為的反應，關係到孩子將來的發展，要知道一定量的錯誤行為是正常的，我認為小孩子的犯錯機率要占他全部成長時間的 5%（有時卻高達 50%）。怎樣處理這 5% 的錯誤行為極為重要，正確地並能採用持之以恆的處理方式，可以將孩子的犯錯行為率從 5% 減少到 2%，相反卻可以使孩子的犯錯行為率增加到 10% 或者更多。

　　如果說知曉怎樣處理孩子的問題是重要的，那麼知道怎樣阻止孩子犯錯就更重要。你可以透過預先設立幾條家規，而避免許多完全可以預見的錯誤發生，成功的父母相信正確地阻止而且注重在培養孩子的問題上做好事前的計畫。

　　在本書中就上述這些問題，你都能找到比較滿意的答案。

　　而孩子們都應該有著幸福的童年，不過許多孩子確實缺少幸福。也許很大一部分原因就是他們的媽媽沒有給他們幸福的感覺。

　　幸福是什麼？幸福就是愛與被愛。

　　我曾經做過多次不同類型的調查研究，許多學生都知道父母愛他們，也表示他們也愛父母，但只是難以感受到父母的愛。有一個孩子說：「所有的人都認為我幸福，但我不覺得我幸福，其實我也不知道我幸福不幸福。」

　　許多家長對孩子都很負責，每天督促學習，關心健康，悉心照顧。但為什麼許多孩子卻仍然感不到幸福呢？儘管有時他們可以說是應有盡有。

　　這其實缺少的就是幸福感的培養與帶動。孩子並不懂得「幸福」與「不幸福」的深刻含義，孩子們有沒有幸福的感覺，就在於家長對他們教育時所持有的心態。有的家長可能因為客觀或主觀上的原因，自己感受不到生活的幸福，或者更多地感到了生活的不幸。但是生活本身幸福與否並

不可怕，可悲地是許多家長將這種不幸的感覺與心態帶給了孩子。也有的家長生活本身很幸福，但幸福的生活讓他們更加望子成龍，讓他們把幸福的延續與未來的期望附加給了孩子，重壓之下，孩子難有幸福的笑容。

其實我們每個成人都知道：有的人物質上很貧窮，但他們生活得很開心，有的人物質上極其富有，卻總缺少快樂。一樣的工作，有的人覺得很快樂，有的人覺得很痛苦。記得有一句話：同是一件事，想通了就是天堂，想不通就是地獄。往往強烈追求幸福的人卻與幸福失之交臂，而甘於平淡的人卻能擁有幸福；往往在擁有時不知珍惜與幸福，失去後才覺痛失一種幸福。

但一個重要的事實是，一個有著幸福感的孩子是不會走向歧途的。他們可能不會成為大科學家、工程師等享有盛名的傑出人才，不過他們會在自己的領域內，力所能及地貢獻著自己的才智。我們培養出一個出色的孩子是在為國家社會培養，他的付出更多給予了國家和社會，培養一個有幸福感有感染力的孩子是在為自己培養，他的付出更多是給予了家庭親人和朋友同事。一個有幸福感的孩子是一定會健康成長，不會不成材的。

其實，所有的家長費心盡力地教育、培養孩子，其終極目的就是讓孩子有個幸福的人生。這個幸福與錢多錢少有關係，但不是必然關係，與社會地位高低有關係，但也不是必然關係。孩子從小懂得了幸福就會珍惜自己的生命與情感，就會敏銳地感受到來自他人的愛，並在成長過程中學會給予愛的回報，從而獲得幸福。

可是為什麼那麼多家長會捨本逐末，為什麼在孩子最容易體會幸福的時刻，卻沒有做到讓孩子幸福呢？

其實，一個是不是完整的家對於一個孩子而言很重要，但不具有唯一性，不完整的家庭一樣能夠培養出幸福的孩子。可孩子身邊的家長卻具有唯一性，家長是否具有幸福的感覺，是否能傳遞幸福的感覺具有唯一性。

家長能夠給予孩子的財富很多，但許多財富一時沒有後來可以爭取得來，只有幸福感是不可逆的，小時候沒有種下幸福的種子，長大後會希望能結出什麼樣的果？

成人確實需要學會隱藏，在孩子面前帶上幸福的假面具不是一件見不得人的事，因為家長的快樂是孩子幸福的天堂。若是家長缺少幸福感，那就要把不幸藏起來，學著培養自己及孩子的幸福感；若是家長具有幸福感，那就要從一點一滴做起，帶動孩子具有幸福感。

幸福感是孩子一生的風箏線，那線就在家長手中，有了幸福感的孩子，一定會翱翔於幸福的藍天！

## ● 你做父母成功嗎？

約束並不是單純的懲罰，成功的父母懂得他們的行為和情緒，影響著孩子的行為和情緒；成功的父母塑造具有責任感的形象，他們將注意力集中在孩子行為的積極點上；注重與孩子的合作，而不是去操控孩子；成功的父母教孩子們自己思考，教他們學會如何自控；成功的父母還會教孩子建立自己的自尊，他們懂得健康的自尊是孩子發展自信與堅定的主要因素；成功的父母懂得從孩子那裡不斷地學習。

他們不斷地改善處理問題的方式以減少錯誤的發生，並總能堅持不懈；他們說到做到，言行一致，並且貫徹到底；成功的父母常常心平氣和，他們正確地使用懲罰去教育孩子，而不是將事情搞得更糟；成功的父母能將一定的活動與培養孩子的品行連繫起來。

成功的父母參與解決問題而不是代替孩子解決問題。他們有一個「遊戲計畫」，他們對處理各種各樣的孩子耍賴、違抗、打架、爭吵和權力爭奪有著非常靈活、機動的「戰術」；成功的父母有計畫地去教孩子意識到完成任務，賺取獎金及做家事後的意義。

成功的父母不會讓錯誤的行為成為孩子們自娛自樂的障礙；成功的父母很嚴格但也很積極，他們能認真、嚴肅地對待正確行為，不過必要時，也表現出孩子般天真的幽默；成功的父母知道怎樣欣賞自己的孩子，即使在他們犯錯的時候；更為重要的是，成功的父母都很開明，而且首先能夠積極地改變自己。

　　那麼，請問，做好父母，你有合格證嗎？

　　世界上許多職業都需要經過考核，就業者必須持有證書才能任職，比如司機、醫生、律師等。可是你有沒有注意到，當父母也是需要「持證任職」的呢？兒童的早期教育，是決定其一生發展的關鍵。具備了相應的資格和能力，父母才能圓滿地完成教子育人這一神聖的任務。

　　深愛著孩子的你，一定希望自己的孩子在成長過程中不留遺憾。就讓我們從現在做起，從爭取「持證任職」開始，為當好父母做些「功課」吧！

　　沒有人生來就會做父母，0歲孩子，0歲父母。父母培養孩子的過程，其實是一個父母和孩子共同成長的過程。可是在這個過程中，父母往往容易把目光聚焦在孩子身上，對孩子「高標準、嚴要求」，天天鞭策孩子努力上進，然而自己的成長，卻在不知不覺間完全停滯了。其實，「嚴於律己，寬以待子」才更有利於孩子的成長。

　　做好父母首先要做好自己。

　　孩子的身上總會留下父母的影子。父母的心理狀態、思想觀念、行為方式，直接影響著孩子，父母的一切都有可能被孩子「拷貝」下來。父母首先要做好自己，孩子就會耳濡目染，潛移默化，從中得到薰陶，受到啟發。父母不妨靜心思索一下：我有沒有盡心盡力地做好自己？我希望孩子做到的事，自己有沒有先做到？我是否能給孩子的成長帶來正面的、積極的影響？

把最好的自己呈現給孩子 —— 也許你離自己期望的成功人生還有一段距離，但一定不要氣餒，更不要把你的失意、你的抱怨一覽無遺地呈現給孩子；也許你已經非常滿足於自己取得的成就，這也並不能成為你裹足不前的理由。假如你希望孩子比自己走得更遠，那麼把最好的自己呈現給孩子，讓孩子看到你樂觀向上、積極進取的言行吧！

給孩子一個寬鬆的成長環境。

日本著名電視節目主持人、作家黑柳徹子剛上小學時，因為好奇心太強，常常違反課堂紀律，被學校開除了。媽媽沒有責怪她，也沒有告訴她被學校開除的事，而是把她送到了著名兒童教育家小林宗作創辦的「巴學園」。那天，小林校長把椅子拖到小豆豆（黑柳徹子的小名）面前，和她面對面坐下來說：「把妳心裡想說的話，全都講出來吧！」就這樣，他耐心地聽小豆豆滔滔不絕地講了四個小時的話！後來，小林校長每次見到她，都會親切地說一句：「豆豆真是個好孩子呀！」一個「問題孩子」就在這樣充滿尊重、鼓勵的氛圍裡，健康快樂地成長了。

小豆豆的母親和小林校長對孩子的理解、包容、尊重、鼓勵和無條件的愛，不能不讓我們深深地感動。孩子如同幼苗，需要適宜的環境才能茁壯成長。

有條件的愛是愛的「贗品」 —— 在人間，愛的可貴就在於它的無條件性。不少家長對孩子的愛卻是有條件的，要求孩子做出相應的行為或取得相應的成績，然後再給予孩子與之相適應的愛。

而無條件地愛孩子，是培養孩子安全感和自尊心最重要的方法。當一個人被無條件地愛著的時候，他的心靈中會感受到自己生命的價值，會產生強烈的自信心。

你能營造出和諧的家庭關係嗎？

家庭情感氛圍的好壞，直接影響著孩子的人格和心理發展。在營造家

庭情感氛圍的過程中，夫妻關係和親子關係是父母應處理好的兩個重要關係。

和諧幸福的夫妻關係是家庭教育的基石。

如果父母能互敬互愛，和睦相處，表現得寬容、樂觀，不僅能使孩子得到關心愛護，獲得愛和尊重的感受，從而產生主動向上的積極情感，而且也為孩子如何做人處事提供了榜樣，對孩子產生潛移默化的影響。孩子會把父母處理夫妻關係的方式內化於心，會在自己的人生中加以模仿。如果父母之間經常爭吵，家庭關係緊張，孩子極易產生焦慮不安、自卑、恐懼等不良心理，同時也會影響到他未來的人際關係和婚姻幸福。

「單親」未必不完美 —— 我們也不能武斷地認定單親家庭就沒有能力給孩子完美的教育，即使你不能給孩子一個完整的家庭，你依然可以用良好的心態來盡力彌補單親帶來的缺憾，努力將家庭破碎給孩子帶來的傷害降到最小：

★ 不要因為沉溺於自己的痛苦而忽視孩子，也不要因為歉疚心理而遷就、溺愛孩子；

★ 讓孩子與父母雙方都有接觸、交流的機會和時間，感受父母雙方對他的愛；

★ 擴大孩子的交友圈，讓他有較多的機會接觸與單親家長不同性別的成年人；

★ 觀察孩子的言行，及時消除孩子的憂鬱、自卑等不良心理。

好的親子關係勝過一切教育。

好的親子關係是一種彼此信任、理解和尊重的關係。當父母和孩子建立起這樣的關係時，孩子會無意識地朝著父母期待的方向去努力。那麼，怎樣才能建立良性的親子關係呢？

陪伴你的孩子。

孩子的成長最需要的是父母的陪伴，尤其是在孩子幼小的時候，透過朝夕相處的陪伴、日復一日的交流，孩子與父母建立起親密的依戀，建立起安全感，這是孩子健康成長最重要的基礎。

孩子的童年只有一次，做父母的最好不要把孩子交給別人去撫養教育，比如交給祖父母、送全托幼兒園、上寄宿學校等。孩子是我們生命的延續，沒有什麼比塑造一個人更重要。每天和孩子一起吃頓飯、認真聽孩子說一下話、完全投入地和孩子玩一會吧，這比提供優越的物質條件給孩子更加重要。

「量」不足時，更要重「質」——也許你確實沒有足夠的時間與孩子相處，但是你依然有機會與孩子建立親密的關係。例如在早出晚歸沒機會與孩子交談時，用小紙條留言給孩子，出差在外時寫信給孩子、打電話，把陪孩子一起做某件他感興趣的事作為一個重要事項安排進自己的時間表，在孩子有問題時給他關懷和指導……總之，要讓孩子感覺到你對他的重視和關心，感覺到你永遠是他堅強的後盾，這樣，你一樣可以成為孩子心目中最重要、最值得信賴的人。

不僅僅是做朋友。

對大多數受過現代思想洗禮的年輕父母來說，那種不尊重孩子人格、把孩子當作自己附屬品的落伍觀念早已被拋棄，「做孩子的好朋友」成了這些父母努力追求的目標。可是如果「朋友」的定義僅僅指與孩子一起玩、一起鬧，卻忽略了身為父母所肩負的更重要的職責，這樣的話，也難以在孩子的成長路上有著真正的引導作用。

讓我們嘗試多換幾個視角來看待自己的角色吧！孩子是一個獨立的生命，是一個有獨立人格和思想，並終將獨立生存於社會的人。不過在這段親子共同前行的路程上，孩子的小手需要我們的大手去牽引，去扶持。有

了這種了解，我們就可以扮演好生活教練、學習榜樣、知心朋友、人生導師和堅強後盾等有助於孩子健康成長的角色。

讓溝通的管道更順暢些。

心理學家建議父母和孩子玩這樣的親子遊戲：讓孩子站在椅子上，父母坐在地上，使你們之間的高度差別很大。然後隨意交談幾分鐘，時間到了就交換角色。完成後，談談彼此的感想。一位父親在經歷這種體會後說：「和一個像塔一樣高的人講話是一種很奇怪的感覺。當你被人家由上往下看時，感覺處在一個不被重視的位置上，而且真的很難說服高高在上的人。」

想想看，這就是我們的孩子常常體會到的感覺！父母在與孩子的交流中往往下意識地把自己放在一個居高臨下的位置，隨時準備挑孩子的毛病，隨時準備指導孩子。倘若父母能夠在與孩子的交流中放低自己的姿態，多從孩子的立場出發考慮問題，以寬容、接納之心多聽聽孩子的心聲，那麼親子間溝通的管道一定能更順暢。

你知道如何才能真正幫助孩子成長嗎？

希望孩子成人、成材、成功是父母的心願，那麼父母可以做些什麼來助孩子一臂之力，使孩子走上人生的快車道呢？

給孩子裝上幾個核心「精神軟體」。

在競爭日趨激烈的社會中，要想使孩子擁有一個精彩的人生，需要具備能夠適應社會的多種特質和能力。自尊心、自信心、責任心、主動進取精神——這是孩子成長的幾個核心「精神軟體」，是孩子精神人格的脊梁，父母一定要把它們及早輸入孩子的生命程式之中。

讓孩子對自己的人生負責——如今有太多的家長在愛的名義下為孩子包辦一切，甚至孩子對自己人生的責任都由家長來承擔了。責任心建立不起來，一個孩子是不可能去積極進取的，孩子會變得被動，家長推一

下，他才動一下。

培養孩子的責任心有一個簡單卻十分有效的方法，就是讓他們真正身為家庭的一分子，讓他們承擔力所能及的家事，自己的事情自己做，別人的事情幫著做。當孩子不再僅僅被動地接受父母的服務和安排，而開始主動地承擔起自己的任務，並把他人的痛苦和歡樂與自己的行為連繫起來時，他的責任感就逐漸建立了。

培養好習慣是給孩子一筆不斷生息的「資本」。

俄羅斯心理學家烏申斯基（Konstantin Ushinsky）說：「好習慣是人在神經系統中存放的資本，這個資本會不斷地增長，一個人畢生都可以享用它的利息。」習慣的力量是巨大的，人一旦養成一個習慣，便會成為一種半自動化的潛意識行為，對人生、事業、生活發揮永久性的作用，甚至可以決定一個人的命運。

家庭是培養習慣的學校，父母是培養習慣的老師。你現在多培養孩子一些好習慣，將來，這些習慣就會變成一筆不斷生息的「資本」，讓孩子永遠享有它的好處，幸福一生。

好習慣為什麼難培養？—— 雖然大家都知道養成好習慣對人生、對事業的好處，可是令父母們感到頭疼的是，好習慣總是那麼難以培養，而壞習慣卻怎麼也揮之不去。想想看，是不是在下面這些環節出了問題呢？

3 ～ 12 歲最關鍵。

這個年齡層的孩子具有很強的可塑性，大量的行為都會在這一階段固化為習慣，因而培養各種良好習慣最容易見效。

至少重複 21 次。

有研究認為，要養成一個良好的習慣至少要重複21次才有可能鞏固，當然這只是一個大致的概念。一個習慣的形成，一定是一種行為能夠持續一段時間，時間越長習慣越牢。

你的身後站著孩子，有好習慣的父母才能培養出有良好習慣的孩子。大人們應該牢記一句話：「你的身後站著孩子。」你的任何行為都有可能落入他的眼底。

　　用發掘金礦的眼光來發現孩子的優勢潛能。

　　美國著名心理學家加德納教授（Howard Earl Gardner）提出的「多元智能理論」認為，在人的智慧框架中相對獨立地存在著 8 種智慧：語言、數理邏輯、音樂、視覺空間、身體運動、自省、人際交流、自然觀察等智能。人與人之間也許根本不存在智力水準上的差別，只有不同智力優勢、組合與發展速度上的差異，每個人都有相應的成功領域。

　　如果目前的學校教育還不能真正做到因材施教，父母就可以用自己的慧眼發現孩子身上的優點。假使我們能樂觀地看待孩子，相信在孩子身上一定潛藏著智慧的種子，用發掘金礦的眼光來觀察孩子，就一定能發現孩子的優勢所在，並可以刻意地為他創設一些條件，最大限度地幫助孩子挖掘自己的優勢潛能，助孩子走上成功之路。

　　「副科」不副 —— 我們往往片面地只重視孩子語言和數理邏輯能力的發展，卻忽視了孩子在其他方面發展的潛能與可能性，比如我們更在乎孩子在語文、數學、英語這些「主科」的成績，而對那些被認為是「副科」的體育、音樂、美術學習則不太重視，殊不知，孩子的潛能也許恰恰就在那些「副科」學習中表現出來呢！

　　每一個孩子都是一個獨特的生命，世界上沒有兩個完全相同的孩子，也就不可能有一種方法適合所有孩子的教育。但是，只要你用心與智慧去導航，就一定能找到適合自己孩子的方向，同時也讓自己成為合格的父母。

　　讓我們用自己溫暖的大手牽著孩子的小手，一起往前走；當你手中的小手變得與你一般有力時，記得放開他的手，因為，你已經出色地完成自己的使命了。

## ● 你會是成功的父母嗎？

你會是成功的父母嗎？做個小測試，測一下是否擁有成功父母的特徵。

1. 能認真並且很有耐心地回答孩子所提出的問題。

2. 慎重地從孩子所提出的疑問中找尋問題所在。

3. 提供場所給孩子展示他的創造成果。

4. 假如孩子有些未完成的創作，例如油畫、水彩、雕塑等，要能容忍他那雜亂的工作空間。

5. 提供子女一個房間或室內的一部分供他單獨使用。

6. 讓孩子知道，是因「他自己」而不是因為「他的成就」而喜歡他。

7. 要孩子對其行為負責。

8. 協助孩子去擬定自己的學習或活動計畫。

9. 帶孩子去風景名勝地區旅行。

10. 教孩子如何去改進他所做的工作。

11. 鼓勵孩子與來自不同背景和環境的兒童和諧相處。

12. 訂立孩子合理的行為規範，並監督他是否確實遵守。

13. 從不將自己的孩子與別人的孩子做比較。

14. 從不以辱罵的方式去懲罰孩子。

15. 提供孩子所喜愛的圖書資料。

16. 鼓勵孩子客觀地思考。

17. 按時地讀書給孩子聽。

18. 很早就養成孩子閱讀的習慣。

19. 鼓勵孩子去編故事及幻想。

20. 仔細地考慮每個孩子的個別需求。

21. 每天有一定的時間與孩子單獨相處。

22. 允許孩子對於家庭事務有發言的機會。

23. 從不因孩子犯錯而加以嘲笑。

24. 鼓勵孩子講故事和朗誦詩歌。

25. 鼓勵孩子與成年人和諧相處。

26. 設計實驗來幫助孩子探索事物的原理。

27. 讓孩子利用各種舊物品去做遊戲。

28. 鼓勵孩子探索問題並尋求解決方式。

29. 從孩子的活動中找出特殊的優良表現來讚揚。

30. 避免空洞的稱讚。

31. 很真誠地表現出對孩子的情緒，不掩飾自己的喜怒哀樂。

32. 每一樣主題都願與孩子討論。

33. 在孩子的權利範圍內，給孩子做決定的機會。

34. 鼓勵孩子成為一個獨立的人，不要盲從附和。

35. 幫助孩子找出值得看的電視節目。

36. 鼓勵孩子認真衡量自己的能力，不卑不亢。

37. 從不在孩子失敗時告訴他說：我一樣也做不好！讓孩子面對失敗而非逃避。

38. 鼓勵孩子盡可能表現得像個獨立自主的成年人。

39. 對孩子要有信心。

40. 寧願孩子因他自己的錯誤因素而失敗，也不能替他做大部分工作而成功，讓他自食其力，也享受自己勤勞的成果。

## ● 讓這本書來幫你

這本書將使你的生活變得輕鬆、簡易、教你怎樣在你說完一遍時，你的孩子就能聽從；教你怎樣對孩子堅持不懈地努力下去；指導你怎樣心平氣和地讓你的孩子做事；同時又該如何使用教育式的懲罰。它也會解釋你該採取哪種方式懲罰孩子，不會讓他感覺受到傷害；它教你怎樣沒有爭吵，沒有暴力就可以更正孩子的錯誤。它甚至可以告訴你，當你的孩子犯了諸如在冰箱裡撒了尿這樣荒誕的錯誤時，你又該怎麼做。

如果你已經有了一個品行端正的孩子，感謝您高超的教育技巧，這本書一樣會幫你，它會讓你對目前較為成功的教育方式有更深的了解，告知你如何維護與保持孩子的這種端正品行，而為將來孩子身上可能會發生的問題做些準備。

讓父母們受益最好的來源之一是另外一些父母。因為他們交流的思想都是自己切身實際的感受；那些在長期培養孩子中累積的經驗是最有參考價值的「資料」。父母們彼此交流教育子女的技巧與奇思妙想，著實是一件令人興奮的事，他們在交流中找到了如何去應對孩子的要賴。如何讓孩子獨立地做自己的家庭作業，如何制止一對雙胞胎打架。

這正是一本集許多父母智慧、思想於一體的書。他們有的也曾在培養孩子的過程中迷惑過；有的在叫喊中精疲力竭，感到幾乎要被他們的孩子禁錮了一切；有的父母在煩惱中度過一生，有的心靈空虛，有的曾經放棄，有的最終找到了良方。這本書裡的所有例子都取材於做父母的人遇到的真實問題。所有的建議又都是簡單可行的，每一件事都是用通俗易懂的語言解釋的。

關於父母如何培養孩子的行為方式問題，社會上已有了許多理論，大多數作者只接受一種理論，他們竭力讓你相信他們的理論對每位父母教育孩子都會發揮作用，但經過嘗試，我認為其效率並不大。既然每對父母的

孩子都是唯一的，為什麼不採用多樣化的教育方式，然後選擇其中最好的加以運用？這本書裡提供了上千種方式方法，並不是所有的方法在任何時候都奏效，你可以自由地選擇對你有用的那些方法。

## ● 先了解自己

　　我們為人父母的行為大部分學自於我們的父母，在對孩子們說話時，你是不是意識到這些話在你小的時候也常常聽到呢？「小心，不然我打斷你的腿！」、「吃飯時安靜點！」。我們繼承了我們父母的口吻，按照父母曾經約束我們的方式去約束我們的孩子。雖說我們從父母那裡學到的方式大多數是有益的，但有些則不是，在這些方式中我們應該學會挑挑撿撿。

　　採用那些我們喜歡的方式，放棄那些我們討厭的方式。

　　我們也透過觀察那些採用好方式的父母，透過與朋友們的交談，透過他們為人父母的經驗擷取教育孩子的真經，我們彼此授藝。

　　我們也透過嘗試和犯錯來學習為人父母之術。絕大多數時間裡，我們對孩子採取的方式基於我們最好的猜測，有些的確很應驗，有些卻讓我們一敗塗地。所有的父母都有過這樣的體會，第一個出生的孩子就是一場測試，從醫院回到家的那一刻起，嘗試與失敗就交織在一起，我們那時深感無助。孩子哭了，怎麼回事呢？是餓了？孤單了？尿溼了？太熱了？還是太冷了？同樣我們也憑藉累積起來的經驗去約束孩子。比如一次你讓孩子早點上床睡覺的辦法靈驗了，你還會再次採用它。

　　你所有為人父母及約束孩子的思想目的很好，透過你的父母和朋友，透過不斷的嘗試與失敗去獲得經驗是正常的，再加上你自己的判斷與常識，你就會打下一個牢固的基礎，這本書就是建立在這些基礎上，與您來聊聊如何更好地培養我們的孩子。

我們父母要重新認識自己，身為父母您真的走進孩子心中了嗎？

沒有任何成功可以彌補教育孩子和婚姻的失敗。

現在很多家長盲目地對待孩子，主要體現在五點：

### 「比」

總是習慣拿自己的孩子和別人的孩子比，總是說某某家的孩子如何優秀、考試成績如何好、自己的孩子什麼也不是、對孩子的口頭禪就是你怎麼這麼笨啊、看到的全是別人孩子的優點、自己孩子的不足點，保持這樣的心態對孩子，孩子的成長將在壓抑中、痛苦中度過！

長久下去，孩子在父母的比較和挑剔中，會失去自信心、失去自尊心！孩子有時也會思考，我笨是誰生了我？我笨是誰教我的啊？甚至有些孩子會說，別人的孩子那麼聰明，你為什麼不成為別人孩子的爸媽啊？別人的父母也是四十六歲，為什麼人家住豪宅，開名車？你為什麼還住公寓，騎自行車啊？

父母是孩子心中永遠的榜樣，好壞一樣，你用人與人之間比的方式挑剔他，同樣他也是用人與人之間比的方式還原你！你用心靈的愛對孩子，孩子會用全身心的愛給予你！

家長喜歡說恨鐵不成鋼，可鋼是煉出來的，不是恨出來的。家庭教育如果是壞的，教育就失敗了一半，現在的家長對孩子是三個過度：過度關愛，過度保護，過度期望。

### 「逼」

孩子成績一不好，現在許多父母就不得了，開始逼學習加夜班，請家教，報各種補習班！每天眼睛死盯著孩子做作業，讓孩子思想上和心靈上沒有一丁點自由，父母自己從來不學習，卻強烈要求孩子天天學習，一時

也不能放鬆！天天只關注孩子考高分，在學校排名！天天逼孩子學習，從不過問孩子內心真正渴望什麼？從不了解孩子最近在想些什麼？從不過問孩子交了什麼樣朋友？從不過問孩子枕頭底下偷偷在看些什麼書？

逼迫孩子學習只有一個結果，那就是孩子失去對學習的動力，甚至失去對生活的勇氣，以及痛恨父母的決心！

### 「說」

天天在孩子面前說，我如此勞累就是想讓你考上一個好大學啊！我和你的父親如此省吃儉用不就是為了你能將來有出息啊！將來能出人頭地啊！你還不爭氣！時時嘮叨個不停，把自己一生不能實現的願望全寄託上孩子的身上。讓孩子澈底失去自由，沒有目標、沒有方向地為著實現你一輩子也實現不了的願望在苦苦奮鬥！

### 「打」

孩子成績一旦不好，月考名次落後，孩子一旦回頂父母的話，就一個字，打！讓孩子對父母產生懼怕，無條件的服從。現在你能打孩子，那是因為孩子在上小學你能打得過他，到了國中高中，你還保持這樣的態度的話，總有一天孩子會爆發，到時你可打不過他！

那時你後悔就晚了。你知道孩子心中的父母是什麼嗎？根據有關調查，調查過一千個家長，小學的孩子對父母就是煩，國中高中還是煩，上了大學就上升成了恨！

至今，一樁樁孩子殺父母的真實案例還少嗎？這樣的悲劇發生的事件還有很多，就不一一例舉了，做為天下的父母們，這些悲傷事件會發生，請好好反省一下自己吧！孩子心中為什麼裝著如此多的恨？孩子為什麼要親手殺害自己的父母？你們真的做到了父母的責任嗎？你們真的關愛過孩

子嗎？愛是發自內心的、無私的！而不是一味滿足自己的感受，不顧及孩子的感受，高高在上，讓孩子對你無比懼怕和服從，失去了自由和道德的培養！

### 「替」

替孩子包辦了所有成長的責任，就是家事一件也不會讓他們做，洗衣、煮飯、打掃，樣樣包辦，孩子小時候想幫媽媽做點事時，媽媽會說：「只要你功課好就行，什麼事你都不要做！」讓孩子失去了幫忙的機會，讓孩子失去了獨立生存的起碼條件，這樣的愛，是沒有尊重的，沒有尊重的愛是最大的傷害，會害了孩子一輩子。

現在孩子考上碩士，考上好大學、好科系，一旦走入社會卻自殺不斷，就是因為沒有獨立生活的能力，內心承受不了生活的困難，便選擇了卻生命，因為自己只是一個書呆子，會考試，平時成績好，在學校都是過著沒有任何風雨磨練的生活，突然要去承擔那種自己根本不能獨立的生活，連思想都不夠成熟！便想到死可以解脫人生。父母對孩子過度關愛，過度保護，現在大部分的年輕人沒有結婚時就做結婚的事，結婚時就做離婚的事，離婚後就做了卻生命、自殺，實現上「天堂」的夢想，把深深的孤獨和沉沉的悲傷留給了含辛茹苦的父母，這些都是家庭教育地根本沒有掌控好，產生的直接影響結果。

塑造一個人比改造一個人容易！父母言傳身教，孩子耳濡目染，家庭教育才能潛移默化「潤物細無聲」！讓你的孩子聽美樂、讀好書、學賞識、存好心、構和諧，一輩子受益於家庭教育當中！

父母必做：

★ 每天花半小時坐下來，靜靜和自己的兒女溝通，了解孩子最近的想法和願望，目標和困難，讓孩子感覺到父母不僅僅是父母，還可以是像

朋友那樣親密，說說心裡話和悄悄話，父母工作繁忙出差在外，也要抽出半小時電話溝通。

★ 父母要找出孩子的二十個優點。不過，現在很多父母要說孩子的缺點一下子可以羅列一大堆，優點一個也想不起來，把心打開，用愛真正來一次和孩子心靈的直接碰撞吧！千萬記得不要用恨。

★ 父母每天在家，自己在孩子和另一半面前大聲宣言，「我要學習啦！」，說了就立刻去做，這樣的話，孩子也就會模仿你的行為，孩子也會學到這種學習的興趣和精神，父母以身作則榜樣作用立足於溫馨的家庭。

教育孩子只有先成人，後成材；只有先做人，後做事。

不是孩子不夠優秀，是父母太落後，只有父母好好學習，孩子才會天天向上！

## ● 愛不是總能發揮作用的

太多的父母都有這樣錯誤的想法：如果他們盡可能地去愛他們的孩子，孩子的錯誤行為就會得到改進。愛、溫暖和關懷在培養孩子的過程中，的確是至關重要的，它是基礎，但你還需要了解其中更多的涵義。

設想一下你需要做手術，當你被放在手術臺上，醫生在你的耳邊低聲地說：「我想讓你知道，我根本不是外科醫生，別擔心，別緊張！我爸媽都是醫生，我有許多朋友也是醫生，我已經問過了許多關於外科的問題。放鬆些，關於外科手術我知道許多常識，我也很關愛我的病人。」像這樣的人，你能讓他的手術刀落下來嗎？

父母需要培訓就像職業人士們需要培訓一樣，孩子們需要訓練有素的父母，就像他們需要懂愛的父母一樣。訓練能將你所掌握的各種好的教育

方式，有機地融合在一起，訓練能提供你教育孩子的構架與方向，給你信心，你會知道你做的是否正確。良好的自我訓練還可以培養你的自信，而更多的自信也意味著你能更好地掌控自己，少點對孩子的怒氣衝衝；少點在他人面前的羞辱感；少點懲罰孩子後的不安。

此外，更多的自信意味著孩子會更加尊敬你，而沒有了自信，許多父母都怕去指正或懲罰他們的孩子，這也恰恰是他們放縱孩子的根源，一些父母擔心孩子們會因此不喜歡他們，一些父母擔心會在感情上傷害孩子，所以他們聽之任之，任孩子們的錯誤一味地發展下去。

### 這不再是我們成長的年代

為什麼 20 年或 30 年前用來約束孩子的那些方法，如今沒有作用了呢？為什麼舊的方式不再靈驗了呢？為什麼對為人父母的要求越來越高，為人父母的困惑也越來越多了呢？為人父母變得越來越困難，是因為孩子們也越來越難。因為他們有壓力，這種壓力是讓他們以孩子僅有的經驗和情感去做成年人的決定。他們所受的壓力還來自於競爭的夥伴，來自於學校，來自於媒體，來自於父母的不斷滲透，來自於孩子們還得為父母們來解釋問題。

我們的文化中發生了一些變化，這些變化對如何教育下一代，以及我們如何為人父母的角色產生了很大的影響。社會的經濟狀況造成了我們家庭財務的緊張，父母們壓力重重地回到了家裡，他們的耐力變得極差，不斷上升的離婚率嚴重地影響著我們的孩子，當今學校裡，每 5 個孩子中就有 1 個孩子曾經歷過父母離異，單親父母更是壓力重重。

二十年前，在同一個或相鄰的城鎮的人都有同樣的價值觀及信仰，不論你去哪裡，規則都是一樣的，每個人的父母都有同樣的期望。可是這樣的事並沒有持續多久，每個家庭開始有了自己的標準，我們的孩子經歷了

不同的對與錯，這一切在困惑著我們的孩子。

社會當今的這些變化是怎樣影響著你為人父母去約束孩子的呢？為什麼今天舊的方式不再靈驗？舊的方式簡單，所以它可以解決那時候的簡單問題，而今的問題卻變得越來越複雜，解決它們需要更精確的方法。我們的孩子生活在未來，而不是過去，為人父母的我們不得不與我們時代的對手合作。

如果你想做成功的父母，你必須懂得怎樣制約當今的孩子，父母們需要良好的培訓和提高自我的學習，並不是因為父母們無能，而是因為做父母不再簡單了。

## ● 三個成功的前提

每位父母需要創造三個前提，才能在培養孩子上獲得更大的成功。

首先是要有思想開放的勇氣。有勇氣接受新的思想。假如你所做的對孩子發揮作用，那就堅持下去；假如根本不靈驗，那就拿出勇氣來嘗試一些新的東西、新的方法。

其次是你必須具有耐心 —— 大量的耐心。如果你的孩子 12 歲了，那也就是說他的行為方式已經發展了 12 年，你應該給你的孩子時間去改變。大多數父母之所以失敗就是因為他們缺乏足夠的耐心。從一小時的工作，一小時沖洗出照片，一小時配出眼鏡，到半個小時就能準備好一頓微波爐做出的晚餐，從汽車、電話、高速公路到網際網路，所有的這些超速發展讓我們期望迅速的成功。是技術教會了我們不耐煩。我們相信如果我們嘗試了一種新方式，一夜之間孩子就會有所改變。事實上，幾天的時間並不足以檢測一種新的方式，一些方式需要幾個星期甚至更長的時間，才能讓孩子的行為有所改進，所以你必須耐心些。

最後你必須練習，每位父母都必須練習。即使是我們自己。比如說你的孩子根本不會在意你是學校中的心理醫師或是一位一呼百應的老闆。在家時，你是個父親，你要受到孩子時時刻刻的檢測，你也必須有耐心，若是你願意試試新方法卻沒有足夠的耐心，那就先把這本書送給別人吧！

父母教育是家庭教育成敗的關鍵。

家庭教育的內容是很廣泛的。它包括家庭生活禮儀、家庭倫理（人際關係）、家庭道德、夫妻婚姻關係、子女教育、家庭生活教育（環境管理、經濟管理、飲食健康管理、娛樂休閒管理等）和父母教育。而這諸多內容中，目前最為迫切和亟待解決的是父母教育，因為父母教育的主要目的在於提高父母素養。

所謂父母教育，就是指對父母進行教育，即父母在對子女進行教育前，父母自身先學習，先受教育。父母教育的重要性主要表現在：

★ 透過父母教育，提高父母素養，這將為提高下一代素養打下一個扎實基礎，並將直接促進社會安定與發展，從而進一步達到提高全國人口素養的目的。

★ 透過父母教育，提高父母素養，可以為學校教育由應試教育向素養教育轉變，奠定一個良好的社會基礎和創建一個合適的社會氛圍。

★ 透過父母教育，提高父母素養，可以減少甚至根治問題兒童和不良少年的發生率。因為，問題兒童和不良少年產生的根源在於成人。研究表明，父母、教師以及其他成人的不正確的教育思想、觀念和方法，是產生問題兒童和不良少年的主要原因。問題兒童的問題不在兒童本身。

★ 透過父母教育，提高父母素養，可以改善父母的教育觀念和具體的教育方法與技巧。從而改變父母的具體教育手段落後於兒童成長的現狀，使父母能夠有能力提前預防和察覺兒童成長中可能發生的問題。

同時，要注意兩個具體問題：

其一，要避免家庭教育成為一種針對年輕父母的單純的知識傳遞和灌輸的傾向。知識的傳遞是必需的，但家庭教育的核心思想是：幫助父母建立教育好兒童的信心，引導父母了解教育兒童過程中遇到的問題的根源，學會分析問題，使父母能真正發現身為父母的「真我」，並有勇氣承認「真我」；在父母消除各種不良的心理偏差中，能努力實現對兒童有建設性的教育。因為，每一個家庭，每一個兒童及其父母，在實施家庭教育的實際過程中，所遇到的問題是相當複雜的，如果不能解決父母自身處理和應對問題的能力，就很難解決這些具體問題。

其二，家庭教育的側重點是父母教育。倘若家庭教育僅限於如何培養兒童，而忽略真正需要提高的是父母素養，那麼，這樣的家庭教育很難取得預期的效果。父母素養不高，怎能擁有一個良好的家庭教育氛圍，又怎能培養出適合未來社會需求的身心健康全面發展的下一代呢？

法國著名少年節目主持人克里斯琴・施皮茨博士曾經這樣忠告做父母的人：培養你們的孩子，多和孩子在一起，因為親情的慰撫與關懷有助於孩子的成長；留心不要在無意中謾罵了孩子，孩子的潛能是否得到發展，需要的是鼓勵，鼓勵中長大的孩子對未來充滿信心；不要替孩子做太多的決定，父母是孩子學習的輔導者而不是替代者，讓孩子學會快樂生活。

施皮茨博士還告誡父母們要記住這樣的基本道理：我們生兒育女不是為了自己，也並非為了填補感情空虛，或要兒女為我們實現未酬的夢想生活；父母的職責是幫助他們明白必須對自己負起責任。而要做到這些，父母的素養有著決定性作用。

所以，從這個意義上講：家庭教育的第一步，應是父母教育；家庭教育的重心，應是父母教育；並且需要真正提高父母素養。父母教育是家庭教育成敗的關鍵。

## ● 改變孩子的行為從哪裡開始？

改變孩子的行為從哪裡開始？

家庭教育的一些基本理念應該為父母所了解。

### 一、人的心理發展有順序性，未成年人的心理問題滯後反應。

任何生命都是過程，任何過程都有開始。人的成長大致有三個時期，即 1～6 歲、6～12 歲、12～18 歲。12～18 歲時人已經進入青春期，其獨立意識與叛逆心態就決定了這一時期已經不是家庭教育的優勢時期，

所以，家教的最佳時期是 12 歲之前，即依戀期。在依戀期中，1～6 歲又最為關鍵。由於人的心理發展具有邏輯的進程，所以，人在成年時出現的許多心理問題往往源於未成年。發生在 2007 年美國大學校園的一起槍擊案，槍手趙承熙的犯罪心理就形成於未成年時期（8 歲）因移民而造成的心理創傷。如果我們能夠了解，人在幼年最重要的需求之一是安全感，對一個幼小的孩子來說，熟悉的環境、親近的同伴比豪宅和汽車更容易讓孩子形成陽光與健康的心理，父母就不應該僅以自己的意志去生活。

這一案例告訴我們，父母要了解孩子的心理，否則，父母的一切努力都會成為泡影。

### 二、未成年人是被動的弱者，他的弱小和被動都決定他的一切是成人造成的。

客觀地講，撫養人對被撫養者具有生命的決定權、物質的提供權、照顧的程度權、個性的決定權。如果替孩子問一問大人：「我」是怎麼來的？就可發現，「我」的胃口是餵出來的，「我」的脾氣是帶出來的，「我」的觀念是嘮叨來的，「我」的殘忍是孤弱無助熬出來的，「我」的無恥是百般遷就溺愛出來的……孩子出走、自殺、犯罪，看似是孩子的選

擇，其實都是父母行為的反應或結果。

譬如，一個 12 歲的男孩因上網影響了學習，被媽媽訓斥後居然選擇了自殺。這位母親後悔不已，但她不知道，孩子的這種選擇，並不是因為此次的管教，而在於她以往的教育方式出現了問題。由於母親的一貫寵愛，使孩子形成了一種錯誤判斷：既然你如此愛我，現在我的要求再不合理你也要答應我，否則我就用死來回應你。這一錯誤是誰造成的？仍是父母。

父母在孩子 3 ～ 5 歲時，就應該找機會展示一次明確的態度給孩子看：如果你做得不對，我就不愛你！當然，這需要相關的知識與操作的技巧。

### 三、家庭撫養不僅僅是物質的，更重要的是心理撫養。

曾有一位父親，自己勤奮努力地賺來萬貫家財，卻突然發現長大了的兒子一身壞毛病，沉溺於網路無法自拔。無奈之下，他找到一位專家，居然拍扔出五十萬元說：「你幫我教育好我的兒子，我就給你五十萬元！」

這位父親，你錯了，教育孩子是你不可推卸的責任，更何況對人的心理教育是從情感撫養開始的，而最基本的情感就是親情。若是沒有親情就不可能形成人的基本情感反應，沒有正常的情感反應，一個人又如何會被教化？所以，撫養與情感、情感與教育息息相關。

### 四、人性教育比智力教育更重要，性格才真正決定命運。

在現代家庭教育中，很多家長在浮躁與欲望的社會背景下，越來越偏重於孩子的智力發展，似乎孩子的分數和就讀的學校將決定孩子的一生。這是一種嚴重的認知偏差。智力、分數、學歷雖然重要，不過，縱觀人類歷史，我們會發現，絕大多數成功者，或被人們敬佩與記住的人，一定具有人類最基本的情感：責任感、同情心、博愛、自尊等等。

　　所以，父母不要因為孩子的學習能力弱而訓斥甚至羞辱孩子，而應該細心觀察自己孩子的特長，幫助其找出優於其他人的能力，使其建立自信和自尊，找到自己生存與發展的價值。在這一過程中，性格培養是父母最重要的責任。因為任何人的成就都離不開社會活動，所以要教會孩子責任、博愛、合作、付出。

### 五、愛孩子的前提是尊重孩子，家長要了解兒童的基本權利有哪些。

　　由於孩子的弱小，由於孩子需要引導，也就造成了一些家長的誤解，他們認為自己有權決定孩子的全部生活，甚至將自己的意志強加於孩子。這種家庭教育背景下的孩子雖然衣食無憂卻不快樂，許多孩子雖獲得高學歷卻以自殺了卻一切。每當此時，痛不欲生的父母都會問：「這是為什麼？」原因很簡單，一個從小沒有感受過快樂的人，怎麼會有健康陽光的心態？

　　一個從小沒有被親人或社會善待過的人，怎麼會溫情地善待別人？一個從未被尊重過的孩子怎麼會懂得自尊？又怎麼會懂得尊重別人？

　　我們給予孩子生命、滿足孩子成長中所需的物質要求……但必須明白，「被給予者」也有獨立的人格，他們也需要被尊重，需要理解和平等溝通。

### 六、改變孩子須先改變大人。

　　孩子出現問題時，家長應首先反思自己，這是家庭教育的首要工作。當孩子出現行為問題時，許多家長都會急切地讓孩子去見心理醫生或專家，其實，這是一個盲點。因為孩子的行為在很大程度上與父母有關，要改變孩子的不良行為，應該先改變父母對孩子的態度和教育方式。如何讓父母了解孩子成長的心理過程，父母如何在孩子出現問題時主動發現自己的問題？這都是身為父母的成人需要思考的問題。

曾有一個真實的案例，一個男孩在接觸網路後有些「成癮」，先後用作業本寫了數本網路日記。家長發現後，不僅責罵了孩子，還一古腦地燒掉了網路日記。孩子當時似乎沒有什麼激烈的反應，也表示不再去網咖，但在第二天卻自殺了……這個案例說明，面對孩子的不良行為，家長必須有耐心、愛心，去傾聽孩子內心深處的聲音，幫助他們化解苦惱。

在你讀本書的時候，你或許想：「聽起來好極了，那或許對我和我的孩子有點作用。」請記住讀一門技巧與參與實踐一門技能並不一樣，親身實踐一種新的方法意味著改變你的行為，要知道舊習慣是不容易改變的，它讓人感覺舒服，而新的東西卻不盡然。

隨著你讀書的深入，你能了解到做為成功父母應有的行為；你會讀到你所需的戰略與技巧；你將學會父母行為的相對措施，而且一定要練習。你也會發現目前的許多思想是正確的並不需要改變。在讀此書時，請列出一個你需要不斷改進的清單。練習那些你需要改進的行為，並保持那些良好的行為。

因為培養一種新的習慣需要大約一個月的時間，所以每個星期回顧2、3次你所培養的內容，這會使你更快地鞏固新的習慣。

★ 我需要做些改進的行為 ——
★ 我需要稍做改進的行為 ——
★ 正確且需要保持的行為 ——

## ● 小結

如果把孩子比作一塊有待琢磨的玉，那麼父母將在上面留下第一筆雕痕。

—— 克魯普斯卡婭

　　孩子們會學好，也會學壞。他們的行為不是莫名其妙地發生的，不是遺傳的。一個行為良好的孩子不是幸運的結果，而是因為受到鼓勵——如果孩子學習言談舉止，那麼孩子也能學著改變言談舉止。父母的言談舉止也是可學的。好父母的技巧不是突然冒出來的，你要有信心能學著做一個較為成功的父母！

　　這是一本關於父母行為的書。它可以教你檢視自己的行為，決定什麼時候孩子的問題中有一部分原因是基於你；它會幫助你當孩子說他恨你時，你應該如何改變自己；它告訴你該如何在你的衣服扣子被孩子耍賴扯掉時保持平靜；它能使你幫孩子建立起健康的自尊；它會解釋如何教你的孩子學會積極地思考問題，並輕鬆地面對競爭對手的壓力；教你如何快樂地為人父母。

　　如果你想培養行為端正、判斷能力優秀的孩子，你需要懂得你的行為是如何與孩子的行為息息相關的，這是我寫這本書的初衷，我希望讓您理解到：你怎麼做，孩子就會怎麼做，言傳身教是教育之本。

# 第二章
# 幫紀律重下定義

我不知道有什麼比教養一個孩子更神聖的職責了。

—— 貝多芬

「你是怎樣管孩子的？」

「我常大喊大叫！」

「那管用嗎？」

「通常不管用，只能讓他老實幾分鐘。」

「然後又怎樣呢？」

「他又鬧起來。」。

「那你又怎麼做呢？」

「我氣瘋了，打了他一頓。」

「管用啦？」

「發揮一小會作用。」

當父母們被問起是怎樣管孩子的時候，大多數人都會這麼說。他們對孩子大喊大叫，責罵，劈啪地打一頓，取消允諾要給孩子的「優惠」待遇，強制他們回到自己的房間裡去。要知道管教和懲罰是截然不同的，使用得準確、恰當時，懲罰應該只是全過程的一個小小的部分。

管教包括為人父母的我們，在教孩子如何做出更好的決定時，我們所做的事情。管教是教孩子們如何為他們的行為做出更好的選擇，是教孩子們去負責任，教孩子們自己思考，教他們自己有能力去選擇怎樣行動。所有的這些概念都完全不同於管教就是懲罰的了解。管教意味著教孩子們自己做決定。

管束孩子時，家長應告訴他行為的標準，什麼樣的事情可以做，什麼樣的事不能做。特別在假期，管教孩子是每個父母責無旁貸須做的事，可是，怎樣才能做得更好呢？

★ **家長自身要為孩子做出良好的表率**：孩子一生下來，首先認識的是爸爸和媽媽，家長的一舉一動全錄入孩子的視野之中，深深地烙在孩子的心靈裡。所以，有人說：「父母是孩子的第一任老師。」確實不錯，為了使孩子向良好的行為習慣發展，就必須給孩子一個好的參照榜樣，家長必須要有一個良好行為習慣，千萬不要在度假期間或其他休閒時間，用小額賭賻活動作為娛樂，要為自己負責，為自己的孩子做出良好的表率。

★ **家長要有一定的權威性**：平時，對孩子要有民主，並且，要給孩子足夠的自由空間，必須要讓孩子明白是非。但是，當孩子可能要犯錯或者已經犯錯了，我們不得不進行管教時，一定要有權威。讓孩子知道家長對錯誤行為是嚴肅的，而且將伴隨懲罰和教訓。當孩子做了好事或建立起良好的行為時，家長就要給予褒揚獎勵。有的家長抱怨自己管不了自己的孩子，那就說明平時管教孩子的時候，沒有很好地建立起自己的權威，無論孩子有沒有聽你的話，你都沒有進行相應的獎勵與懲罰，也就是說，你沒有相應的措施跟上去。使孩子覺得爸爸（媽媽）的話，聽不聽都一樣，這樣就不好了。

家長管教孩子必須是：有言必行、有行必果、言行一致。在日常生活中，要關注孩子的行為，嚴格地要求孩子養成良好的行為習慣，培養孩子的紀律觀念。當然，對孩子的管教必須是負責任的，持之以恆的，不是憑家長一二兩句話就能解決的。而且還要告訴孩子你所提要求的原因。孩子才能領略到家長嚴中的威，威中的愛。

★ **父母之間要保持一致**：父母在管教孩子時應保持一致，要有統一的措施和策略，對孩子都要有統一的行為要求，這樣做孩子可以建立起統一的行為標準。如果爸爸允許去做一件事，而媽媽說不可以，這樣會搞得孩子無所適從。特別是父母之間對管教孩子有分歧時，不要在孩子面前賭氣，要在孩子不在場時，再討論達成共識。這樣做，也可以樹立起父母雙方的權威性。

★ **處罰不要太多，要以正面引導為主**：許多成功的父母都有一套獎懲措施跟著落實對孩子的管教。在孩子做得好時，給予精神鼓勵或物質獎勵，只有在不得不處罰的時候才去懲罰孩子。對孩子來說，獎勵比懲罰更有效果。所以，切切不可從生理上和心理上來虐待孩子，罵孩子「笨蛋」、「傻瓜」、「混蛋」、「沒出息」是很不可取的。

當孩子犯錯時，杜絕用疏遠、貶抑、支配、體罰等教育方式，但是，一定要讓孩子深刻地知道犯錯的後果。要把孩子管教好，最上策就是表揚他的進步，給予精神鼓勵或物質獎勵。鼓勵他多做些有益於人們的好事。

## ● 如何正確地管教孩子

管教孩子是一門科學，大部分的父母在教育子女方面往往不知所措。本文闡述了正確管教孩子的內涵，以及如何用自然主義來管教孩子。

有些父母自孩子出生起，就從來沒有想過應該怎麼教育孩子，到了孩子上學了才開始發牢騷：我家的孩子氣死人了，作業不好好寫，天天胡鬧。這是一種類型的父母，他們缺乏基本的教育觀念和意識，認為做爸媽的管吃管喝就行了，而教育是學校和老師的事情，也不知道應該怎樣管教，所以從一早他們就放棄了教育的機會。

還有一種父母有很強的教育觀念和意識，對孩子的期望很高，很早就

在設計教育方案。有許多這樣的父母，從小讓孩子學鋼琴、英語、舞蹈、繪畫、放學後去上各種數理補習班，小小的年齡天天要趕場。這些父母非常辛勞，其結果可能是「對孩子關心得越多，對孩子的傷害越大」，孩子的身心遭到更嚴重的摧殘。

有些父母看到這樣的方法不好，怎麼辦？乾脆崇尚盧梭的「自然成長」。到底什麼是「自然成長」？其實他們也說不清，大概就是不要給孩子施加壓力，讓孩子自由發展，讓孩子多玩，美其名曰：順其自然（其實盧梭的自然教育法並不是這樣）。這同樣是放棄了對孩子的教育。那麼真正的自然主義教育究竟是怎樣的呢？盧梭自然主義教育思想的核心是：把兒童當兒童看，教育必須適應兒童的身心發展；以行求知，體驗學習；激發學習愛好。其為受教育者提供了尋求教育的相當大的自由度和自主權，使受教育者基本上可以按照自身的意志、意願、性格、愛好、身體狀況、生活安排、愛好、生理時鐘的節律、學習習慣來選擇最適合自身個體、最能發揮效能、最能達到學習高點的方式來進行主動的學習。

那麼具體說，家長應該怎麼做呢？

### 了解愛好，發揮特長

有些家長自己年輕時的理想受到種種客觀條件的限制而未能實現，於是就把希望寄託在孩子身上。這本身沒有錯，但必須要考慮孩子的性格、愛好與自己的理想要求是否一致。

當自己的夢想和孩子的愛好以及素養相同的時候，這無疑是一件大好事。事實上這樣的例子也非常多：宋代蘇洵一家，近代梅蘭芳一家就是真實的例子。而常見的情況又往往是自己的夢想和孩子的愛好、素養、特長不一致，這時候就有可能出現麻煩。有些家長不考慮這些差異，經常用家長的權威一廂情願地強迫孩子服從自己，扼殺孩子別的正常愛好和特長。

結果是費力不討好，費時費力又費錢，得不償失。像強迫孩子練鋼琴、學繪畫等，結果是扼殺了孩子的正常愛好，扭曲了孩子的心理，使孩子對家長產生了仇恨，造成了多少悲劇（不是有孩子為了不練琴而把自己的雙手弄殘的先例嗎？）。

所以家長在有漂亮夢想的情況下，要有一雙慧眼，了解孩子的愛好特長，順應自然，遵循規律，服從真理，因材施教。

### 捨棄溺愛，磨練意志

古往今來凡是對人類有貢獻的人，做出突出成就的人，都是有堅強意志力的人。

所有大科學家、思想家、藝術家、文學家之所以取得非凡的成就，無一不是在頑強意志的支配下，努力奮鬥的結果。對當今的孩子來說，從小在蜜罐子裡長大，缺少的就是頑強的意志力，怕吃苦。「勞其筋骨，餓其體膚」的字眼是太生疏了。這是現代孩子的通病。所以從小磨練孩子的意志很有必要。怎麼磨練？無非就是實踐，實踐，再實踐；堅持，堅持，再堅持。

首先要利用榜樣激勵法，讓學生明白意志可以彌補智力乃至身體上的缺陷。達爾文、愛迪生、愛因斯坦小時候都曾被人認為是笨孩子，可是他們有遠遠超過別的兒童的意志力，做事持之以恆，鑽研某一問題通宵達旦，對要研究的事物能入迷的精神。

美國作家海倫·凱勒自幼兩耳失聰、雙目失明，卻成了美國歷史上最受人尊敬的作家之一。「勤能補拙」這是顛撲不破的真理。其次，引導孩子不要相信那些片面的宣傳：什麼學習生活要輕鬆、快樂、在玩中成長等等。這種宣傳不是別有用心的話，也至少是片面的。它並不針對普通人，誰信了，誰就受騙、吃虧，白白辜負了少年時光，應了那句：「少壯不努

力，老大徒傷悲。」

其次，家長要創設磨練孩子意志的活動，吃一些必要的苦。如堅持晨跑，堅持學有一技之長等等。家長還要輔導孩子制訂學習、鍛鍊、生活的計畫。意志薄弱的人一般缺少計畫性，天天得過且過。意志堅強的人都習慣於制定計畫給自己。說了算，訂了做，只要說到就要做到，力求養成習慣。孩子究竟是孩子，自覺性不比大人。

所以要磨練孩子的意志力，大人首先得做好磨練自己意志的準備。許多孩子在學一技之長時會半途而廢，多半取決於家長是否能堅持。

然後，家長要有「捨得」心理。現在的孩子拈輕怕重、嬌氣等毛病，其實都是家長慣出來的。往往是孩子未喊累，家長已先捨不得；孩子尚未吃苦，家長已先心疼得恨不得自己替受，如要「頭懸梁、錐刺骨」那更是萬萬不可。

所以假如想培養出優秀的孩子，做家長的就要先放下「含在嘴裡、捧在手心」的寵愛心理，放手讓孩子去奮鬥。

### 準確讚賞，培養自信

亞洲的父母似乎不約而同地形成了一種習慣，就是在日常生活中，大多數父母都像不好意思談論自己的優點一樣，也很少肯定和讚揚孩子的優點，並且把注重力集中到孩子的缺點和錯誤上，喜歡用孩子的缺點去比其他孩子的優點。

孩子在整日無休止的抱怨和批評中喪失了自尊和自信，形成了「我什麼都不行」的自我表現認定。他們用少動手、少說話、少參與來避免暴露自己的短處，從而保護自己，日久就形成了內向、自卑、懦弱、主動性差、社會活動能力及社會適應能力差等消極的自我表現意識，嚴重影響心理健康，在其原本具有的一些優點逐漸縮小時，缺點則變得越來越多，這

樣的家庭教育絕不會是成功的。

所以我們呼喚「老王賣瓜，自賣自誇。」家長應唱一首「我可以」之歌，賞識孩子，培養自信，讓孩子無論在學校，家裡都欣賞自己，能自信地說：「我可以！」而一個知識貧乏、技能低下的孩子在人群中必然被「小看」，導致自尊心受損，自信心喪失。

孩子處於這樣的境地，不依靠外力將難以自然地發展，如此心境的孩子是無法自立的。因此，父母要使孩子獲得同儕必須具備的知識和技能，使孩子與人交往不產生「低人一等」的感覺。

家長要選擇孩子愛好的科目重點輔導，使孩子在這些方面鑽得深些，學得廣些，成為這些科目的佼佼者，以此使孩子體會榮譽，增強自信。家長要努力創設機會讓孩子擁有覺得了不起的拿手本事，讓他得到更多的讚賞。

從家有女兒之日起，我的信念至今未改：只有嚴格管教孩子，才是真愛孩子。到美國去的很多人都發現，美國人生下來就和心理學家打交道，因為教育孩子必須要學習兒童心理學的知識，要得到心理學家的指導。

所以，做合格的父母必須學習兒童心理學和兒童教育的知識和方法。孩子的教育從出生時開始，但教育絕不是盲目的。所以我們應該大聲疾呼：「請正確地管教孩子！」

## ● 注重與孩子的合作而不是控制

許多父母對管教的目的感到糊塗。他們認為管教就是掌握孩子的行為，而不管他們做什麼。這樣的目標是錯誤的，而且常常不會改進孩子們的行為。管教不是掌握，而是合作。合作意味著讓孩子選擇自己的行為方式。因為它值得那麼做，這樣促使你的孩子朝好的方向發展，是一種良好的管教方式；不幸的是，太多的父母每天只知道追著他們的孩子，硬逼著

他們去做事。

管教不應該是一種負擔，不應該讓其中的每個人都感覺糟透了。

管教孩子並不是越嚴越好。

父母往往為孩子提供過多過細的幫助，對孩子嚴格管教。比如，孩子寫作業的時候，家長不是坐在孩子身邊指指點點，就是親力親為，以為只有這樣孩子才會老老實實地做完作業。並且在很多時候，家長習慣於強迫孩子嚴格按照他們的意志行事。

身為家長，他們不是培養孩子認真檢查作業的良好習慣，而是每次都要親力親為；他們不是讓孩子自己找到做錯的原因和正確的解題方法，而是嘮叨、吵罵個沒完。家長也許會說：「是老師要家長每天監督孩子學習、檢查孩子作業的。」殊不知，他們完全誤會了老師的本意，因為孩子從小缺乏學習的自覺性，老師是希望家長能和學校配合，多督促孩子學習，共同關心孩子的成長，但絕不是讓家長如此這般地把孩子管「死」。

家長每天守著孩子，未必是好辦法。這樣會導致孩子在學習上遇到困難時嚴重依賴父母。有的家長甚至做了孩子的陪讀，孩子學到哪裡，家長也學到哪裡。這樣一來，孩子就會自然而然地養成依賴家長的習慣和惰性。慢慢地，孩子根本檢查不出自己作業中的錯，或者一遇到困難就繞道而行。

根據對部分學生家長的調查，一些家長總是大膽地放手，讓孩子自己管自己。家長先是嚴格管教孩子一段時間，讓孩子制定學習計畫，告訴孩子什麼事該怎樣做，然後再讓孩子自己管自己。倘若孩子確實可以把自己管好，而且每天能讓自己有一點小小的進步，家長就給予鼓勵。

其實，每個孩子都有榮譽感，都爭強好勝，只要你充分信任你的孩子，大膽地放手讓他管理自己，他就會比你想像的還要出色。如果孩子有什麼事情沒有做好，千萬不要嚴厲地批評他，應該多給予理解和安慰，應

該讓孩子看到自己的能力在一天天提高。孩子的能力提高了，信心增強了，自然而然地就養成了獨立學習的好習慣，即使遇到困難，也會愈挫愈勇。

無論是大發脾氣還是胡亂扔東西，或是早上不肯穿衣、不願洗臉……孩子們總是在不斷地測試你的忍耐極限，深深地吸口氣，不要放棄。

雖然我們已經能複製出綿羊了，但要哄你的孩子乖乖地穿上衣服並不是件容易的事。僅就管教孩子問題設立一項諾貝爾獎也不為過。美國紐約州的安德瑞‧海絲柯爾談起女兒 3 歲時的一件事，至今記憶猶新：那天早上，我正準備送基娜去幼兒園，可她死活不穿衣服。我好言相勸、哀求、恐嚇，什麼法子都用了，她不僅置之不理，反而跑回床上蒙上被子睡覺……我簡直被她氣壞了，拉開被子在她屁股上打了幾下，她就歇斯底里地大哭起來。最後，基娜終於穿上了衣服，不過她的忘性挺大，第二天仍然鬧著不肯穿衣服。安德瑞媽媽卻為此內疚了好幾天，對自己的失去控制感到非常不安！

安德瑞媽媽的行為的確不符合現代育兒觀念，但又有哪一位父母面對無理取鬧的孩子能保持十分理智的態度？尤其是 1 ～ 3 歲的幼兒，都是些自我中心、不明事理、專門考驗你耐心的小東西，幸虧他們很可愛，不然的話，真要令大人們厭煩了。因此，要決定什麼是適宜的行為並教會（而不是強迫）孩子這些適當的行為，一直是困擾著父母們的一個重大問題，即使出版了無數的育兒指南、父母必讀一類的書籍，對此仍是莫衷一是。能不能教導一個 9 個月的嬰兒不要扯爸爸的眼鏡？能不能指望一個 14 個月的幼兒懂得與別人分享玩具呢？能不能教會一個 2 歲的孩子控制自己不亂發脾氣呢？美國西北大學醫學院臨床心理學教授助理維多利亞‧拉維尼說：「問題的癥結在於怎樣讓孩子不是強迫地，而是自覺自願地做你認為適當的事情。」

　　對 1 歲以下的孩子採用「管教」的方式讓他們分辨是非，實在是不可想像的事。當孩子摔手機，把手指塞進電源插座，用指頭去戳別的小朋友的眼睛時，他並無惡意，僅僅是在探索新奇的事物，而這正是這個年齡層孩子的主要任務，做家長的總不能因噎廢食，限制孩子吧？唯一的應對策略是：把東西挪開、挪開、再挪開！

　　隨著孩子年齡的增長，不良行為的發生常常是因為渴求自主，或希望引起他人注意，或僅僅是由於挫折感。孩子的心智尚未成熟，無法分辨是非（大約要到 3 歲左右才開始分辨是非）。美國紐約大學心理學教授馬丁‧霍夫曼（Martin Hoffman）認為：可以勸說 18 ～ 20 個月大的嬰兒，因為他們已經開始懂得適應他人的要求了。

　　以下是一些幼兒的典型行為：

★ **鬧脾氣**：專家們認為鬧脾氣是孩子學習表達憤怒和挫折感的正常方式，如果不是鬧脾氣的次數越來越多、並隨著年齡毫無改善的話，父母無須過分干涉。兩歲半的班‧卡洛尼就是一個堅持自己的喜好，對試圖改變他習慣的人吵鬧不休的典型。他母親說：「他堅持以某種方式刷牙，以某種方式爬上椅子，別人倒果汁必須有他幫助……最近，當班謝謝爸爸後，爸爸沒有像往常那樣說『不客氣』，而是說『不用，謝謝你，班』。班就為此大發脾氣。」專家建議卡洛尼夫婦，當班發脾氣時不要理睬他，與他保持一定的距離，同時試著和他談心，讓他解釋生氣的原因。這種方法有時奏效，有時一點用也沒有。但為了哄孩子把他抱起來或順從他的要求，只會使他更加變本加厲。

★ **不願分享**：孩子在 2 ～ 3 歲時才開始懂得與人分享東西，但不要指望他們發自內心的樂意，也不必為孩子的你爭我奪而擔心。喬治‧華盛頓大學醫學院精神學和兒科學教授斯坦利‧格林斯潘說：「孩子與其他兒童的相互交往更為重要。分享是透過這些交往獲得的一項成

果。」居住在加州的帕蒂・拉爾夫嘗試鼓勵兩歲半的女兒潔西與人分享東西，結果卻是成功失敗兼而有之。帕蒂說：「她固執地不願與人分享自己的東西。」

★ **打人**：大人們對孩子動手打人常常是不能接受的。但斯坦利・格林斯潘認為：「不必對此大驚小怪。」有時孩子打人是為了應付他們不喜歡的事情，有時候是從同齡小朋友那裡學來的。住在倫敦的 13 個月大的美國女孩蘿拉・斯科特就是一個例子。一次，蘿拉打了另一個女孩之後，她的父親抓住她的手溫和地對她說：「不能打人，不能打人。」從此，蘿拉就再也沒有打過人了。

★ **穿衣服**：傑西・拉夫喜歡將衣服前後反穿，或穿互不搭配的衣服，或將鞋子左右反穿，還有一次他想穿著睡衣上學，這些都可能演變為父母與孩子之間的衝突。傑西的母親說：「他只是在學習如何表現自己的意志，只要不過分，我一般是不干涉的。」

★ **吃飯**：在維多利亞時代，孩子進餐時都乖乖地坐著，將分給自己的食物吃完。而今天呢？假使能讓一個不足 3 歲的孩子，在餐桌前乖乖地坐上 15 分鐘以上就是一個奇蹟了。父母不斷地與孩子鬥智鬥勇，企圖使他們吃各種不同的食物，這實在是浪費精力。馬里蘭大學人類發展學教授查理斯・弗萊特認為：「只要睡覺和代謝正常，孩子偏食不是大問題。」格林斯潘則認為：「正確的方法是父母不要制定過多的規則給孩子，而是應該使規則適合每個孩子的需求。」

就兒童的行為而言，以上列舉的都是容易應付的。斯坦利・特雷基博士在《難以管教的孩子》一書中指出：那些過度活躍的孩子，對父母的耐性是一種挑戰。這類兒童好動、十分任性和固執，注意力難以集中，嚴重的可以確診為兒童過動症。臨床上很少發現 3 歲以下的孩子患過動症，但問題卻隱藏於這一階段的發育過程中，如果孩子 8 個月後仍未表現出有意

識的抓取動作、微笑、發聲，2歲時仍未表現出對較複雜的人際關係的相處能力，這些就會是3歲時導致情緒和智力障礙的前奏，屆時會出現無法分辨幻想與現實，或缺乏適當的認知和語言技巧，這些問題更令人擔心！

## ● 如何管教讓孩子快樂成長

常常聽到新教師抱怨：「愛的教育是不切實際的，我實施了一段時間，結果學生不聽，常常弄得教室秩序一片混亂。」深入了解才發現，這些新老師誤將「管教」等同為「處罰」，所以實施「愛的教育」就不能實施管教。其實不只是新老師，有不少父母也將管教視為處罰。

要感受孩子的感受。

孩子並非天生就知道對錯，是非觀念必須透過父母的教導才能懂得，管教就是要幫孩子建立行為的分寸和準則。父母要孩子遵守規矩，可是規矩是成人規定的，孩子並不知道為什麼這樣做可以、那樣做不可以。

父母在孩子的行為逾越規矩時，固然要制止，並告訴他這是錯的，不過也沒必要大發雷霆，甚至責罰孩子。處罰孩子會傳遞這樣的資訊給孩子：個子大的可以打個子小的，侵略是一種手段。

幼兒園裡攻擊性最強的孩子，有不少是來自以打罵方式管教的家庭。想想自己當孩子時被處罰的經驗，很少人會認為這是好的。要是父母能夠感受孩子的感受，就不會去處罰孩子了。

要了解孩子特性與孩子一起互動。

管教孩子要先了解孩子的發展和能力。每個年齡層的孩子，都有他們發展上的一些共同特性和能力。父母管教孩子，應根據孩子的發展和能力，去制定行為的要求尺度，不要以成人的標準去要求孩子。

例如要求剛學會走路，走路還不是很穩健的孩子，要他一有尿意就到指定的地方小便，這樣的要求未免過於嚴厲，很可能帶給孩子難以承受的

壓力。又如開始會走路的孩子，獨立的需求迅速增加，然而每一項決定對他而言，卻都是一件大事，有著極為強烈的情感波動，有時會因為過多的刺激而突然大發脾氣，尤其是在公共場合或家裡有客人來訪時。

父母若知道這個年齡的孩子有這樣的特性，就不會被孩子的突然鬧脾氣搞得莫名其妙甚至難堪，而是能夠試著去了解孩子發脾氣的原因，並以比較平和的態度，理性地處理這種情況。雖然同年齡的孩子有其發展上的共同性，但是同一年齡孩子還是有個別差異的。所以家長在對待不同的孩子時，要先了解他，然後再根據孩子的特性和孩子互動。

對於孩子行為的要求必須一致。

處理孩子的行為要有原則，態度要堅定且一致。有時，孩子會試探父母的要求尺度，例如當孩子第一次爬到電視機前，回頭看看你的時候，就要立即將他領開，讓他知道這樣的行為是不被允許的。當他第二次這樣做時，家長的做法一定得跟之前一樣，否則孩子就會有一些無所適從的感覺。

孩子的記憶力是短暫的，告誡過的可能再犯，父母要有耐心不斷提醒，不要以為說過一次、兩次，孩子就能牢牢記住。肯定堅決地定出行為的尺度，讓孩子們接受消化，成為他的行為準則。這需要多年的工夫才能逐步完成，所以父母要有耐心，不要操之過急。

要顧及孩子的自尊心。

管教孩子也要顧及孩子的自尊心，處理孩子不當的行為最好在沒有別人的地方，尤其不要在公共場合。父母尊重孩子，孩子才可能培養出自尊心。在公共場合責罰孩子，毫不考慮別人的眼光，孩子會感覺父母不尊重自己，這樣很難使孩子培養出自尊心。沒有自尊心的孩子，也不會知道要尊重別人。

要明白管教孩子的真正意義。

管教孩子是要讓孩子成為獨立成熟的個體。有時候父母責罵孩子，甚

至處罰孩子，是因為孩子不遵從自己的要求，父母深感自己的權威受到了挑戰，父母要常常檢查自己對孩子的要求是否合理，而不是一味地要求孩子順從。

不要禁止孩子探索外在。

從出生開始，孩子對周圍世界充滿好奇心，好奇心驅使他們不斷地去探索周圍的世界，運用感覺器官去認識周圍世界，但是他們卻常常沒有覺察到潛藏的危險。年幼的孩子看到東西，就拿起來敲一敲、打一打，甚至咬一咬。所以家中貴重或危險的物品，最好放在孩子拿不到的地方。盡量減少環境中任何可能造成危險後果的因素，避免孩子受到傷害。但父母不要禁止孩子探索外在世界，因為這是他們了解外在世界的方式，不過要經常留意孩子的行為，見到孩子的行為可能會導致危險，就立即制止。

以良好對策處理孩子的行為問題。

建立行為的尺度和限制：除了了解孩子的特性，父母還要有良好的對策去處理孩子的行為問題，才能幫助孩子建立行為的尺度和限制。例如，孩子在商場看到玩具就哭鬧著要買，有些父母會趕快買來哄孩子，結果孩子以後就以這樣的行為作為手段，要脅父母。有些父母則是責打孩子，嚴重傷害孩子的自尊心。

面對孩子哭鬧時的對策：比較好的策略是抱起孩子到一個安靜的地方，讓他先好好地宣洩不愉快的情緒，再告訴孩子這樣做是不對的，或者離開孩子的視線範圍，孩子看不到父母通常都會立即停止哭鬧。

讓孩子知道父母是愛他的。

孩子需要父母的關愛，但也需要父母的管教。孩子最害怕的是父母不愛他，管教孩子，不要以收回父母的愛為要脅。處理孩子不當的行為，一定要讓孩子知道父母仍然愛他，那種以收回愛為要脅的行為是不允許的。

多給孩子擁抱。

年幼的孩子特別需要父母肢體的接觸，給予孩子擁抱，讓孩子知道父母是愛他的，多和他談話或遊戲，讓孩子知道父母是關心他的。

愛和管教可以並行不悖。

孩子要有愛的滋潤才能健康成長，適當的管教行為才利於孩子，愛裡要有管教，愛與管教是可以並行不悖的。希望每個孩子都能在愛中成長，在適當的管教中學會規範自己的行為。

## ● 家長管教孩子要注意十三戒

### 1. 戒過度保護

有時候，由於太注重表面的安全，忽略看不見的心理需求，縱使孩子具有優秀的先天條件，卻得不到應有的發展，當孩子想跑、想玩時，大人會害怕孩子受傷而禁止他。如此的話，孩子便會養成不好動的習慣，身體變得遲熟、孱弱多病，心智的發展也必然受到阻礙，性格也會變得退縮膽小、缺乏自信、無法面對困難。我們必須明白，關懷是心靈上的溝通，並不是行為上的干預。過分的干預既令孩子反感，也妨礙他發展潛能。

### 2. 戒過分寵愛

事事順從孩子的要求，替他完成所有事情，孩子什麼事情都不必動手，於是容易變得以自我為中心、任性、依賴、不能忍讓、也不懂得照顧自己，即使表面看來柔順溫和，但當孩子長大，需要面對難題時，就可能出現性格突變。

家長的包辦代替是孩子形成性格軟弱的重要原因之一。一些家長對孩子百依百順，不讓孩子做任何事情。這等於剝奪了孩子自我表現的機會，導致孩子獨立生活能力的萎縮……

### 3. 戒揠苗助長

孩子年紀愈小，基本動作愈少受學習或訓練影響。不顧孩子的發育情況，強迫他提早學站、學走路、學寫字⋯⋯造成孩子身心嚴重失衡，導致產生脾氣暴躁、焦慮、冷淡、退縮等問題，並且會拒絕學習，也不懂與人和諧相處。

### 4. 戒過分專制

經常以權威口吻規範孩子的舉動、限制他的自由、否定他的想法，會使孩子長期處於恐慌之中，無法表達自己，只懂唯唯諾諾，不懂快樂；並使他失去自信，變得緊張、沒有安全感，面對事情不知所措，失去嘗試新事物的勇氣等。另外，為了發洩不滿，孩子會欺負比他小的孩子，當孩子長大，他更可能會對我們存有懷恨的心理，把以往積壓的不滿，發洩回我們身上。

父母管教子女往往有兩種心理狀態：一是把子女看成私有財產，對子女具有絕對權威；二是父母將子女看成自我理想的再現，希望子女能實現自己想實現、卻沒有實現的理想。因此，父母灌輸自己的生活經驗給孩子，企圖讓孩子按父母的設想去生活⋯⋯

### 5. 戒臉孔嚴厲

孩子無法在嚴肅當中感受到我們的愛，擺出嚴厲的臉孔，只會令他對你卻步。我們應避免用苛刻字眼責備他，即使他做得不夠好，也應溫和地給他意見，使他容易接受。

許多父母對孩子期望很高，卻又很吝嗇讚美自己的孩子。他們常常擺出一副長者的面孔責備孩子，以為這樣才是教育，卻忽視了讚美所帶來的奇妙教育效果。適宜的讚美能產生多方面的教育效果⋯⋯

### 6. 戒忽略孩子優點

覺得孩子沒有長處，就算有，也視之為理所當然，使其天分無從發揮。

東方人比較謙遜，不在人前稱讚孩子，有時還會不經意地批評他。其實，我們對孩子的評價是他建立自我形象的依據，如果經常提及他的缺點，孩子會懷疑自己的能力，不僅影響其自信心，甚至會認定自己一無是處，更不思進取。

表揚要及時，對應表揚的行為，父母要及時表揚。否則，孩子會弄不清楚為什麼受到了表揚，因而對這個表揚不會有什麼印象，更提不到強化好的行為了。表揚要具體，表揚得越具體，孩子越容易明白哪些是好的行為，越容易找到努力的方向……

### 7. 戒忽略孩子說話

孩子喜歡問問題，我們會覺得很煩而打斷孩子的話，或要他閉嘴；人家問孩子問題，我們卻經常替孩子說話。這樣，會剝奪孩子練習說話的機會，導致自我表達能力差，孩子並會漸漸不再跟我們說話，嚴重影響親子間的溝通。

### 8. 戒經常嘮叨孩子

誤以為多對孩子說幾次，他就應該懂得如何做，即使在安慰孩子時，也是喋喋不休地指出他的過失，叮嚀告誡他應該如何做，而忽略孩子的難處。孩子難免會感到麻木，變得了無生氣，沒有自信。另外，嘮叨還會使自己的脾氣變得暴躁，情緒變得無法控制。

學會運用藝術語言。假如你一定要重複地說，那麼就將嘮叨的語氣改為提醒。嘮叨讓人厭煩，易招致怒氣，提醒的語氣聽起來則有幫助的意味，表示你和孩子站在同一邊。切實地為孩子提供自由選擇的空間……

### 9. 戒嘲笑挑剔

挑剔孩子的過失，經常把其缺點掛在嘴邊，說話刻薄，用罵人的字眼嘲笑他「笨手笨腳」、「沒用」等，甚至在別人面前斥責數落孩子，均會使他感到丟臉，嚴重損害其自尊，變得自卑懦弱，認為自己真的沒有能力做好事情，不敢發展潛能，記憶力和創造力也因而大減，變得退縮、膽小、缺乏自信。須知道，孩子的自尊心一旦受到傷害，是需要一段長時間，甚至永遠無法重新建立起來的。另一可能是，孩子會對我們產生怨恨，不僅不會尊重父母，長大後還會找機會報復。

### 10. 戒對孩子亂發脾氣

父母情緒不穩定、亂發脾氣，會令孩子的性格變得扭曲、行為變得極端：一是變得叛逆、是非不分、缺乏責任感；或是變得自閉、缺乏安全感；也可能同樣愛亂發脾氣。

### 11. 戒低估孩子的能力

質疑孩子潛能，處處要求他跟隨自己的意願行事。孩子不能從失敗中學習，變得依賴心重、慣於被命令、缺乏思考力。

有的人智力過人，但意志薄弱，志趣低下；有的人是智力平平，但意志頑強，目標遠大，百折不撓。任何一個正常的孩子，總有這樣那樣的優勢或潛在的優勢。因此，身為父母，應客觀而清醒地分析自己孩子的特點，善於發現孩子的優點，讓孩子感受到成功的喜悅……

### 12. 戒以偏概全

用主觀的情緒和期待去看待孩子，自以為是地認定他的發展，並以一個特點概括其全部性格，導致他自我規限其發展方向。例如，經常指責他

「你又給我惹麻煩」、「總是這樣」、「沒出息」等，暗示了不能改變，會讓他也覺得自己比別人差，因而放棄改正，慢慢地，他便會朝被認定的方向發展，做個沒出息的人。認定，也容易做成偏見，導致經常錯怪孩子，令他疏離父母，對他的影響力也相對地減低，甚至變得叛逆。

### 13. 戒漠不關心

對孩子表現出漠不關心，孩子為了引起我們注意，會做出種種叛逆的行為，卻不幸誤入歧途。另一可能是，孩子覺得我們不關心他，對生命感到失望，因而走上絕路。

## ● 管教孩子父母有不同意見時

做爸爸的認為妳對孩子太嚴格，而妳認為他對待孩子太心軟。有一件事是可以確定的：那就是在管教孩子方面，夫妻之間的偶爾爭執是很自然的。「我們都從自己的父母那裡，繼承了不同的關於撫養孩子長大成人的哲學。」西雅圖華盛頓大學心理學教授約翰·高特曼博士這樣說，高特曼博士還是《父母》雜誌諮商部的成員。所以，想想你的父母是怎樣協調配合成功地教育子女的。下面這些建議會對你有所幫助：

教育孩子不一樣沒有關係。妳和丈夫對孩子有不同的教育方式，而孩子恰恰可以從中受益。看到妳和丈夫對問題有爭論，孩子會學會用不同的觀點看問題。

父母雙方永遠達成統一戰線。儘管父母雙方對教育孩子有不同的方式是有益的，可是不要把雙方明顯的衝突表現出來。在孩子面前爭論如何管教孩子，這只會強迫孩子在父母雙方中做出選擇。對此，高特曼博士告訴我們：「兒童傾向於將父母婚姻中的爭執歸咎在自己身上。」對於需要馬上解決的問題，比如孩子該睡覺了或者孩子們在打架，夫妻之間盡量事先

商量如何解決這些問題。

找到你能夠接受的妥協方式。不必等出了問題，夫妻之間再爭論不休。有時候，妥協意味著妳同意在一些事情上按照當丈夫的方法解決。孩子需要得到的資訊，僅僅是父母雙方都支持這樣的決定。妳和丈夫之間可以區分彼此的責任：媽媽負責監督孩子完成作業，爸爸負責監督孩子吃飯和睡覺的時間。

我們來看看幾位國外家長們的做法。

凱特・亞歷山大（來自美國俄亥俄州）—— 讓管孩子充滿樂趣。

在管孩子讓孩子合作一點的時候，為了我們自己不變得怒氣衝天，我們想出了一個家庭趣味儲蓄罐的辦法。辦法具體是這樣的：若是在管教孩子的時候，孩子很聽話，孩子們就可以在罐子裡放進去 1 美分。

若是我們耐心管教孩子的時候，他們不聽，那麼他們就得把 1 美分從罐子裡拿出來。等罐子裝滿的時候，孩子們就可以自己選擇一次有意思的家庭活動，比如在後院露營，晚上講鬼故事講到很晚，或者做任何其他孩子們想要做的事。

朱利耶・哈梅爾（來自美國加利福尼亞州）—— 弄清你要對付的是什麼問題。

選擇孩子讓你最頭疼的 3 件事 —— 比如，孩子們打架，跳到家具上，在家裡大喊大叫。把你的注意力全部集中在你選的這 3 件孩子最讓你頭疼的行為上，先把孩子其他行為（當然，除了那些會讓孩子處於危險的行為）放在一邊。這樣，你就不會再讓孩子們覺得你總是嘮嘮叨叨，而他們對你的管教也就不會再充耳不聞。

愛琳娜・斯尼德（來自美國紐約）—— 用眼神交流。

我們 3 歲的兒子總是不好好聽我們說話。現在，只要我們想讓他做什麼，我們會溫柔地讓小傢伙轉過臉來，這樣他就能看著我們的眼睛。如果

孩子集中精力在聽你講話，我們就能向孩子提出問題或者管教他，然後，我們還讓他重複我們所說的話。這樣，我們就能夠知道孩子已經聽到我們所說的話。

　　克利辛·歐馳（來自加拿大）──暫時迴避一下。

　　我快要發作的時候，會讓自己暫時迴避一下。假如孩子們在屋子裡瘋跑但不會有危險的話，我會在廁所待上 3 到 5 分鐘。獨自待一會能讓我鎮靜下來。然後，我就能冷靜地判斷當時的情況，決定我需要做些什麼。同樣，我把自己從混亂的情況下拉出來一會，孩子們也能有時間弄清楚是怎麼回事，或者讓他們平靜下來。另外，孩子們對我這麼做會很吃驚，這樣他們就知道我真的非常傷心。

　　貝斯·伯恩斯德恩（來自美國加利福尼亞州）──說到做到。

　　你管教淘氣孩子的時候，你對他們說你要怎麼做但沒去做的話，孩子們以後就不會認真對待你說的話了。

　　利薩·尤維爾（來自美國科羅拉多州）──管教孩子之前先想想看。

　　要喊叫 4 歲的兒子時，我會停下來先問問自己：「孩子是不是餓了，累了，要不就是覺得冷或是太熱？」通常，孩子淘氣總會出於某一種原因。你會吃驚地發現，小傢伙在吃點零食或睡上一會之後就不那麼淘氣了。

　　瑪利薩·凱普羅茲（來自美國紐澤西州）──不斷注意孩子。

　　讓我的雙胞胎獨自待一會之前，我會給他們 3 次機會。現在，只要想想要罰他們獨自待一會，小傢伙就會聽話多了。如果我看到孩子們在為爭一個玩具打架，我會說：「這是一次。」通常，這樣做就會從根本上終止了孩子們的不良行為。

　　蓋·匹歐蒂（來自美國德拉瓦州）──適當的懲罰，讓孩子做更多的家事。

　　我不會讓孩子做額外的家事作為懲罰 —— 這樣做會讓孩子不喜歡幫家人做家事！但是如果 4 歲的兒子被剝奪了某種權利作為懲罰，他可以透過做家事彌補過失而重新獲得被剝奪的權利。

## ● 讓孩子自己做選擇

　　一位娶了中國太太的美國先生對我說：「以前，我總覺得中國人比我們聰明，現在我才知道，原來中國父母永遠在逼孩子讀書，他們的職責是教育出學業最優秀的子女來，甚至連孩子的暑假也不放過。美國父母呢？他們的職責是讓孩子真正享受自己的童年，去運動、去交朋友、去郊遊、去做自己喜歡做的事情，當然，這樣的教育，也免不了使孩子變得放任自流了。」

　　幾個嫁了美國丈夫的中國太太，也跟我從另外一個角度抱怨過這個問題：「我老公從不幫助孩子做功課，可是，若孩子出了錯，他也不給孩子正確答案，他會讓孩子再想想，他認為，人哪有不犯錯的，不出錯，怎麼提高自己？而且，我如果是老師，孩子要學校的老師做什麼？」

　　華裔父母之間總以子女的學習成績為榮耀。這與美國主流社會的價值理念有差異。美國父母之間談孩子的學業不多，而體育、課外活動，學科中遇到的老師的趣聞，卻是孩子媽媽之間言談的主題。

　　亞洲家庭教育出的孩子，很多都有兩面性，在父母和老師面前是一個樣，背著他們又是一個樣。在強烈的壓抑下，使他們不由自主地要用一種截然不同的方式來宣洩。比如，在上大學前被家裡管制慣了，進入大學之後，就像一隻出籠的小鳥失控了。有的會大玩特玩，有的一下子沒有人安排日常生活，不知如何是好。

　　亞洲家庭教育到底缺少什麼？為什麼一旦進入美國社會，那些學業優

異的華裔孩子，除了從事科學研究，做個高級上班族之外，大多數都碌碌無為呢？其中原因有許多，部分歸納起來有以下幾個方面：

★ 父母對孩子的強化提高不是永久性的，即使初期超過別人，但是當大家都起步後，前者的優勢就消失了。因為被強壓後學習到的知識、思維、邏輯和推理，是被動的。

★ 父母對孩子期望過高，孩子被支配、被指責得太多，會變得脆弱，他們最怕犯錯、最怕失敗，所以為了避免犯錯，反而放棄了提出問題的機會，放棄了在失敗中學習的過程。長大後，孩子不僅失去了創造和想像的能力，而且會變得患得患失。

★ 父母不是愛孩子的真實，而是愛他們希望孩子所要成為的樣子。沒有給孩子一個想成為自己的空間，而是別人怎麼做，孩子也要怎麼做的盲從產物。興趣對於大人和孩子同樣重要，想做的事，別人不讓做，他也想做；不想做的事，只會事倍功半。

★ 尊重孩子，把他看作一個平等的人，與你享受平等的說話權利、批評權利、反抗權利，聽話的孩子不一定是好孩子，更不一定會有出息。

不是美國父母好，亞洲父母差，而是世界變得越來越小，我們的視野越來越廣。彼此借鑑，有益無害。

所以，我們有一些父母替孩子做了太多的選擇，他們想處處保護好孩子，不想讓他做出錯誤的選擇，不想看到孩子面對痛苦的結局。這一切是可以理解的，不過這同時也讓孩子失去了許多學習的機會。它會讓你的孩子感到自己沒有什麼能力可以做出決定，似乎沒有父母的保護就不知所措，就會疏忽大意。

即使父母考慮孩子的選擇，對孩子活動的規定也總需要一些條件：考試過級、又得了雙百啦，有些事必須與你商議：看電視啦、化妝啦、吃速

食啦……給孩子們足夠的自主權吧！讓他們自己選擇：參加體育運動、聽音樂、參加學校活動。

　　只有這樣，隨著孩子日益成熟，他就愈加會表現出自己的責任感，你甚至可以給予超越孩子生活的自主權。比如你想讓你的孩子更有責任心，你可以給他更多的優先權：「從小到大，你都是個優秀的孩子，我對你期望很高呀！」

　　要知道越高的期望需要越大的動力，你可以給他更多的獎金，讓他參加更多的活動，這些措施將鼓勵他堅持自己負責任的行為並做出絕佳的決定。

　　更為重要的是，這一切給予了孩子一份自信、他們認為你是個公正的父母，他們將十分信任你。在第 25 章裡，你可以讀到更多有關這方面的內容。

## ● 小結

> 孩子的心是一塊土地，播上思想的種子，就會獲得行為的收穫；播上行為的種子，就能獲得習慣的收穫；播上習慣的種子，就能獲得品德的收穫；播上品德的種子，就能獲得命運的收穫。因此說，孩子的命運在母親的手中。
>
> —— 斯特娜夫人

　　管教是讓孩子自己去做決定。管教的目的是教孩子與父母友好地合作。在孩子的早期教育中就要注重培養孩子的合作與負責任。身為父母首先要堅持下去。

　　不然孩子要麼只是一味地任父母操控，要麼是被放縱。

　　管教意味著教孩子們學會自控，如果你想讓你的孩子成為一個負責任的人，你就必須教會他學會自控。如果你只是一味地強制性地去控制，孩

子則不會在控制中占據主動。他不能培養自控力，進而不能形成自控的習慣。結果便是孩子不聽你的管教。

很多研究兒童發展的專家建議父母，在孩子叛逆違抗時，試著跟孩子講道理，然而，實際做起來往往行不通，因為這是一個孩子和父母爭奪權柄的階段，不管孩子和父母在爭什麼，真正的重點在於：是聽你的還是聽我的，一旦戰爭開始，跟孩子講道理做解釋似乎不太奏效。

有些人主張，倘若使用得當，體罰應該是一項比較管用的工具，特別是對年幼孩子的教育。只是體罰也有對錯之分，要運用適度。做父母的不能因為心情不好，就把自己的怒氣和沮喪發洩在孩子身上，也沒有權力在外人面前處罰他，或羞辱他。

適當的管教應該不傷到孩子的自尊心。美國的一位對兒童教育素有研究的心理學專家詹姆斯‧杜布森博士（James Dobson），他確立的一些適度管教的原則，對父母的教育很有借鑑意義：

事先設定管教的界限。在孩子違反規定之前就把規定講清楚，一定要讓孩子清楚地知道你的期待和理由。不要因為孩子一時犯錯或不小心釀成意外而體罰他。不要因為他昨天忘記做什麼事，或不小心打碎了杯子這些事而處罰他，這些行為不是孩子故意違抗。而且體罰對青春期的孩子不再適用。

處罰孩子後，記得張開雙臂擁他入懷。孩子被罰後，可能需要被疼愛和肯定，父母此時應該緊緊擁抱他，並且告訴他為什麼受罰，以及下次應如何避免挨揍。此時的溝通，更容易建立彼此間的融合。這時如果做父母的賭氣，讓怒氣衝衝的孩子回房反省，便錯失了溝通的良機。

要是你放縱孩子任性，不受管教，往往會形成孩子極端的自我中心個性。而在愛中管教孩子，注意不傷及孩子的自尊，才能培養性格健全的孩子。

# 第三章
# 孩子是怎樣進行模仿的

孩子不可能一天之內就長成大人，良好品格的形成也不能一錘定音，撫養和教育孩子都需要父母堅持不懈、持之以恆和充滿愛心的努力。

—— 斯蒂芬

孩子是靠模仿學習的。一個孩子具有潛在的觀察與模仿能力是一種天生優秀的品性。科學家們將這種方式歸結為模仿。孩子們透過模仿學習說話；透過簡單地聽，觀察與模仿學習語言；學習為人處事的態度；學習形成自己的價值觀與個人的行為方式。有些習慣甚至都是透過模仿形成的。

既然孩子的行為方式是透過模仿周圍人形成的，為人父母的你就對孩子的學習有相當大的影響，仔細想想你的行為，你是他們的榜樣。

有一次一個五歲孩子的爸爸帶著他去做新年前的採購。停車的地方擠得水泄不通。他們兜了好幾圈也沒找到停車位，爸爸心裡很煩。最後他好不容易看到另一個人要開車離去，逮了個空。爸爸向前進車，打出信號，示意自己要把車停在那裡。就在那人倒車時，另一輛車卻乘虛而入，擠到了他的前面，占了車位。他氣極了，按下車窗對著那駕駛人吼著不三不四的話。他們彼此都憤怒地斜視著對方互不相讓。最終孩子的爸爸只好怒氣衝衝地繼續去尋，找另一個停車位。

大約二十分鐘後，爸爸與兒子走進大廳。此時的大人已平息了怒火，父子倆一起談論著買些什麼樣的禮物，在這位爸爸毫無準備時，兒子突然抬起頭問：「爸爸，能告訴我什麼是 ××× 嗎？」

此時爸爸的感覺像被塊磚猛擊了一下，孩子有多麼驚人的洞察力，他

清晰地聽到了自己罵人的話而且準確地記了下來，爸爸頓時覺得尷尬。彎下身來對孩子解釋說這是一句髒話，這麼說是爸爸的錯，他坦率地向孩子承認當時因為找不到停車位而氣得罵了人。而後，爸爸也補充自己可不希望兒子遇到類似的事像他這麼做。那一刻身為一個父親，他很真實，也很真誠地對待了自己，更是對孩子的負責。

生活中 95% 的時候你可以成為孩子的好榜樣，當孩子抓住父母們犯的錯時，做父母的總是有一種防範、虛榮的心理：「別管那是什麼意思，反正你別讓我聽見你說這樣的話，否則……」

如果你常常用這種辦法應對孩子的話，那就大錯特錯了，因為它一下子便關閉了你與孩子間溝通的大門；它告訴你的孩子，你可以說髒話而他不能，那麼孩子到學校做的第一件事，就是開始問全班同學那個髒話是什麼意思。

## ● 孩子的成長從模仿開始

實際上，從孩子降生的第一天起，他就開始模仿你了。孩子的模仿能力與他的生長發育和認知能力有很大的關係。而你所要做的是為孩子提供一個良好的「模仿環境」，並且做他模仿的「好榜樣」。

聰聰是一個只有 15 個月大的男孩，有一天他拿起媽媽的梳子，一下一下地梳理著自己的頭髮。他的媽媽看到這個舉動嚇了一跳：「我從來沒有幫我兒子梳過頭。他的頭髮又細又直，即便不梳理也很整齊。當我看到他拿著我的梳子熟練地梳理頭髮的時候，我感到很吃驚，看起來他好像天生就會梳頭。我也很納悶，他是怎麼學會的呢？」

當然，聰聰不是生下來就會梳頭的，他很有可能是觀察媽媽的一舉一動而學會的。對於 1 歲的孩子來說，模仿是他們學習各種技能和語言非常有效的方法，也是孩子們逐漸產生自我意識的一個途徑。

　　實際上，從孩子降生的第一天起，他就開始模仿你了：首先是模仿你們的面部表情和發音，然後是身體運動和話語的模仿。到 2 歲以後，大部分孩子開始對成年人如何使用物品有很大的興趣，比如，他想學習爸爸媽媽是如何使用電話、鑰匙、瓶瓶罐罐和電視遙控器的。這些動作的模仿表明孩子的認知能力已經有了一個重大的跳躍，也就是說，孩子能夠意識到他所模仿的動作是帶有一定意義的。

　　模仿表明了孩子和周圍人的一種關聯。

　　孩子非常渴望自己能夠像他所愛的人一樣，因而在這種渴望的驅動之下，他會喜歡拿著你的皮包或者戴著爸爸的運動帽在家裡走來走去，無論什麼時候他戴著父母的飾物，他都會感覺到與父母之間有種直接的關聯。

　　其實，你 1 歲的寶寶正在測試他與周圍的人們是什麼樣的關係：他是怎麼樣與其他人相像，其他人又是怎麼與他相像的。當他對比自己和其他人的時候，任何事情都變成他可以模仿的機會了。

　　當你的孩子模仿大孩子行為的時候，若是你每次都以微笑和讚揚的話對待他，那麼他就會因為得到了你的鼓勵而繼續努力做得更好。另外，若是你和孩子一起唱歌跳舞和做遊戲，那麼你和你的寶寶之間就可以相互模仿。事實上，模仿是表揚和認可孩子的一種很好的方式，當你模仿孩子的時候，他將感到自己得到了別人的尊重和認可。

　　孩子長到 1 歲半以後，他不僅模仿與他親近的父母或爺爺奶奶，而且還會模仿其他的小孩子。這個年齡層的孩子已經傾向於改變自己的行為和動作，去迎合周圍其他小朋友的行為了，所以，這時候讓孩子進行一對一的遊戲方式，就能夠讓他們有更多的模仿機會，也就是說，一個孩子喜歡和另一個站在他旁邊的小朋友一起玩，而不是一群孩子們相互之間一起玩。沒過多久，你又會發現你的孩子甚至開始模仿陌生人、電視裡的人物，或者他在動物園看到的動物了。

父母是孩子的直接模仿對象，所以一定要特別注意自己的言行。

孩子的模仿能力和他的生長發育及認知能力有很大的關係。處於這個年齡層的孩子，他們通常比較好動，手和眼睛能夠協調動作，逐漸開始學會用詞，而且，記憶力也更強了。一般14個月大的孩子就能夠回憶起幾週前或者幾個月前他們看到的一些行為，並且自己模仿這些行為。也就是說，孩子正在密切地觀察和模仿父母，以他們的行為舉止為榜樣，所以父母一定要把自己最好的行為展現在孩子的面前。

也許有一天你忘了一件重要的事情，而順口說了句不雅字眼，過幾天你可能會猛然聽見孩子也輕輕地這樣說。因為無論是詞彙、基礎語法，還是髒話，語言都是透過模仿而學會的。當孩子開始學說話的時候，他肯定會模仿你的發音，你的用詞和你常說的口頭禪。

因此，父母需要格外注意自己的一言一行。如果你希望孩子能夠把「謝謝」和「請」掛在嘴邊，那麼你必須自己先這樣做，要自己經常說這些禮貌用語才行。另外，孩子們對待周圍人們的方式也是透過仿效父母而學到的，所以，必須讓孩子們親眼看到父母的友善、慷慨和富有同情心，而且，一旦孩子有了這些好的行為，父母一定要給予鼓勵。

要鼓勵和幫助孩子模仿，因為這是他邁向獨立的中間站。

最終，你的孩子不僅僅是模仿了，他也會出於自己的願望而這樣或那樣去做。他透過每天看見你刷牙和穿上外衣而逐漸學習這些技能。一旦他意識到：「我自己能做！讓我再試一次！」那麼他就逐漸變得獨立起來了。確切地說，模仿成為了邁向獨立的中間站。

這個時候，父母需要提供給孩子一些他自己能夠使用的物品，充分滿足孩子這種「自己做」的強烈願望，比如，小孩子專用的小碗，小孩子自己可以倒水的小杯子，一個小凳子讓孩子能夠自己在洗手臺洗手等等。如果準備了玩具電話給孩子，類比廚房和用具，那麼就能夠鼓勵孩子模仿大

人的動作，自己玩扮家家酒的遊戲了。

不過，孩子的一些模仿會超出他的能力，因此，父母需要警惕孩子的安全問題。假使不存在危險的因素，那麼就等孩子要求幫助的時候再幫他。失敗是孩子學習過程中不可缺少的一部分，父母要時常鼓勵孩子自己再去嘗試。那麼，孩子才會在第一次失敗之後再去仿效別人的成功做法，一次又一次地嘗試，直到自己成功。

模仿能力存在問題的 3 個徵兆。

模仿不僅是孩子學習的一個重要方法，也是孩子能夠正常與他人溝通和交流的體現。畢竟，孩子模仿時需要很多的觀察和實踐。因此，15 個月大的孩子是否已經有模仿他人的最初嘗試，也常常被看作發育是否正常的一個指標。研究發現，自閉的孩子和神經系統紊亂的孩子都存在模仿他人的障礙。所以，一旦你的孩子到了 18 個月至 24 個月的時候，他還沒有以下行為，那麼就必須找小兒科醫生來診治了。

模仿你的動作，或者模仿你使用一些物品，比如電話。

跟隨你的眼神和目光，比如，當你往一個紙筒裡看的時候，你的寶寶是否也想看？

## ● 孩子模仿對象及需遵守的守則

孩子的模仿對象有 ——

### 對象一：成人

孩子自出生後，就喜歡觀察和模仿周圍的人了。如果他被允許去做「大人」的事情時會非常高興，比如拿吸塵器吸地。孩子不僅會模仿成人的行為，也會模仿成人的語言、神態等。初學語言的孩子，一開始就是模仿和重複周圍人對他說的話。

我們發現，倘若平時和孩子說話的人，大多數都是語音標準的人，那麼孩子的發音就會比較好；倘若周圍的成人說話都不太標準，那麼孩子的發音則會帶有方言的語音語調。

三歲以後的孩子，已經知道自己是男孩還是女孩了。這時，他們開始模仿同性成人的行為和舉止。比如，女孩喜歡穿著媽媽的高跟鞋，或者自己親自照料娃娃。在性別角色的模仿過程中，孩子會學習那些同性成人的行為方式，並且認同那個人或那種角色，這對孩子以後的行為發展有著重要的作用。

模仿不僅發生在日常生活中，在遊戲中也會有模仿。孩子經常在玩耍中扮演某些成人的角色，比如老師、醫生、司機、廚師等等。這時的孩子不會看到什麼就模仿什麼。在玩遊戲的時候，孩子會選擇熟悉的人和事，把自己感興趣的行為透過遊戲表現出來。這類遊戲被稱為「裝扮性遊戲」，對孩子各方面的發展都十分有意義。在裝扮性遊戲進行的過程中，孩子並非純粹地模仿，而是會在實際遊戲情境中進行創造，比如為遊戲角色打扮，準備遊戲道具，在遊戲中安排模仿對象的行為和工作等等。這時，孩子的創造行為也不知不覺地發生了。

## 對象二：同伴

孩子的模仿並不僅僅局限在從成人身上模仿和學習。在幼兒園裡，孩子之間的模仿也非常明顯。遊戲區的天花板上掛著一個風鈴。孩子們都想讓風鈴發出聲音，可是風鈴掛得太高了，大家都碰不到。這時，有個聰明的孩子拉來一把小椅子，站在上面，一伸手就摸到風鈴了。其他的孩子看到了，也紛紛去找來小椅子。類似的模仿事件，在幼兒園裡天天都會發生。

### 對象三：卡通人物

卡通人物的行為也是孩子模仿的來源之一。男孩子喜歡扮演奧特曼和超人，從床上到地上「飛來飛去」，和怪獸、壞人作戰；女孩子想當公主或小仙女，穿著漂亮的裙子，手拿仙女棒。然而，由於孩子的知識有限，有些模仿行為對孩子來說是很危險的。比如孩子模仿卡通中的小動物，把雨傘當作降落傘從家中窗戶往外跳，結果導致摔傷。因此，家長一定要加以限制孩子的模仿對象。

孩子模仿守則 ——

為了讓孩子模仿好的榜樣，健康地成長，家長應當牢記以下守則：

★ 適當的角色和行為示範對孩子的成長非常重要。

★ 孩子是面鏡子，爸爸媽媽可以從孩子的身上看到自己的影子，所以在孩子面前要努力做個好榜樣。

★ 要鼓勵孩子模仿好的行為，對孩子所模仿的不好行為要加以制止。

★ 對孩子在模仿過程中出現的自創動作，只要是對孩子和周圍人無害的，不必干涉。說不定，未來的發明家就在你的身邊。

## ● 如何為孩子做個好榜樣

孩子是天生的模仿高手。

在飯廳裡，一個大人抱著一個幾個月大的嬰兒，嬰兒看到了一幅畫了許多水果的畫。他一邊看著畫，還一邊做出假裝吃東西的樣子。當時這個嬰兒本來還在吃奶，由於他曾經看過大人吃水果的樣子便模仿起來。抱嬰兒的大人看見孩子模仿得那麼開心又很有興趣的樣子，就抱著他站在畫前，一直到嬰兒興味索然才離開。

孩子最讓人不可思議的地方，就是他們具有異常敏銳的觀察力。大人

想像不到的事物，孩子可以想像到，大人觀察不到的事物，孩子都明察秋毫地看到了。

孩子借助模仿大人的機會進行最早的練習，故事中這個大人滿足了孩子塑造自我能力的需求。他無意中的配合動作順應了孩子的天性。這個大人真是我們所稱的「教育家」！

有一個小孩看見大廳的芭蕾舞者雕像後，立刻跳起舞來，因為孩子曾經看過別人跳舞的樣子，所以他知道雕像的姿勢就是跳舞的動作。

這就是孩子天生的模仿和學習能力。他們正是這樣得以進步和提高的。他們的智慧也是這樣得以開發的。所以，成人一定要學會敏銳地觀察出孩子的需求，只有這樣，才能給予孩子需要的幫忙。其中讓孩子參與我們的生活將是首要的一項。

很多父母，乃至教育家們都認為，孩子就像「軟蠟」一樣可以任意塑造。大人可以根據自己的意志任意塑造他們。父母可以讓孩子按照自己的計畫發展成長。這樣的觀點雖然有一定的道理，但致命的錯誤在於：大人可以像上帝造人那樣隨時捏製孩子的「軟蠟」。而事實上，孩子必須依靠自己來塑造。任何的強力介入都會給孩子的內心帶來永久創傷。就是把大人的這種干擾稱為邪惡也不為過。

當孩子抓住了你犯的錯時，別防範他們，好好利用這個條件將你的尷尬變成一次有價值的學習機會。在孩子聽到我罵了人後，我承認了我的錯誤。我當時是因為怒氣衝衝，但我對我的怒氣承擔了責任。我並沒有在孩子面前喋喋不休地責備那個搶占停車位的人，把責任都推給了對方。我勇敢地向孩子道了歉。所有這些行為都樹立了你在孩子面前的無價特質。

孩子學習你的一舉一動。如果你謊稱孩子的年齡身高，而逃過兒童買票時應多付的那份錢，你無形中便教會了孩子說謊；當丈夫在家時，妳卻對打電話來的人說他不在，妳就教會了孩子說謊；如果你吃飯時搞得亂糟

糟的，那麼你就教會了孩子吃飯時弄得亂糟糟的一團；如果你整日看電視，那麼你就教會了孩子整日看電視；如果你大喊大叫著人們的名字，那你也教會了孩子沒有禮貌；如果你對孩子動怒，孩子就會對別人動怒；如果你對搶占停車位的那個人說了些髒話，你則教會了孩子去說髒話。

相反，若是你能心平氣和地講話而不是怒氣衝衝，你則教會了孩子怎樣在被激怒的情況下保持冷靜；你對自己說的髒話道歉時，你則教會了孩子怎樣對所犯的錯誤負責；你對自己的怒氣負責，你便教會了孩子對自己的怒氣負責；你彬彬有禮，你則教會了孩子彬彬有禮；你能事事與大家分享，你則教會了孩子事事與他人分享；你能與人為善，那麼你的善良也傳授給了你的孩子；當你全力以赴做事時，你的孩子也會學專心致志於所做的事情；你常常讀書，你則培養了你的孩子對待讀書的正確態度；你吃健康的食品、積極地健身，那麼你的孩子也會緊緊地跟從；若是你以一種負責任的方式行事，那麼你的孩子也將會以一種負責任的方式行事。

這其中要是你樹立了一種虐待的榜樣給孩子，那則是一件可怕的事情。你怎樣虐待孩子，孩子也會在日後怎樣虐待你。為人父母的你動用武力，怒氣衝衝地打了孩子一頓，天常日久，在孩子的心中則形成一種印象：「父母就是以這種方式來對待他們的孩子的。」當孩子長大成人後，他也將以此種方式對待他的孩子。

孩子的一舉一動是否像你，仔細觀察一下你的行為就會一目了然了！

## ● 和孩子一起模仿

孩子們從一出生就開始模仿大人，在學習中形成自我。那麼父母呢？在孩子模仿你們的過程中，你是不是也可以有所收穫？

當你餵小孩子吃飯時，把湯匙遞到他面前，寶寶自然地張開了嘴，等

著品嘗美味。那麼你呢？你的嘴是否也張著？你們倆誰先張開嘴？到底是誰在模仿誰？阿姆斯特丹大學的社會心理學教授艾普・迪葉特斯特輝解釋說：「在 4/5 的情況下，是孩子看到伸過來的湯匙後先張嘴，然後父母才模仿孩子的動作；餘下 1/5 的情況是父母先演示，孩子再模仿。」

這個簡單的餵飯例子說明了，模仿不是單向的，模仿其實可以理解為父母和孩子間交流的一種方式。

### 模仿 —— 我的愛對你說……新手爸媽要學會與新生寶寶交流

艾普教授告訴我們：「如同水中的魚群群居群嬉一樣，人也時時參照周邊的人們：互相觀察、互相模仿。我們需要一種歸屬感和獲得認可、接受的願望，而模仿可以滿足我們的這種願望。」

很多父母都知道一項研究結果，就是在很小的嬰兒面前做吐舌的動作，寶寶也會模仿。你們也可以和自己剛剛出世的寶寶來做一個特殊的遊戲：爸爸或媽媽在寶寶面前做出親吻的嘴型，看看寶寶是否也會模仿出同樣的姿勢。有研究者在剛剛出生不過 42 分鐘的嬰兒身上就觀察到了這種行為。

父母和孩子可以一開始就透過模仿互相交流。你可能會感到，當孩子模仿你時，你的面前似乎有一面鏡子，你做什麼，孩子也做什麼。當然，這種模仿也會有不好的效果：如果孩子看到大人抽菸，觀察手是如何在嘴前往復的，他或許會用一塊積木代替香菸來模仿你。

不管他模仿你抽菸的動作讓你感覺如何，也許你覺得自己很愧疚，但孩子在模仿你時毫無惡意。他模仿你，是因為父母是他的偶像，他對父母的愛是無條件的。你的孩子毫無保留地信任你。當你把寶寶抱在懷裡，他同時也抱著你，貼在你身上向你表達他的愛，如同你對待他一樣。

## 模仿 —— 生活原來是這樣的

如果一個 6 個月的嬰兒得到一面小搖鼓的話，他會立刻意識到，他不僅可以將他握緊，也可以鬆手扔掉。因為這麼大的孩子開始有意識地抓住東西，想怎麼玩就怎麼玩。因而寶寶突然意識到，他可以「有所作為」影響什麼了。於是他開始非常熱情地練習，將事物與目的結合起來。此時，模仿可以發揮很大的作用。例如當你把禮品紙揉成一團發出聲音，孩子會好奇地學著嘗試，是否他也可以用手和紙製造出同樣的音響效果。

慕尼克馬普研究所研究認知和行為發展的小組成員艾兒絲納博士說：「嬰兒在 9 個月到 12 個月大時達到模仿的高潮階段，此時他們理解他人行為的能力也得到了發展。我們成年人會知道其他人的行為是有意義的，比如我們看到一個人進了廚房，就會推測他去那裡是有目的的。那麼孩子呢？」她和同事一起研究 2 歲的孩子是否和成人一樣思考。最初的結果表明，孩子會對模仿事物的意義有自己的理解：大人若是像孩子一樣把玩具塞到嘴裡的話，孩子先是很吃驚，但他們並不去模仿。

知道這一點，下次你逗孩子玩時，可別被那聰明的小腦袋瓜取笑哦！

## 模仿 —— 你快樂所以我快樂

如果孩子因為肚子痛而整夜睡不安穩，第二天早上，父母的情緒通常會有些煩悶，這是人之常情。但假如寶寶這時朝著你們笑，所有的父母都會不由自主地喜笑顏開，疲勞被笑容驅趕得無影無蹤。這是因為父母在模仿孩子的笑時，大腦透過面部肌肉的運動傳輸了愉悅的資訊，立即分泌出營造快感的激素。

當人們模仿他人表情的同時，理解他人的情感也就更容易了。神經生理學者發現，大腦具有使人擁有模仿能力的神經細胞 —— 鏡像神經原。它不僅僅在做動作如用手抓玩具搖鼓時活躍，而且在觀察別人如何拿起搖

鼓時也變得活躍。大腦會模仿該動作，同時我們會設想他人大腦中的意圖：他想拿起搖鼓晃動發出聲響。鏡像神經原能讓人透過模仿，推己及人從而更加體諒他人。再簡單一點說，透過對周圍的人表情的模仿，寶寶學會了善解人意。閱讀前述關於「我」的各種情緒。

## 模仿 —— 你說我也說

父母在和小寶寶說話時會不自覺地用「兒語」，他們改變了通常講話的節奏，幾乎是像唱歌一樣和孩子們說話。而且語速相對緩慢，句子之間停歇較長，經常重複所說的和所做的。當父母模仿孩子的方式進行交流，仔細觀察寶寶的反應，就會發現寶寶在「密切注視」並「回答」你，儘管他可能還不會說話。寶寶大一點後模仿的能力更強了：比如他還不會說話，可已經能學著你們拿起電話煞有介事地「打電話」了。孩子每一次模仿的嘗試都促進著語言的發展，同時加強了父母與孩子間的連繫。

## 模仿 —— 時間停止，生活繼續

對於新生的嬰兒來說，不存在昨天或明天，只有現在算數。當你幫孩子穿衣、洗澡、哺乳時，對他重要的只是你正在做的事情。你可以在寶寶觀察你的時候望著他，用兩三分鐘來營造一個小小的永恆，一段美妙的時間。而且你要將動作的節奏調節到寶寶的頻率上來，「慢動作」有時候恰好是合適的速度。這些都有助於寶寶的時間感和記憶的形成。

當然我們能從孩子身上學到的時間觀念也至關重要：有的父母全天候 24 小時為這個小小的大人物服務，忙得焦頭爛額，擔心自己支撐不了多久。寶寶卻有能力讓你堅持下去，就像他自己一樣保持旺盛的精力：不停地揮舞手臂，趴著時不斷向前爬，可能只為抓到一顆紅色的球或毫無目的。孩子的這種耐力、耐心和集中注意力恰好是父母也應當仿效的。孩子可以引導你，盡全力去生活，日復一日。

## ● 孩子們從環境中學習

透過體驗周圍的事情，是孩子學習的另一種方法，他的周圍包括做父母的我們，其他的家庭成員、鄰居、同班同學、老師；周圍的環境包括餐廳啦、操場啦、還有電視、電影、書刊、音樂等等宣傳媒體。這便是孩子們身處的環境。從環境中學習與從模仿中學習是不同的，孩子在環境中的學習要透過親身的實踐，如果孩子碰到了很燙的食品，他便知道了太熱的東西會燙傷手指，這是從親身的體會中學到的知識，而不是透過模仿。

孩子的行為是融合在他身處的環境中的，假如環境鼓勵他嬉鬧，他就會玩；假如環境鼓勵他踢球，他便會踢；假如環境鼓勵他成為一個團隊中的一員，他就會加入團隊。

環境塑造孩子的行為方式，並在無形中教授知識給他，受過良好教育的父母，他們的孩子一般在學校中表現也比較好；在鼓勵團隊合作（大家互助）的家庭中的孩子比較善於與他人合作，且工作勤奮；此外和睦的鄰里關係則可以培養出與同儕愉快相處的孩子。

成功的早期教育，一定要給孩子豐富多彩的生活環境和條件，這是孩子快樂進取的物質基礎。

環境具有強大的影響力，它給孩子耳濡目染、潛移默化的力量，環境是立體化的、從頭到尾的「3D教材」。就像青蛙在不同的環境中會改變不同的體色，孩子在不同的環境中會長成不同的個性。孩子的成長需要哪些環境，父母又該如何給孩子建設一個有利成長的環境呢？

一、人際環境 —— 民主、平等、親愛、和睦、歡快、恬靜。

孩子是家庭中平等的一員，父母不要嬌寵溺愛，也不要冷落他。一家人要做到互相關愛，分工勞動，遇事商量，共同享受生活的樂趣；一家人還要互相讚美良好的行為表現，運用禮貌語言和幽默；一家人可以經常開

故事會、朗誦會、運動會，表演各種節目，還可請親戚、朋友來家裡玩，盡情享受親情和友情。

二、智慧環境 —— 豐富、整潔、優美、愛閱讀、提問、愛動手做。

父母要給孩子準備好小書桌、小書櫃、玩具櫃、科技百寶箱、大地圖、地球儀、科學實驗器具，再給孩子一個植物園、動物園就更完美了。生活環境要整潔優美，特別是孩子的生活環境要有色彩鮮豔的圖案，美麗的風景畫，優美的書法作品，「好寶寶表揚欄」更對孩子有積極的鼓勵作用。當然別忘記給孩子設立一個鍛鍊身體的環境，如沙包等。

一家人要經常讀書、討論，一起動手做玩具小實驗，並不斷鼓勵孩子。對於 2 歲半以後的孩子，父母可以每天設立 20 分鐘的「靜悄悄」時段，各人在自己固定的位置專心做事情，不說一句話，事後評定孩子的表現情況。

三、意志環境 —— 按時起居、規律生活、自我控制。

養成孩子良好的行為習慣，父母可以和孩子一起制定各種作息時間，如早起、早鍛鍊，制定作息時間表有利於孩子養成有動、有靜的活動習慣。培養孩子按時吃飯、洗漱、排便、睡眠、勞動、看電視的習慣，逐步做到不催促、不提醒，培養孩子的責任感和堅持力。3 歲以後的孩子看什麼電視，父母要事先與孩子商量好，以兒童節目為主，在規定的時間內不多看也不少看。3 歲以前的孩子每天以 10 分鐘為宜，3 歲以後每天 20 ～ 30 分鐘為宜。當孩子逐漸長大，還要教他怎樣用錢，怎樣節約，怎樣存放，鼓勵他買書和智力玩具，援助他人等。

目前，隨著生活水準的提高，人們對生活品質的要求也越來越高，從綠色食品到綠色生存環境，綠色為現代人所嚮往。綠色代表著健康，綠色代表著時尚。父母們在關注自己的生存環境的同時，可否想到您的小寶寶的生存環境 —— 家庭是怎樣的呢？它是否適合孩子的成長？

根據我們對家庭教育現狀的研究分析，我們把兒童成長的主要環境 —— 家庭劃分為四種類型：力求完美型、圓夢補償型、順其自然型、綠色健康型。

★ **力求完美型**：父母認為兒童的成長是人生第一階段，不能有一絲一毫的閃失，任何不符合兒童成長的因素都要嚴格控制，他們希望自己的孩子在人群中永遠是最優秀的。父母的情緒處在高度緊張狀態，對孩子要求過高，苛求孩子各方面完美，容不得孩子犯錯。忽視兒童成長的階段性和其特點。有根據的批評或指責較多，但當孩子進步時也會得到較高的獎勵。

★ **圓夢補償型**：父母認為自己童年的理想沒能實現是件遺憾的事。既然孩子是自己生命的延續，何不把自己的夢想寄託在孩子身上，無論如何，重要的還是要把孩子所走的路鋪好。孩子的一切父母都要包辦代替，把自己的意願強加給孩子，讓孩子時刻按照他們的理想去生活和學習。忽視孩子自身的天性和興趣。只要是與他們願望一致，他們會不惜一切代價。

★ **順其自然型**：父母認為「小樹長大自然直」，孩子的成長不用太操心，有幼兒園、有老師呢！對孩子比較放縱、遷就和嬌慣。盡可能滿足孩子的各種物質要求，與孩子溝通較少，對他們的成長比較放心。

★ **綠色健康型**：父母認為兒童是人一生發展的關鍵階段，他們的成長和發展有其自身的特點。要為他們的成長打下扎實的基礎，必須尊重他們的天性，為他們提供適宜的教育環境，為他們終生可持續發展奠定基礎。他們知道要教育好孩子必須從自己做起，他們深信「身教重於言教」，處處為孩子做榜樣，尊重孩子的發展特點，尊重孩子的興趣和需求。講求科學的教育方法，經常與孩子溝通，善於發現孩子的進

步，勇於向孩子學習。正確運用鼓勵、欣賞、批評的方式，對孩子的教育能曉之以理、動之以情、持之以恆。

顯然，綠色健康型才是孩子的理想家庭，我們父母為孩子構建的也應該是這樣的一種家庭環境。那麼如何創設有利於兒童終生可持續發展的綠色家庭環境呢？請從以下幾方面做起：

★ **正確看待孩子的成長**：每一個孩子都是唯一的，他們有鮮明的個性，有自身潛在的各種能力，在他們成長的過程中，孩子表現出極為明顯的個體差異，他們的某些方面有快有慢、有先有後，這些都是很正常的。身為家長要了解自己孩子的成長與發展，提供適宜的教育給他們，不要盲目比較，切忌用一把尺衡量所有的孩子。

★ **理性對待孩子的未來**：人生之路十分漫長，孩子的成長是誰也代替不了的，應該相信孩子可以選擇自己未來發展的道路，家長不要越俎代庖，更不能過高苛求孩子盡善盡美。一味追求孩子「成龍成鳳」，其結果可能恰恰相反 —— 家長對兒童期望值越高，可能失望越大。正確的方式應該理性地對待孩子，尊重他們的興趣、尊重他們的選擇、尊重他們的發展。

★ **還給孩子童年的快樂**：童年只有一次，童年的快樂是人一生中不可缺少的精神財富，要像珍惜孩子生命一樣去珍惜孩子的快樂，這是兒童健康成長的基礎。我們強烈呼籲：還給孩子童年的快樂，這是兒童應有的權利。

★ **實現孩子理想的發展**：孩子的成長，離不開家庭的撫育，家長是孩子最好的成長夥伴。為了實現兒童理想的發展，每一個家長都要從我做起，觀察了解孩子的成長特點，掌握孩子的發展規律，為他們提供健康愉快的成長環境，多給予他們親情，多與他們溝通，常陪他們遊

戲，盡可能地滿足兒童精神上的需求，這些都是兒童理想發展的重要條件。相信孩子的能力、尊重他們的需求、引導他們發展是每個家長的責任。為了孩子更理想的發展，我們要學會與孩子共同成長。

## ● 小心，孩子在模仿中學壞

孩子（尤其是小男孩）特別好模仿，而且最喜歡模仿影視作品裡的壞蛋！

為什麼？因為壞蛋的造型與表演較之正面人物更有特色，更容易模仿！

於是每看完一部電影電視，便總會有數不清的小男孩在遊戲時模仿著那個壞蛋，學著那個原本「面目可憎」的傢伙 —— 他的模樣、他的裝束、他的步態、他的腔調！

有的孩子就是在模仿中學壞的。

請看報紙上披露的一個真實故事。

知道世界上年齡最小的銀行搶犯嗎？告訴你，他叫羅伯特，是個年僅9歲的孩子，他怎麼會搶銀行呢？因為他剛剛看過一部關於銀行搶劫的偵探片，他覺得很有趣，這才照葫蘆畫瓢，模仿電影上的壞蛋，用玩具槍去「搶劫」銀行的！

那麼我們呢？會出現類似的悲劇嗎？完全可能！

為什麼？因為我們的螢幕與銀幕也有「不乾不淨」的東西，既然關於凶殺、關於打鬥、關於搶劫、關於色情的鏡頭在上面屢有出現，就很難避免汙染天真的孩子們！

尤其是有些宣揚打鬥和暴力的影視節目，如果頻頻出現在孩子們的面前，那麼，孩子中體力較強、性格較外向的，看了就會立刻仿而效之，橫行霸道，欺凌弱小，於是漸漸形成了具有攻擊型侵犯性的性格！而體弱或

性格內向的孩子，則會因為無力模仿而感到自卑，漸漸感到低人一等，甚至害怕長大，害怕將來被人欺侮，於是鬱鬱寡歡，提心吊膽，原本健康的人格很快被扭曲！再試想，如此日復一日，年復一年，又怎能不結出惡果！

因此，淨化影視作品，淨化社會環境乃當務之急，誰在這一點上麻木不仁，誰就可能在不知不覺中敗壞掉孩子們健康的欣賞情趣，甚至活活地斷掉原本不該斷送的好孩子。

孩子好模仿的特點，常常與好奇心有關，看見別人玩什麼，自己也玩什麼；看見別人有什麼，自己就想有什麼。隨著年齡的增長，接觸事物範圍的擴大，知識經驗的累積，孩子開始模仿電影、電視、故事中的人物形象。成人對孩子好的模仿行為應當支援，並給予表揚和獎勵，使之強化；對於孩子的不良模仿行為，成人應當制止，因為這種模仿只能導致孩子正確模仿作用的喪失，出現不良模仿和破壞性行為，進而產生不良的心理。

那麼，成人應如何對待孩子的不良模仿呢？

1. 應該用自己的言行為孩子樹立一個可模仿的正確榜樣。

2. 要引導孩子在模仿中學習正確的東西，摒棄錯誤的東西。孩子的辨別能力差，成人一定要讓孩子有選擇地模仿。

3. 成人經常和孩子一起討論研究電影、電視、故事中的人物形象，正確引導孩子分析人物。分析時不停留於表面情節和人物的直觀形象，要教育孩子學習英雄人物的勇敢頑強，憎恨敵人的卑鄙凶殘，久而久之，孩子就會主動模仿一些英雄人物的形象，學習他們的優良品德和崇高精神，促進正確道德觀的形成。

4. 對孩子已有的不良模仿行為，成人應積極地加以糾正。如有的孩子喜歡模仿電影中的壞人，成人應告訴孩子，壞人做壞事，若是被我們發現，就應該把他抓住，交給員警。這樣，孩子就會憎惡壞蛋，而模仿正面形象 —— 員警。

　　然而，也不宜讓孩子經常模仿成人，而應更多地鼓勵孩子發表和他人不同的意見，進行獨立性的活動，這樣才有助於創造性思維的培養。

## ● 小結

　　父母的責任，並非為孩子鋪就一條現成的人生之路，而應提供一張人生之旅的地圖給他們。

—— 希爾曼

　　孩子模仿你的所做所說。他從父母那學會了許多自己的行為方式。所以你必須成為孩子的一個好榜樣。孩子從身處的環境中學習，你應該告訴並為他創造那些培養他的優點（價值觀）、鼓勵他自律、負責的環境。這本書將教你如何成為孩子的好榜樣。如何為他們創造一個有意義、正面的學習環境。

# 第四章
# 與孩子互相學習

把完善的教育留給孩子，乃是最佳的遺產。

—— 司格特

　　每次 4 歲的麥考爾與媽媽康妮去超市買東西時，他總是要棒棒糖。康妮說：「不行。」幾分鐘後，麥考爾又開始要糖，康妮仍然堅持說：「不行。」走到第三個過道時，麥考爾開始要賴，康妮依舊說：「不行。」麥考爾的小臉脹得通紅，他踢著腿，搖晃著購物車，康妮便開始嚇唬他再鬧下去就打他的小屁股。可是麥考爾並沒怎麼樣，走到第五個過道時，他已經開始大哭大鬧，賴著不肯走了。康妮找了個地方藏起來，麥考爾更是一發不可收拾，連踢帶打，商場裡的人都看著這情景，康妮沒辦法，只好屈服，買了棒棒糖給兒子。

## ● 小麥考爾的故事

康妮教會了孩子三件事。

1. 家長的話是沒用的，毫無意義，她對孩子要求的反應是不，不！不！！不！！！好吧……這讓孩子認為媽媽在說不行時，並不是真的不行。只要一而再，再而三地磨媽媽，媽媽就會答應，並且次次可以要求得到更多的東西。當我的行為讓媽媽再也忍受不了時，媽媽就會說：「好吧！」就像變魔術一樣，一下子「不行」就成了「行」。康妮教會了孩子在錯誤的方式上努力不懈。

2. 康妮教會了孩子耍賴。她並不是故意的，但她卻這麼做了。她讓麥考爾知道大喊大叫是有效的。「如果哭喊的聲音夠大。我就能得到棒棒糖，耍賴的『獎賞』是棒棒糖，耍賴可以得到棒棒糖，得到棒棒糖 —— 我得手啦！」

3. 康妮教會孩子她並不會執行她說的話，她嚇唬孩子但並沒有真的像說的那樣打他。她告訴麥考爾安靜下來不然就打他的屁股，可事實上她怎麼做呢？她買了棒棒糖給他。麥考爾也許會想：「這星期我們走到第 7 過道時買到了士力架巧克力，上個星期是在走到第 8 個過道時買到的，我可以做得更好啦！在聽到媽媽照常說：『安靜下來！不然就打你！』是件好事（第一次聽她說這話我還會害怕）可是兩年前她就說過這句話，直到今天她也沒這麼做過，下次等走到第 5 過道時我就開始鬧媽媽，一定可以！」

麥考爾也教會了康妮幾件事：兒子教會了媽媽怎樣能獲得平和與安靜，擺脫尷尬的境地。買棒棒糖，除了棒棒糖能讓兒子不哭不鬧外，其他的方法都失敗了，這事以前也有過，漸漸地成了一種方式和習慣。滿足孩子的要求是唯一能讓他安靜下來的方法。

每天，有許多父母就是這樣處理與孩子之間的問題的，他們相信滿足孩子的需求是阻止其耍賴的唯一方法。事實上，只要有一次你屈服於孩子的大吵大鬧，你就會聽到孩子一而再，再而三的要求。

在這種情況下，你該怎麼做呢？拿康妮的例子來說，我們實施一個讓孩子學乖的方案，康妮不是帶孩子去長時間的購物，而是帶兒子去附近的便利商店短時間購物。在離開家之前，康妮可以對兒子說她希望麥考爾怎麼做。母子倆要做什麼，要買什麼，康妮可以將要買的東西列個清單拿給兒子看，在單子的底下，康妮可以寫上一種給兒子的獎賞，比如一小塊蛋糕，或者問孩子想要點什麼。在去購物時，讓孩子拿著購物清單，這樣

可以給孩子一種購物時的主動權，讓他有點事做。每購得一種東西，就讓麥考爾從購物清單上把它劃掉，如果麥考爾表現得出色，他就可以買一塊蛋糕。

「麥考爾，我們一起去買東西，不過在商店裡你要聽話，別跟我玩什麼花招，你幫我拿著這張購物清單。我們每挑好一件東西，你就把它從單子上劃掉，如果你聽我的話，不玩什麼把戲，你就可以得到一塊蛋糕。我知道你能做到！」

我對康妮解釋在她與兒子一起購物時，一定不要吝惜鼓勵孩子：「孩子，你按照單子上所例的做得很好，謝謝！」，「麥考爾，你等得很有耐心，謝謝！」，「非常感謝你的幫助，寶貝！」經過兩個星期幾次反覆的練習，這個方案終於成功了！

在康妮與兒子麥考爾都熟悉了購物規則後，他們又以同樣的方式去超市購物。最初仍然以快速，少量購物為主，這是從便利商店轉到超市的過渡期。逐漸地，康妮可以延長購物的時間，麥考爾學會了合作，康妮也知道了該怎麼做。

有個孩子不聽話的例子。布萊德是個十二歲的男孩子，好動而且充滿好奇心。絕大多數的時間裡，孩子的表現還是不錯的，不過一天裡會有那麼一、二次，布萊德會變得有些手舞足蹈，叮叮噹當地，大喊大叫。他的爸爸理查德，一開始還能平靜地讓兒子安靜點。布萊德照常全然不理會爸爸的勸告。下一輪時，理查德提高了嗓門：「安靜點，不然就滾回你的臥室去！」「好吧！爸爸。」布萊德嘴裡回答著，實際上並沒有安靜下來。最後，理查德生氣了，開始吼起來：「你再不老實一點！我就出去拿鞭子！」這下，布萊德老實了，而且連續幾個小時不再鬧了。

讓我們來看看理查德與兒子彼此之間學到了什麼？布萊德也許會說：「爸爸第一次叫我做什麼時，我可以不必理睬他，第二次提高嗓門叫我時

也沒必要跟他那麼認真，直到他說拿鞭子時，那才要當心，爸爸這回可是認真的！」

理查德或許認為兒子是個不聽話的孩子，這想法只對了一部分，其實另一部分問題也出在身為父親的他身上；如果理查德承認這一點，對問題的分析就會變得開闊得多。「我從兒子那裡看到我的警告沒有作用，氣憤和鞭子才有結果。心平氣和與和顏悅色不行嘛！我必須做些其他的事情，改變處理問題的方式，怎麼樣才能不提到鞭子就讓兒子變乖呢？」

理查德至此已經有了較深刻的了解，他意識到兒子不聽話的原因，有一部分要歸結到是當父親的他做得不好，許多父母不願承認這一點。許多父母不能面對他們自己也錯了的思想，事實上，在絕大多數情況下，你與孩子的行為都需要改正。

在這個例子中，我們還可以受到這樣的啟發：在你採用懲罰的手段來處理孩子的錯誤行為後，得到的將是一種惡性循環。理查德幾次嚇唬兒子布萊德，布萊德並沒有聽從，直到理查德怒氣衝衝，並拿出了鞭子，布萊德才安靜下來，可就那麼一會功夫！遲早布萊德還會再鬧的，這期間可能是一、二個小時以後，可能是第二天。

總之，孩子還會犯錯，為什麼呢？因為布萊德提高了音量→理查德就嚇唬兒子，可兒子並沒有聽話→理查德變得怒氣衝衝→成為惡性循環。

理查德需要堅持不懈，他應該在第一次讓兒子安靜下來時就貫徹始終。他需要對兒子的漠視採取措施，比如拿走音響或取消其他的優惠方式。

下面是一個父母與孩子合作的例子。

哈默恩夫人與 11 歲的簡之間有個協議。簡每學習 30 分鐘或讀一個小時的書，她就可以看半個小時的電視。兩個人把這個協議寫了下來，哈默思夫人從此不需要與簡再嘮嘮叨叨或與她爭論，簡很清楚她能看電視的條

件。母女二人從這份協議中得到了什麼呢？她們學會了合作，哈默恩夫人找到了讓簡安心學習的方法，簡找到了可以看電視的辦法。

這種方式中的協定又叫合約，孩子從中了解到父母對他的希望以及自己的期望。書面合約對教授孩子承擔責任是種非常有用的工具，特別是對青少年來講，在第七章中你可以更多地了解到有關合約的實質性問題。

上述的各種例子表明，父母與孩子之間應該互相學習，怎樣才能做到這一點呢？在三個例子中，學習的原則是一樣的。因為不斷地努力總有回報。我們做一切事情都會得到回報，獲得我們的所需。讓我們再回顧一下每個例子中行為與回報的關係。

麥考爾的行為是一種耍懶，麥考爾獲得的回報是棒棒糖並且贏得了母親的好感 —— 給了他權力與掌握權；康妮呢？做了讓步，給兒子買了棒棒糖，她得到的回報是兒子不再哭鬧而且成了個安安靜靜的乖孩子。母子二人都得到了自己想要的東西，那麼最初的問題又是什麼呢？是做事的方式。小傢伙麥考爾透過在公共場合下大哭大叫得到了棒棒糖，而康妮呢？則是透過自己的控制權制服了兒子，要知道小傢伙才四歲，如果康妮對一個四歲的孩子要求過多，那無怪乎像在要求一個 14 歲的孩子。

布萊德的行為是漠視爸爸理查德的要求，結果是他給爸爸的只是片刻的安靜。而最初，理查德採取的方式只是恐嚇卻沒有實施。一旦他變得怒氣衝衝，孩子就知道爸爸要找條鞭子了，兒子立刻安靜下來。鞭子發揮一定的效果，可是其作用並不能持續多久。兒子並沒有真心實意地安靜下來，也沒有學會應該如何與父母合作，他唯一學到的事情就是，當父親準備拿鞭子時，他就必須要安靜點了。如果布萊德與絕大多數孩子一樣，那麼過不了多久，他就又會吵鬧起來；父親呢？又會玩他那套恐嚇的把戲，結果是這種惡性循環周而復始。

簡的行為是讀書，做家庭作業，她已經學會了合作與自控。她得的回

報是可以看更多的電視。哈默恩夫人的行為是給予女兒更多的看電視的時間，因為女兒在學習上表現良好。哈默恩夫人學會了與孩子商議並且計畫著做事。她得到的回報是：女兒更多、更認真地學習與讀書。不論媽媽還是女兒都得到了她們想要的東西。她們做事方式的建設性遠遠大於破壞性，產生了積極的正面效果。

## ● 如何引導孩子錯誤的行為

　　如果你的孩子接二連三地犯錯，就意味著他沒有學會採取正確的方式獲得他的所需，仔細想想孩子的需求，孩子透過他錯誤的行為方式是想期望得到什麼呢？找出他們的需求。別去獎勵孩子那些不應被接受的行為，教他重新再做，給他一次可以得到自己所需的正確的更改機會。如果他想得到關注，那就告訴他怎樣用良好的行為去獲得。「比爾，我可不管你哭不哭，要是你想讓我讀故事，就不要嚶嚶地哭，到那裡坐幾分鐘，然後回來禮貌地讓我讀故事給你聽。」讓孩子知道這是你能接受的行為方式，同時他也能獲得自己的所需。

　　康妮拒絕了對麥考爾大哭大鬧要求，教會了兒子怎樣以正確的行為方式獲得自己的所需。先要幫助媽媽購物，安安靜靜，有點耐心，然後，你會得到特別的關照，結果大家都很高興。是母親掌握了事態，而不是孩子。

　　引導孩子補救錯誤行為。

　　孩子犯了錯後，父母要教導和啟發孩子主動地停止和改正自己的錯誤，引導孩子補救錯誤行為，在這一引導過程中，讓孩子了解到什麼是可以做的，什麼是不可以做的。從而建立起內心的約束。

1. 首先要向孩子講道理，指出孩子的錯誤行為，說明由於他的錯誤行為而破壞了規定，或傷害了別人的感情，強調他必須對錯誤行為的

後果承擔責任，進行補救。清晰、明確地將孩子的過錯與補救連繫起來，使孩子容易接受要他補救的建議。要對孩子提倡坦白承認錯誤的精神，防止他們採取以下策略：否認錯誤行為（「我沒有做錯什麼錯」）；把錯誤行為合理化（「大家都做了」），為自己的錯誤行為辯解（「是他先開始的」），以推卸自己應負的責任。要把孩子的注意力引導到受害者的困難處境上，看到自己所應負的責任，讓孩子做一些事情來挽回。

2. 說明什麼是孩子應該做的。在採取補救方法的同時，你要花些時間向孩子解釋什麼是允許他們做的，而不說什麼是禁止他們做的。因為許多孩子都有一種叛逆心理，你越是禁止的東西，他越是想試，孩子犯錯有時是出於好奇心，所以你應該避免這種叛逆心理的出現。

3. 說明你不贊成的不是孩子本身，而是孩子的不良行為。當你不滿意孩子的某種行為，需要他做出補救時，對孩子本身仍舊要表示好感，不要籠統地責怪孩子。你可以把批評限制在孩子的行為上，例如：「我不喜歡你在屋裡大聲尖叫，因為這樣打擾了別人。」要避免孩子一不守規矩就是「壞」的想法，更不能使用詛咒或威脅的口吻，表示你不再愛他們了。這樣會把問題搞複雜，孩子會與你產生對立情緒。若是你對孩子的行為很關心，他感覺你是喜歡他的，那麼，你對他將是最有影響力的。

4. 處理要及時。研究表明：一般緊接著孩子的錯誤行為之後，要求孩子補救，是促使孩子從中受到教育的最有效的辦法。尤其在孩子採取行動的時候加以制止，則更為有效。例如孩子傷害了別的小朋友，母親應該立即讓孩子向對方賠禮道歉，而不要說：「我以後再和你算帳。」或「等你爸爸回來再說。」因為延誤會使孩子忘掉自己的錯誤行為。

5. 讓孩子自己提出補救的辦法。這將促使孩子更多地思考自己的行為，增強他們的責任感，假若孩子提出的辦法不恰當，你可以再提出一些補救的辦法來引導他。

6. 要冷靜且實事求是。要求孩子補救錯誤行為的後果時，應該避免喊叫、謾罵、侮辱、諷刺，以及過於嚴厲的批評，這些做法會傷害孩子的自尊心，使他們對補救措施反感。要著重強調的是孩子的錯誤行為與規定原則之間明顯的矛盾，而不是你和孩子之間的不和睦。不要使孩子感到因為他犯了錯，父母就不愛他了。

　　倘若你能冷靜地處理孩子發生的問題，孩子即使有氣也會很快平靜下來，聽取你的意見。你的態度應該像老師一樣，願意幫助孩子從錯誤中受到教育。

　　要求孩子補救錯誤行為的最終目的，是教給孩子發展自己內在的約束力。一般說來，孩子學東西快，忘得也快。要有效地運用補救的辦法，改變一個孩子不守規矩的行為，必須不止一次地強化它。要在不同的情況下耐心地、再三地強化它。特別是對那些學得較慢的孩子或情緒易受干擾的孩子，更需要較長時間的幫助。

## ● 如何對待幼兒的錯誤行為

　　在幼兒一日的生活中，面對幼兒各種不合規範的錯誤行為，不少家長經常採取懲罰的方式。懲罰雖能制止幼兒的錯誤行為，但很容易傷害幼兒的自尊心，使幼兒產生叛逆心理。有的幼兒在受罰後會出現暴力行為，有的幼兒會拒絕學習，對父母不友好。即使幼兒表現出順從，也可能是出於怕受罰。在許多情況下，懲罰並不能保證幼兒產生正確行為，也不能保證幼兒懂得應該怎樣做。

對待幼兒錯誤行為的積極教育方式是引導。引導是幫助幼兒理解並實踐有意義行為的過程，引導的目的在於以積極的親子互動方式培養幼兒的自律能力，發展幼兒積極的自我概念和自我評價能力。以幼兒打翻飯碗這件事為例，假如家長用責備的語氣命令幼兒把撒在桌上的飯清理乾淨，這對幼兒來說就是一種懲罰，會讓他感到羞恥。假如家長說：「誰都打翻過東西，我這裡有塊抹布，你可以用它把飯粒清理掉，對吧？」這對幼兒來說便是一種引導，不僅給了幼兒糾正自己錯誤的機會，還保護了幼兒的自尊心。父母對待幼兒的態度與方式，直接影響他們長大後成為什麼樣的人。我們在制止或糾正幼兒的錯誤行為時，一定要讓幼兒懂得哪種做法是不對的，哪種做法是正確的。

　　一、了解幼兒錯誤行為出現的原因及表現水準，以理解和鄭重的態度對待幼兒。

　　幼兒出現錯誤行為的原因很多。首先是幼兒的年齡特點。學齡前階段的兒童活潑好動，好奇心極強，要他們長時間地坐著或等一會再玩是很難做到的。按照皮亞傑（Jean Piaget）的觀點，處於「自我中心」階段的兒童往往從自己的角度看問題和做事情，要求他們和人分享和給予是十分困難的。因此，家長要調整自己對幼兒的期望，不要強求幼兒表現出超過其發展水準的能力。其次是幼兒表達自己需求的方式多種多樣。儘管同一年齡階段的兒童有基本的共同需求，但每個幼兒有不同的表達方式，尤其是某些幼兒的需求不能得到滿足時，他們經常表現出與眾不同的行為。再次是家庭的影響。家庭的氣氛與環境影響幼兒在幼兒園表現出來的錯誤行為，實際上是對在家裡形成的壓抑或消極情緒的宣洩。

　　美國明尼蘇達大學的丹‧加特來博士分析了兒童錯誤行為的三種水準：

★ **嘗試水準**：它是錯誤行為的最緩和的形式。在這一水準，幼兒表現出某種行為是在試圖學習如何行動，是在試驗四周環境對自己行為的反應。家長在家裡經常會看到有的孩子一邊犯錯，如拿不能玩的玩具，一邊用眼睛偷看大人。這時家長必須嚴厲認真地做出反應，告訴他不能玩這種危險的玩具。家長雖不能過於嚴厲，但也不能放任，因為家長的任何笑意，都會讓幼兒獲得錯誤的資訊，認為家長並不反對他玩不可以玩的玩具。

★ **社會習慣水準**：幼兒學習或表現出某種行為，是因為他們錯誤地認為這樣做是對的，因為他們看到同伴這樣做，或在某種場合他們曾觀察學習到類似行為。例如，有的幼兒說髒話，他並不覺得自己是在說髒話，因為他爸爸生氣的時候常說這些話。這時父母不能因此而懲罰幼兒，而要告訴他應該用其他詞彙或其他方法來表達自己的憤怒。

★ **情感需求水準**：幼兒在生活中碰到不如意、不順心的事情時，他們常以激烈的方式對外界做出反應，以宣洩自己的情緒。這時家長應把注重力放在理解幼兒壓力感的真正來源，以及如何幫助幼兒對壓力做出正確的反應上，而不應把注重力放在幼兒說的髒話和做的錯事上，去懲罰幼兒。

二、針對幼兒的錯誤行為，選擇正確的教育方式。

家長在了解幼兒錯誤行為出現的情景與原因之後，應決定是要個別引導還是集體教育。假如問題涉及一兩個兒童的行為，適合採用個別引導的方法，且應盡可能私下進行，以避免當眾讓幼兒出醜。但在實踐中，許多父母把個別幼兒的錯誤公布於眾，讓跟孩子一起玩的其他同伴引以為鑑，使被批評的幼兒感到羞恥。幼兒的這種感受會對其產生長時間的、甚至是終生的消極影響。

不傷害幼兒的自尊是家長面對幼兒錯誤行為的首要原則，可是這絕不意味著家長對幼兒錯誤的遷就。當幼兒經家長多次提醒仍無改進，或幼兒經常跟其他同伴發生衝突，或幼兒心情煩躁，家長的語言不能發揮作用時，就可以讓個別幼兒暫時離開集體活動，或讓他單獨坐在較安靜的地方。在幼兒冷靜下來之後，家長和幼兒交談已發生過的事情。透過談話使幼兒明白自己錯在哪裡，該如何做。

三、給幼兒自己解決問題的機會，逐步培養幼兒的評價能力。

當幼兒出現錯誤行為時，家長要幫助幼兒尋找改正錯誤、解決問題的辦法。要讓幼兒知道下次發生同樣的問題應如何解決，而不只是讓幼兒知道不應該做什麼。家長向幼兒提出合理的、幼兒能理解的行為要求，然後正面強化正確的行為，而不是使用強制、威脅的手段強迫幼兒按大人的要求去做。

家長要有選擇地忽略那些對集體影響不大的個別行為，給幼兒自己去解決問題的機會。當兩個幼兒發生爭執的時候，大人不要立即介入。因為許多問題可以由幼兒自己解決。幼兒也需要更多的機會去鍛鍊自己解決問題的能力，這樣的機會越多，幼兒解決問題的能力和社會交流能力就越強。幼兒在試圖解決問題的過程中，他們是在自己的思維水準上交流的，其交流的內容被相互理解，假如這時大人介入，以成人的思維水準提出自己的想法，很有可能會引起幼兒的誤解。

對待發生較平凡的、有典型意義的錯誤行為，家長可透過設計情景，組織幼兒討論的方式，使幼兒明白應該怎麼做。在這個過程中，讓幼兒設身處地地站在別人的立場上去想問題，體會別人的情緒和感受，這不僅可以發展幼兒的評價能力，而且也有利於幼兒形成對行為規範的正確熟悉，並由情感驅動而表現出正確的行為。教是為了不教，真正的道德是自律的道德，逐漸培養幼兒自我評價、自我控制的能力，是家長處理幼兒錯誤行為以及衝突時，必須體現的教育目標。

## ● 如何引導不愛說話的孩子

看到自己的孩子不愛說話，做父母的肯定會著急的，所以要想辦法引導孩子，讓孩子愛上交往，喜歡和別人說話。

有一位媽媽說：「我的孩子在外面碰到熟人，不會主動打招呼，也不知道怎樣與陌生人溝通，有時弄得家長很難堪。在幼兒園家長開放日的時候，也發現他說話不積極。家長該怎樣做才能讓他愛說話、多說話？

在兒童語言發展的進程中，除了語音、詞彙和語法能力的發展之外，還有很重要的一個方面，就是兒童語言交流能力的發展。一般來說，掌握特定文化背景下的交流技能，對於成長中的兒童來說有一定的困難。這些困難主要來自於以下幾個方面：

★ 兒童必須能夠辨認不同情境的特徵，必須使自己的語言適合於不同的情境，才能在不同的情境中表現出適宜而有效的行為；

★ 如何進行交流通常沒有嚴格的規則可以遵循，這與詞彙以及語法的學習大不同，兒童很難分辨如何以及何時表現不同的行為；

★ 某一種交流情境所需求的有效交流習慣，往往不同於其他情境，兒童根據不同情境做出言語上的調整也是有困難的。

當兒童在成長中遇到這些困難時，他們就會覺得無所適從，在交往中就會出現一些退縮行為，比如不想與人交談，不願開口講話等等。家長和老師可以根據孩子平時的表現，找到影響孩子交流的主要困難，有針對性地調整。通常，激發孩子言語交流主動性可以圍繞以下幾個方面進行：

★ **營造輕鬆、無壓力的交流環境給孩子**：輕鬆而無壓力的環境是孩子喜歡說話的前提。孩子不願意說話的時候不要逼迫孩子講話，以免引起焦慮和緊張。孩子講話時，父母不要急於糾正兒童的言語錯誤。有證

據顯示，經常被糾正言語的那些兒童，往往比其他兒童的語言發展得慢。而且，經常被糾正言語的兒童會漸漸失去說話的興趣和信心。

★ **為孩子提供充分講話的機會**：父母僅僅與孩子交談是不夠的，還要關注交談的品質。父母和孩子交談時，不要把孩子僅僅當成一個傾聽者，要多給孩子發表意見、提出想法的機會。同時，要耐心傾聽孩子講話，不要急著代替孩子把話說完，要讓孩子自由地表達思想，並對孩子的話做出積極應答。在這一過程中讓孩子逐漸體會到語言的作用，習慣於表達以及學會如何表達。

★ **父親要和孩子多交流**：研究表明，不同家庭成員對兒童交流能力發展的作用是不同的。和母親相比，父親更能促使兒童去調整和拓展交流技能，可以為兒童與不熟悉的人談論家庭生活之外的話題提供支援。因此，父親要多和孩子交談，為孩子通往外部世界搭建「橋梁」。

★ **豐富孩子的生活經驗**：語言的發展不是孤立進行的，它是在認知和社會性發展的背景下發展起來的。因此，豐富幼兒的生活經驗，逐步擴大幼兒的眼界，會讓幼兒在觀察周圍事物和人們的實際活動中，逐步增強他們的交流體驗。在此過程中，讓幼兒經常講述發生在身邊或者自己親身經歷的事情，並加以鼓勵，既能夠提高幼兒的語言表達能力，還會激發幼兒言語交往的積極性和主動性。

★ **借助其他表達形式激發孩子言語表達的主動性**：在兒童發展過程中，除了語言之外，繪畫也是他們表達思想情感、與人交流的重要工具。經研究發現，語言和繪畫的發展存在相互促進的關係。所以，當孩子不想用語言表達時，可以讓他們把自己的經歷或者身邊的事情用畫筆畫出來。在此基礎之上，請孩子講一講自己的圖畫，也是激發孩子表達欲望的一種好方法。

## ● 孩子說謊話怎麼辦

這是兒童某個年齡層心理發展和智力發育必然出現的一種反映。也是智力發育過程中易偏出正常軌跡的時刻。父母若是不能妥善地處理和引導，將會導致孩子智力發育上的偏差。因為孩子對誠實的理解以及道德的了解，尚且不全面、不深刻，也不完善，所以有時難免出現說謊現象。

幼兒的謊言，往往是混淆了內心想像的事物和現實中的事物。特別是小朋友在一起時的「吹牛」，許多話都是無知的語言，不必介意。比如：「我爸爸帶我去動物園見到一個螞蟻比皮球還大。」等。這些都是孩子們的想像。

孩子說謊了該怎麼辦？怎麼做才能既不傷害孩子的自尊與自信，又不縱容孩子說謊呢？

一、弄清楚孩子是否在說謊。

當懷疑孩子說謊時，父母首先應該仔細地調查了解，弄清楚孩子是否真的在說謊、說謊的原因又是什麼。小孩子說謊，是比較容易發現的，幾句話就可以套出來。大一點的孩子說謊，往往能夠騙倒父母，因為孩子知道父母喜歡聽什麼話，他們會製造謊言，說得天衣無縫，遇到這種情況，家長應透過仔細觀察和進一步了解揭穿孩子的謊言，並用比較婉轉的口氣和迂迴的方法教育孩子。

二、證實孩子說謊後，應採取相應的措施進行教育。

★ **對無意、初犯或較輕的說謊行為，進行耐心說服教育**：面對孩子的錯誤，父母往往火上心頭，有時責罵不解心頭之恨還會動手打孩子，這是不理智的，應該克制怒氣，分析一下孩子錯誤的性質，如果孩子是出自好奇心、頑皮、不當心而無意做了錯事，切忌粗暴的體罰，而應該耐心指導教育。首先要對孩子說謊的行為表示生氣和不滿，表明自

己對說謊行為深惡痛絕、非常地反感，然後教育孩子以後注意自己的言行，盡量不要再說謊。若是自己說謊了，就要立即承認錯誤。

★ **適當地懲罰慣於說謊和有意說謊的頑固孩子**：有些孩子已經習慣說謊話，屢教不改，甚至有損人利己的行為，而且態度惡劣。對於這種孩子，除了嚴厲的批評教育以外，還可以用適當地懲罰，來戒除孩子的惡習。例如孩子又因貪看電視而沒有做功課並謊稱做完了，父母發現後，就要先要求孩子補回，然後剝奪孩子三天看電視的權利，或者三日內不准出門玩耍。不過父母懲罰孩子時要注意，懲罰既要讓孩子感到痛苦和了解到事情的嚴重性，又不要使孩子的軀體受到嚴重損害和摧殘，那種要求孩子下跪或打罵孩子的方法是不可取的，不僅收不到效果，反倒使孩子產生叛逆心理。

值得一提的是，當孩子舊錯重犯時，假如他能主動誠實地告訴父母自己所犯的錯誤，那麼在父母的批評教育之後，一定要肯定孩子的誠實，並適當減輕懲罰。

三、以身作則，正確引導孩子。

營造民主溫馨的家庭氛圍，讓孩子擁有一個自由安樂的環境，這對培養孩子誠實守信是非常重要的。因此，父母承諾了孩子的事情應該盡量辦到，不要隨便欺騙孩子。父母刻意地對別人說謊時，不要當著孩子的面，以免變成孩子的榜樣。如果父母錯怪了孩子，就應該向孩子認錯，教育孩子不要故意賭氣，也不要說謊。而父母對孩子的說謊行為，應該正確地引導。例如，孩子模仿電影、電視中的人物而說謊，父母就應該告訴孩子，這是不對的。同時教導孩子做人的道理，告訴孩子說謊會帶來的各種可能後果，讓孩子建立正確的是非觀念，孩子惡意說謊的行為就會逐漸戒除，不經意的說謊也會逐漸減少，成為一個誠實的孩子。

根據調查，目前孩子捏造撒謊的種類並不亞於成人，包括無惡意的謊話、社交性的謊話、殘酷的謊話和善意的謊話、隱藏事實逃避處罰的隱瞞性謊話，以及蓄意說謊以獲利或增加威信的明顯謊話。如果這還不夠複雜，說實話也不見得單純。實話雖然誠實但也可能心懷惡意，如告訴某人實情，目的就是在於想讓他惹上麻煩。事實與誠實的法則相當微妙，但孩子只能憑父母的耳提面命說謊不好來主導一切，孩子學會誠實確實不簡單。

孩子為何要說謊？

事實說明，無論你如何教孩子，他們遲早會對你說謊。孩子愈大，謊話越多越高明，而且說謊得逞又逃過處罰，謊會越扯越多。第一次說謊心中的猶豫最強烈，還會自問該或不該，但惡例一開，原先再三思量的能力就喪失了。孩子並不懂提供錯誤的資訊不見得就是撒謊，他們認為所有虛假的話無論是故意或無意說的，都不對。

因害怕訓斥、打罵而說謊。

孩子對周圍的一切都感到好奇，特別是家裡剛買來的東西，非要用手拿一拿，仔細看看，往往一不小心就弄壞了東西，這時孩子內心緊張而恐懼，害怕父母的訓斥和打罵，不知不覺地開始說謊。有的孩子在做錯事情以後，內心會受到一種壓迫，擔心受罰而誘發其說謊。

父母的錯誤導致的說謊。

父母的行為對孩子的成長有直接而深刻的影響。如剛上幼兒園的孩子常愛哭愛鬧著不去，有些父母總愛說，今天去一次，明天就不去了。可事實並非如此。時間長了，孩子就會認為說謊是很正常的，無形中從父母那裡學會了說謊。另外，父母對孩子及其他人說謊的態度，對孩子的影響也不可忽視。如孩子說謊，父母沒有及時指出並給予批評教育，對其他人類似的情況也不表示反對，沒有提出自己正確的態度。孩子從父母的態度中

看不到一個是非標準，只能接受父母的態度，認為說謊沒有什麼不對。

自卑導致說謊。

有些孩子因學習成績方面的原因，常得不到老師的表揚，在同學中也不引人注目，孩子會有不如別人的自卑心理。所以，孩子們刻意說謊是帶有恐懼心理和祈求獲得表揚的心理原因。

說謊者分幾類？

說謊者分三類：

★ **偶爾說謊者**：這類孩子在一般情況下可以很誠實，但碰到個別情況也可能會不講真話，有時甚至並無明確動機，只是不想讓父母知道真相，便隨口編出謊言。這類人是不經常說謊者，說謊時或撒謊後往往都顯得表情不自然，嗓音不正常，甚至出現眨眼、搖頭、顫抖、口吃等反常動作。他們的心理活動很容易被人看穿，也往往易引起父母的懷疑。按照心理學家和行為學家提供的一些特別標準，他們的謊言較容易被聰明對手戳穿。有趣的是，幾乎所有的人在其一生都無法避免偶爾撒謊。從廣義上講，從不撒謊者絕無僅有。

★ **病態說謊者**：比起第一類來，這一類人在總人口中所占有比例要小得多，他們往往是從第一類中進化而來的。假使偶爾說謊者說謊的頻率越來越高，撒謊也越來越離奇，並且逐漸習慣了這樣的生活，那就可能發展成病態說謊者。這些人幾乎每天都要編造謊言，可以說從心理上被淹沒在謊言的海洋中。他們出於某種原因，從理論上對自己不甚滿意。他們往往從小就不喜歡自己的形象，於是想在別人面前展現另一種較為滿意的形象，最後可逐步升級至弄虛作假的地步。不過，這類人撒謊大多並沒有什麼很大、很明確的目的，只是為了掩飾自己、標榜自己、美化自己而信口開河。

★ **社會病態說謊者**：這類說謊者往往有明確目的，而且說謊已成為他生活的一部分，一天不撒謊便會感覺難受。他們說起謊如一名出色的演員在臺上演戲一樣輕鬆自然，而且絲毫不會有內疚感。實際上他們已把撒謊當作一種讓他們進入另一種虛假天地的辦法，當作獲取自我解脫的一種手段。他們往往同時對現實、社會和個人處境極度不滿，並渴望自己的命運在未來有較大變化。他們的說謊技巧也往往明顯高過前兩類撒謊者，陌生人與他們打交道時也容易上當受騙。在研究中發現，社會病態說謊者通常在孩童時期便養成了撒謊的習慣，如蹺課後為了逃避懲罰而對家長和教師撒謊，一次得逞後又會有二次、三次，漸漸便習慣成自然，最後終成惡習。

由此，家長和小學教師們應注意孩子人格的完善，幫助孩子從小就養成說真話的好習慣。不論是哪一類的說謊者，往往很少尋求外界的幫助，總是當謊言引起嚴重後果，才會良心發現，並意識到該尋求幫助以改正惡習。

如何對待孩子說謊？

發現孩子說謊，大多數父母會火冒三丈，打罵俱來，但這不是解決的辦法。

孩子撒謊多數情況下是因為害怕說出真話後家長會批評，或者擔心家長會因此傷心。當孩子說謊時，家長應該檢查自己的教育方式，因為在家長批評嚴厲或者要懲罰時，孩子最容易撒謊。在家長的反應從一個極端轉向另一個極端時，也容易導致孩子說謊。或者在父母眼裡孩子總是不誠實，這時候孩子也會說謊。

一位父母誤以為今天是孩子的生日，就這樣告訴孩子，我們今天晚上幫你過生日。之後想起來記錯了，是明天。孩子認為是父母說謊，然而，

可能父母常常未察覺，孩子說謊的最初原因多在父母身上。比如，有的學生沒有做完作業，老師批評他，他卻說昨晚我媽媽病了，我到醫院去看她。或小朋友們比一比家裡有沒有車。類似的例子真是太多了。一般來說，孩子的說謊來自以下幾個方面：無意地模仿成人；成人有意地教唆；為了逃避批評、打罵，而成人又沒有發覺就等於獎勵了說謊；為討成人喜歡而說謊；將嚮往的事當做已發生的事說；由於對成人不信任，而有意編造諾言。

為了教孩子做一個真誠正直的人，父母應根據不同情況客觀分析，正確地教育引導孩子，獎勵孩子的真話，即使孩子有錯，只要說了真話，就應肯定他的做人之道，並引導他不斷地完善自己；不用打罵、懲罰、斥責等消極方式對待孩子，避免孩子為保護自己而以謊言應付大人。要與孩子成為朋友，建立相互信任的關係；如果是因為父母的原因造成孩子說謊，父母應檢討自己，自我批評，並對孩子做出合理的解釋。

教孩子了解適應社會。

在當今多元化的環境中，要學會適應多樣化的人際關係。對不同的人說不同的話，是人際交往所必需的技巧，但絕非謊言。所以，雖然謊言的標準也會隨時代而變化，不過待人處事要有自己的原則和做人標準。家長不要有極端的反應。因為，倘若孩子害怕家長控制不了自己的情緒，那麼他就不敢向父母講真話。家長要向孩子說明，生活中每個人都會有錯。要讓孩子懂得，有了錯誤，要誠實地講明。一旦發現孩子說謊，不要訓斥，可以在孩子面前刻意表揚朋友的孩子做錯了事，誠實地講了出來就是好孩子，就能得到原諒甚至表揚，以此來誘導。一般情況下，孩子知道做錯了事，在沒有壓力的情況下，往往都會主動地講出來，你表揚他誠實的同時，也要告訴他以後怎樣才能不再做錯這樣的事。

## ● 如何處理孩子的惡作劇行為

一個星期天，寶寶的媽媽有事要去同事家。寶寶纏著要一起去。媽媽因為路遠而把寶寶留在家裡。回來後，家裡卻不見了寶寶。媽媽屋裡屋外、樓上樓下地邊喊邊找，驚動了鄰居的爺爺奶奶，大家一起找呀、喊呀，可就是不見寶寶的蹤影。而當媽媽心急如焚，精疲力盡時，寶寶卻若無其事地從衣櫃裡走了出來，看著大家哈哈大笑。

寶寶的這種行為就是典型的惡作劇，諸如此類的還有把水倒在火爐裡澆滅爐火；故意把大人關在門外不開門等等，也都是惡作劇行為。

對待這種行為，家長一般有這樣幾種做法：

★ **惱怒訓斥，體罰痛打**：家長不問緣由不論場合，聲色俱厲，嚴詞呵叱，甚至拳腳相加，讓孩子飽受皮肉之苦。

★ **溺愛袒護，輕描淡寫**：家長明知孩子的做法不對，可是卻以孩子還小，大了自會好為理由不批評，只想息事寧人地告訴孩子「不要再這樣」了事。

★ **不認真對待，甚至曲解誇讚**：有些孩子惡作劇的對象是別人，因此家長會覺得自己的孩子「點子多」、「機智能幹」，而把它視為一件好事加以誇耀。

★ **探尋原因，批評引導**：對孩子的惡作劇家長既不護短，也不粗暴處理，而是探尋其行為的緣由，指出其作法的錯誤或不妥處，引導孩子提高了解，改正錯誤。

顯然，前三種做法是不可取的，正確的處理方法應該是第四種。

處理孩子的惡作劇行為時，家長要注意這幾點：

1. 要從品德培養的高度來了解孩子的惡作劇行為。惡作劇行為往往是孩子無意間偶然的靈機一動，並不是其品德意識直接而真實的反映。但不重視它，任其發展，也將養成孩子不良的行為習慣。這是處理這類問題的立足點。

2. 要積極引導孩子正確了解惡作劇的後果，促進孩子形成良好的品德意識。惡作劇是一種非理智行為，其後果總是事與願違。家長要向孩子講明其危險，引導孩子了解這種行為不光對孩子自身有一定的危險，而且也帶給他人一定的損害，從而教育孩子從小樹立關心他人的良好品德。

3. 要認真分析惡作劇的動機，注意區別對待。孩子惡作劇的動機有所不同，有的是對家長未滿足其要求的報復，有的是出於對事物的好奇，也有的是了解上的局限等等。因此，不可一概而論，而要區別對待，該批評的要批評，該引導的要引導，該教育的要教育。

4. 發現孩子惡作劇時要及時處理，抓住時機，趁熱打鐵；同時要講究場合，注意保護孩子的自尊心，使孩子樂於接受。

## ● 當孩子不聽話時的對策

　　當孩子不聽話時，父母常常會以處理教訓來控制孩子，這似乎是我們在教養孩子時最習慣的一件事，但這個習慣一旦養成，如長期使用，將會使父母和孩子在親子關係上付出一定的代價。

　　要是成人經常帶著氣憤、高亢的聲音和孩子說話，時間久了，孩子對家長的「喊叫」也就習以為常。以後家長若是不提高嗓音、不重複喊叫，孩子便很難接收到指令，而且孩子一旦習慣高亢、粗暴的聲音，就會逐漸對溫和、文明的教育方法採取「抗命」的態度。

　　處罰也是一樣，不良或經常性的處罰會讓孩子的身心感到痛苦、不適或意志遭到壓制，很難幫助孩子認清自己所犯的錯誤，並且不願意積極與家長配合，改正缺點和錯誤。

　　在孩子不聽話的時候，我們探索出幾種比較溫和的方法，供幼兒父母參考，以此來拋磚引玉，共同探討教育孩子的好方法，使我們的寶寶健康、快樂地成長。

### 向孩子解釋行為的規範

　　有時候孩子不聽話，不願與家長配合，是因為他不了解或忘記了行為的規則。再一次地提醒孩子，可以讓孩子體會和了解，但要注意表情和聲調，不要用喊叫的方式，要用堅定、溫和的聲調來對孩子說明或提出要求。這時我們家長要切記，在人多的地方講話要小聲點，這樣既不會妨礙別人，也容易讓孩子接受。如上街購物時，我們可以對孩子說：「我們今天上街是要買禮物給奶奶，其他東西一律不買。」家長在向孩子解釋規則時，應該避免預先就認定孩子不聽話。例如，「你要我說幾百次，才會聽話」。這會讓孩子更加任性和固執。

### 以周圍的孩子或成人作榜樣。

　　年齡小的孩子雖然知道指令和規則，卻很難決定該怎樣做。當他不行動或不接受指令時，我們又以為孩子不聽話。因此，在讓孩子了解行動規則的同時，還要指點孩子怎麼做。例如，書如何擺、玩具怎麼收、坐要怎麼坐、話要怎麼說等等。

　　除了在語言表達上家長可以示範給孩子看，讓孩子理解具體的做法外，我們還可以利用孩子的模仿性或某一個人、一件事來糾正孩子或引導孩子。如，「寶貝你看，我們可以照那個叔叔那樣做」、「你要像那個小孩一樣安靜」，將具體的目標告訴孩子，引導孩子代替原來不好的行為。

### 獎勵和讚許良好的行為

孩子不聽話時，常常是為了要引起家長的注意（孩子的需求沒有得到滿足）。因此，孩子常常用反抗（故意不聽話）或大喊大叫等其他方式，使家長滿足孩子的願望。

父母對孩子這種不良行為，首先態度要沉著冷靜、不要慌張，最好的方法是暫時讓孩子單獨一個人，直到這樣胡鬧的行為停止或是態度好轉再去處理。

這是弱化不良行為的方法，利用不回應壞行為的方式，讓孩子了解父母的態度。但家長要積極做的是，稱讚、獎勵好的行為，讓孩子區別好與壞、容許與禁止。

所以當孩子不聽話時，可以用讚許的話來轉移他的行為。如，可以說：「我記得你是一個熱心的孩子，記得嗎？上次你幫我做了……」在獎勵和讚許孩子時，最好讓孩子能具體了解自己的行為，不要只是一味的稱讚孩子：「你真是個乖寶貝。」而是要選用一些具有美德的語句，譬如，「你很有禮貌」、「很熱心」等等，使孩子的行為更具體化。

### 對不好的行為進行嚴肅談話

當孩子不聽話時，成人用「責罵」或「處罰」來處理，常常很容易把主觀的氣憤、激動、疲倦、厭煩的情緒滲入行為的處理中，致使孩子的身體感到痛苦不適（體罰），心理產生恐懼，意志遭到壓制，因此很難接受家長長篇大論的說教，反省自己不良的行為，更難以糾正孩子的不當行為了。

此時，如果我們家長與孩子進行「嚴肅的談話」，就會讓孩子心領神會。例如，先暫時停止孩子的動作或行為，請孩子到一個角落，好好地跟孩子談，可能會比大聲責罵和處罰，更能啟發孩子的良知，思考自己的不當行為。

123

## 細心和耐性的糾正與教育

我們常常發現孩子不聽話的原因，大多是由於家長在教育孩子的過程中，犯下一些不同類型的錯誤，長期下來，造成了孩子不良的行為。例如，一些父母認為孩子小，任性、胡鬧、不聽從吩咐是一種自然現象，長大就會變好或變聽話。其實，孩子的行為是累積的，長期下來會更加不聽話，甚至出現叛逆的情形。

孩子的行為是累積而來的，好的行為累積就變成好的習慣、好的道德，反之亦然。行為的養成和教育都是長期性的，所以不聽話的行為也需要長時間的糾正與教育。

孩子對人不禮貌或有其他不聽話的行為，父母不能「充耳不聞」，要隨時負起糾正的責任。假使我們缺乏這個耐心，實際上就是在姑息孩子更不禮貌、更不聽話。

## 家園配合，共同教育

孩子有很強的社會意識、榮譽感和自尊心。孩子很在意他人的觀感，特別在乎學校老師對自己的看法，因此可以利用孩子這種在意他人看法的心理，來糾正孩子不好的行為。例如，孩子每天不肯按時上床，並且都要胡鬧一番，有時透過老師的指導與要求，利用說話課，談一談孩子昨天晚上在家的情形，並且稱讚準時上床的孩子，這樣比父母千叮萬囑還有效果。

在幼兒園裡，小朋友有好的行為或接受糾正，老師把讚美的話寫在聯絡簿上，回家後讓父母再一次稱讚孩子、肯定孩子。對於不聽話的孩子，父母更可以積極地運用這種方法。例如，有的孩子不肯吃蔬菜，可以請幼兒園的老師留意這件事，並且利用方法要求孩子，家長也要實行相同的規則，雙方貫徹執行，一直到孩子習慣糾正為止。當然家、園雙方要事先溝通好，規則也要相同。

### 針對不同的年齡和個性，使用不同的方法

每一個孩子，都有自己不同年齡的心理特點，還有屬於孩子自己本身的氣質。例如，對於動作遲鈍緩慢的孩子，要利用機會給他容易達到的成就，對於年齡小的孩子需要示範引導，年齡大一點的則需要鼓勵。

引導不聽話的孩子聽話，並不是把一個固定的公式硬加在孩子身上，而是要按照不同年齡、不同個性的需求，在他們的身上找到力量，從而創造孩子能夠自覺聽話的先決條件。

## ● 家庭教育如何進行十個「一分鐘」

對於太空人來說，一分鐘的時間，就有可能使衛星升空，對於勘探者來說，一分鐘的時間就有可能讓鑽井出油。身為父母，如果用活、用好了「一分鐘」，孩子的天空就會閃現出絢麗的彩虹。

★ **一分鐘接觸**：父母要注意摸摸孩子的頭、肩膀，握握孩子的手，透過接觸來傳遞父母與子女的親情，傳達給孩子愛和力量。

★ **一分鐘傾聽**：不要總是讓孩子聽，父母可轉換一個角度，傾聽一下孩子的心聲，走進孩子的心靈世界。在傾聽孩子講話時，一定要精力集中、精神振作、態度和藹。

★ **一分鐘遊戲**：笨拙的孩子在遊戲中找樂，聰明的孩子在遊戲中求知，傑出的孩子在遊戲中增智。遊戲可以增進家長與孩子的情感，提高孩子的生活興趣，調整孩子的精神狀態。家長帶孩子進行的遊戲，必須是健康的、積極的、有趣味的。

★ **一分鐘矯正**：孩子有過錯時，家長一定要明確指出正確的行為應該怎樣，錯誤的行為將會帶來怎樣的危害，矯正孩子的錯誤行為，不可任其發展。不過面對孩子的錯誤時，家長首先要弄清是由孩子主觀因素

還是非主觀因素造成的，其嚴重程度如何。矯正還要注意場合，語言要平緩，態度要溫和，不可急於求成。

★ 一分鐘激勵：激勵能使人永遠充滿自信。家長要有耐心與恆心，激發孩子的生活、學習興趣，激發孩子的自信心，不斷促進孩子發展。

★ 一分鐘讚美：孩子的身上總會有他獨特的優點，身為父母要注意發現孩子生活、學習中的優秀表現，抓住最佳時機讚美。在讚美的過程中，要注意方式、地點、語調、時機、程度等。

★ 一分鐘參與：在一個家庭中，父母應尊重孩子的主體地位，了解孩子的意見，讓孩子參與家庭大事的管理，盡可能形成共識，這將有利於家庭良好氛圍的形成。在孩子參與的過程中，應尊重與引導相結合，不要什麼都順從孩子。

★ 一分鐘懲戒：孩子出現非常嚴重的過失行為，一定要懲戒他，否則孩子就有可能走向錯誤之路。因此，父母要表明自己的態度，指出錯誤的性質，責令其改正錯誤，但絕不可動手傷害孩子，避免產生對立情緒。

★ 一分鐘示愛：家長要讓孩子懂得：你是父母最疼愛的人，即使在你出現嚴重問題時，父母懲罰你，也是父母在履行愛的責任。父母向孩子示愛必須有一定的技巧。

★ 一分鐘期盼：父母對孩子的期盼應當讓孩子知道。比如，父母可以在恰當的時機跟孩子談談自己成長的心路歷程，讓孩子知道父母不希望孩子遭遇同樣的挫折；可以和孩子一起暢談美好的人生理想。而家長對孩子的期盼應該是理性的、實事求是的。

## ● 該你了，孩子

　　不管當媽媽的黛比讓凱利做什麼，凱利總是會有藉口。「凱利，垃圾倒了嗎？」凱利皺皺眉不情願地說：「等一下啦！為什麼非要現在倒？做事不能有點變化嗎？」黛比不知道還該做點什麼，才能讓孩子幫自己的忙。她盡力向兒子解釋，為什麼要按照她的要求去做而且竭力保持平靜，結果到頭來還是憋了一肚子氣。

　　這樣，凱利也變得很糟。他怒氣衝衝敵視母親，大聲尖叫著，經過幾分鐘的爭吵與辯論，黛比還是屈服了，她自己去倒垃圾，凱利呢？又氣鼓鼓了一會才恢復正常，凱利透過這樣的吵鬧能怎麼樣呢？黛比的屈服又獲得了什麼？在繼續讀本書前，請寫下你的回答。現在想想回報的問題吧！在下一章裡，你能讀到解決的辦法。

## ● 小結

> 一個人只顧把孩子生出來，卻沒有能餵養他的身體並且把他的心靈練好的相當預計，這對於那個不幸的後代及整個社會來說，都是一種道德上的犯罪。
>
> —— 穆勒

　　我們透過決定自己的行為方式來獲得我們的所需，有時我們想得到東西，有時我們又想掌控我們的方式；我們盡量在避免採取那些既會讓我們有所失又會讓我們感覺難受的行為。

　　凱利的回報是將自己的觀點堅持到底。他竭力不按母親的話去做。黛比呢？她的回報是一場爭辯，她最終得到了平靜。

　　理解孩子能使你改變管教孩子的方式。想想孩子錯誤行為後的結果，他是不是贏了？是不是「成功地」讓你生氣並且不安？是不是也沒有做你

要求他做的事情？一旦你確定了孩子的「回報要求」，你就得到了第一種管教孩子的新工具。然後確定一下你要求的「回報」。你想從中怎麼樣？

★ 注重孩子的積極行動及態度

★ 表揚孩子的良好行為

# 第五章
# 正面的反應

對孩子的責任感是一切美德的基礎。

—— 西塞羅

喬易決定不再與蒂姆糾纏,他認為蒂姆總有太多的麻煩。喬易的父母為此稱讚了兒子所做的決定:「這需要很大的勇氣,看來你仔細地想過了。做這樣的決定不是件容易的事,可是你處理得很好。我們為你感到驕傲,孩子,我們希望你也為自己感到自豪!」

泰尼跑到他媽媽面前:「我的房間很乾淨哦!媽媽,快來看一看。」媽媽檢查了一下房間,「太棒了,寶貝,你應該為自己感到自豪,你的房間看起來真的很乾淨!」

喬易的父母與泰尼的媽媽,都採用了積極的回饋方式來面對孩子們所做的事。他們尋找適當的評語,指出孩子們所做的好事,這些充滿鼓勵的評語就像贈予良好的行為一道光環一樣。

積極反應是用來增進孩子良好的行為方式及自尊,最強而有力的工具。積極的反應是對孩子們良好行為的一種回報,它是指採用讚揚或激勵的方法鼓勵孩子做出正確的選擇。雖說積極的反應不是什麼新方法,我們卻常常忘了採用。如果你期望著孩子的行為良好,那就增加一些你對積極反應的感知吧!

## ● 如何使用正面的反應

你可以用二種方式使用積極的反應——增加所期望的行為，減少反對的行為。採用積極的反應方式增強所期望的行為是容易的，發現孩子良好的行為也很容易，一旦孩子表現得較好，著重地強調一下，當孩子表現很好時，說幾句表揚的話，給予一點點鼓勵，一次擁抱或是一點點的自主權利就會讓孩子深深感動的。

你或許希望孩子們能彼此共用事物。當你的孩子真的在與別人共用時，立即強調他良好的表現，你可以說：「我喜歡你與別人分享的方式。我看到今天早晨，你拿玩具給小朋友們一起玩。這的確是個好決定，我很自豪你能與別的小朋友一起看電視，這說明你長大了，這一切對你來說再好不過了！」

積極的反應用起來比較簡單，困難的是你總要記住去尋找孩子們的良好行為表現。而通常，我們只注意到孩子錯誤的行為表現，認為孩子的良好表現是理所當然的。事實上，透過重複強調孩子的良好表現，是在一次次強化他對良好行為的感知，這樣經過反覆地實踐，隨著你不斷地增加採用積極的反應方式，你的孩子將會逐漸對自己的所做所為做出良好的決定。

在運用積極反應傾聽時，父母並不只是扮演一臺答錄機，重複孩子的敘述，而是整理孩子的敘述，並找出孩子隱藏的感受，然後真實地幫助孩子呈現他們想要表達的一切情感和需求。此時父母要注意的是：

1. 學習「停、看、聽」。

通常情緒感受是看不見、摸不著的東西，父母要貼切地了解孩子的感受，並且適當地反映出來，這就有賴於父母有效的傾聽。要成為一個有效的傾聽者需要「全神貫注」的功夫，包括看：眼神的接觸及注視，與聽：

耳朵的接收及傳遞「我正在聽」的資訊，適時給予孩子一些反應。

事實上，溝通並不僅是語言的交談，有時候非語言的行為：臉部表情、眼神、手勢、坐姿與音調等，亦傳遞著溝通的資訊，有些人認為這些非語言的行為所傳遞的資訊，可能比語言溝通更重要，更具真實性、可靠性和代表性。若是父母想要了解孩子內心的感受，光憑語言交談的溝通並不容易達到了解的目的，父母必須增強對非語言的觀察和傾聽技巧：停、看、聽。

★「**停**」：暫時停止進行中的工作，注視對方，提供孩子表達感受的時間和空間。

★「**看**」：仔細觀察孩子溝通時非語言的行為表現。

★「**聽**」：傾聽孩子說什麼。

2. 了解非語言的資訊。

父母如果要成為一位有效的傾聽者，必須有所了解孩子溝通時的非語言行為所代表的意義。通常孩子會藉著下列的行為表現傳遞不同的感受：

★ 臉部表情。孩子的臉部表情會隨著情緒和感受的不同而有所變化，常見的有：

‧ **哭泣**：可能表示孩子心理或身體受傷、害羞、失望、不高興、挫折、生氣等的情緒。

‧ **微笑**：可能意謂高興、愉快、緊張焦慮的掩飾、蔑視他人。

‧ **丟東西**：一種生氣、失望、不滿、受挫情緒的發洩表現。

‧ **僵直不動**：可能表示恐懼、害怕、懷疑或嚇呆了。

‧ **搖頭**：否認、不同意。

‧ **點頭**：同意、承認、認同。

‧ **打呵欠**：意謂無聊、沒興趣、想睡覺或精神不濟的心情。

- **眼神集中**：表示專注、有興趣。
- **眼神逃避接觸**：表示焦慮不安、缺乏興趣、害羞的感覺。

★ 音調與速度

- **說話結巴**：可能是緊張、害怕、悲哀情緒的表現。
- **不說話**：可能意謂正在思考或悲傷、沮喪、鬱悶、不高興。
- **說話速度很快**：可能意謂得意、高興或緊張的情緒。
- **重聲強調某些字**：可能是談話重點內容的強調。

　　孩子非語言行為的表現方式有很多種，相同的感覺可以藉著不同的非語言行為予以表達；當然一種行為亦可能代表各種不同的感受，具有不同意義。然而不可否認，每個人都擁有唯一獨特的非語言行為表徵，父母要了解孩子的感覺與情緒，改善個人傾聽的技巧，重要的是，父母要學習注意觀察與了解孩子非語言行為的意義。

　　3. 了解話中隱含的意義。

　　當父母傾聽子女的談話時，父母必須注意觀察子女的非語言行為。當孩子與父母分享情緒感受時，父母要不時地與孩子眼神接觸，但不是緊盯不放地注視，同時要避免打斷孩子的說話，表現出注意、輕鬆、有興趣了解的表情，並不時地用「是的」、「嗯」、「我了解」，偶而點點頭來表示你對他說話內容的注意，鼓勵孩子繼續說下去。

　　父母這些種種表現最能流露「我關心、我正在聽」的資訊。在溝通的過程中，父母傾聽時千萬不可以到處走動、邊做事邊聽或背對著孩子，因為這些行為可能令孩子認為你不關心他，對他所說的一切沒有興趣。此外，父母要避免對孩子說：「好啦！我想我了解了，我知道你的意思。」因為這句話常常會讓孩子不想說下去，而父母所謂的了解也許並不完全正確，畢竟對別人的感覺我們並不能真正知道，只能猜測而已。

積極地傾聽最大的優點，就是指出隱藏於交談背後的感受，幫助孩子從較合理的角度來察覺自己的感受。以下的實例會讓你更清楚整個積極傾聽的架構：

　　女兒：真希望偶爾也能像秀如那樣生一場大病，長水痘也沒關係。

　　母親：妳很希望能在家休息幾天？

　　女兒：嗯！生病可以不用上學，我卻連喘口氣的機會都沒有。

　　母親：妳覺得上學的壓力很大？

　　女兒：對！老師什麼事都叫我做，為什麼當班長就那麼倒楣？

　　母親：不只是有點吧！有時候，妳真的很厭惡走入那個班級裡。

　　女兒：一點也沒錯，我討厭上臺演講！討厭發號施令！討厭當會議主席！也討厭老師。

　　母親：妳討厭學校的一切？

　　女兒：不是全部啦！我喜歡作文、喜歡美勞、也喜歡英文和語文；可是，我討厭老師，每次班會就霸占著講臺不停地講，聽了都想吐。

　　母親：妳一定很討厭聽這些廢話。

　　女兒：嗯！說什麼德、智、體、群、美，他以為現在還有這種聖人存在嗎？

　　母親：妳覺得當聖人是一種恥辱？

　　女兒：嗯！我討厭成為老師心目中的好學生，妳知道嗎？同學都排擠我、孤立我，說我是老師的眼線；還有一位同學，每天下課前就詛咒我被車子撞死，我快要瘋掉了……

　　以上的這段對話，母親充分地運用反映式傾聽，她極力地了解女兒的內在感受，對談中不加入自己的想法和價值判斷，進而澄清了女兒問題的癥結，不是討厭上學，而是成為老師心目中的好學生所背負的沉重負擔。

　　為什麼要學習傾聽？

133

傾聽能使人獲得精神上的解放，引導孩子說出內在感受後，就能找出問題的癥結，孩子的負向情緒自然能夠得到紓解，它最明顯的好處在於：

★ **傾聽可以幫助孩子克服懼怕的心理**：因為，父母藉著傾聽流露出對孩子的接納與包容，孩子從父母的反應中，感受到父母的友善態度，而能夠勇敢地說出內心的恐懼。

★ **傾聽能增進父母與孩子間的親密關係**：當你在談話時，對方專注地傾聽，了解你所說的一切，你必定會欣喜若狂。孩子也是一樣，渴望有人了解他、包容他、接納他。父母使用反映式傾聽，會更進一步地了解孩子、尊重孩子、更加關愛孩子，而孩子必然和父母產生更加親密的互動。

★ **反映傾聽能協助孩子自己解決問題**：我們都知道，把問題說出來，比悶在心裡好多了，也比較能夠看清問題的真相。傾聽具有讓人說話的功效，也能促使孩子找出解決問題的辦法。

★ **傾聽能夠促使孩子願意聽父母的看法和意見**：大家都曾有過這樣的經驗，要是對方願意聽聽你的想法，你也會樂意聽聽他的意見。因此，如果有父母埋怨孩子不聽話，那就表示，父母根本沒有運用傾聽去聽孩子的心聲。

★ **傾聽讓孩子願意和父母說話**：許多父母用傾聽和孩子討論問題和煩惱時，他們發現孩子很會分析自己的問題並尋求解決之道。傾聽表示父母信任孩子有解決困難的能力。

反之，父母若是一味地提供建議、忠告、勸解，不僅不能真正幫助孩子，反而還很難培養孩子成為獨立自主及有責任感的人。

運用積極傾聽所應具備的基本態度：

「傾聽」並不是解決孩子所有困難或親職教育的靈丹妙藥，父母必需

具備一些基本態度，才能將傾聽的功效發揮得淋漓盡致。

★ 父母必須有「想聽」孩子說話的心意，假使你很忙、很煩，那麼就等到你願意聽的時候吧！

★ 允許並真誠接納孩子可以和你有不同的想法。

★ 你必須相信孩子有解決自己問題的能力。父母的信賴將是激發孩子潛能的催化劑。

★ 你必須知道情緒的感覺只是一時的，並非長久不變。人的感覺時時都會改變，恨能轉為愛，失望也能被希望所取代。你毋須害怕孩子說些情緒性的語言。例如：我恨老師，我詛咒她快點死掉。你要慶幸的是，當孩子倒出這些屯積在內心的垃圾之後，他的心靈才能獲得祥和寧靜。

★ 你必須尊重孩子是個完全獨立的個體。有位知名作家說過這樣一句話：「孩子是上帝借給我們的一把琴弦。」試問，為人父母的我們，如何有能力永遠霸占著這把琴弦？當你體會到孩子是個獨立的個體，你會允許他有自己的想法和感受。你只能「陪」孩子走過苦澀，卻絕不能替他解決問題。

唯有如此，才能真正有效地幫助孩子。運用傾聽時，必須配合上述五項基本態度。否則便會顯得空洞、虛假、毫無誠意。

傾聽可能面臨的危機：

1. 不習慣。

不少父母說：重複孩子的話，那多不自然呀！傾聽並不是要你像鸚鵡學舌般地把孩子的話照說一遍，其真正的意義在於如何從交談中，正確地解讀孩子說話資訊中所傳遞的情感。

倘若父母尚不能正確地掌握孩子的意思時，可以真誠地對孩子說：

「我真的很想了解你，你願意把剛才所說的再說一次嗎？」、「我不知道是否弄清楚你的意思，也許你可以再說得具體一些？」

父母此時藉著孩子的重複表達，來求證自己對孩子了解的正確程度，然後再給予回饋。

2. 不要強迫孩子分享感受與情緒。

傾聽是一種開放式的交談，也許對父母和孩子都是一種新奇的體驗，可能需要花費許多時間才能建立坦誠開放的心胸。孩子也許可以與父母分享自己的情緒，也可能保持沉默，不說一句話；甚至離開或否認父母所說的一切。然而，不論孩子做出怎樣的反應，父母都要尊重孩子的決定，並接納孩子的反應，千萬不要強迫孩子馬上要說，父母在往後的日子中，仍然有很多機會表達自己幫助孩子的意願。

有些孩子也許從來沒有與他人分享情緒的經驗，所以並不習慣與別人分享，當父母面對孩子沉默的反應，並不意謂父母傾聽失敗。大多數孩子如果擁有一次被接納的感覺後，他就會樂於和別人分享。因此父母與孩子必須先建立一種相互尊重、接納的關係，這樣的關係可以鼓舞孩子與父母分享的勇氣。

3. 正確地反映孩子的意思。

當父母企圖了解孩子的意思時，過或不及的反映傾聽，會喪失了原有的好意，造成傷害孩子的事實。因此父母必須盡量使用適當且正確的形容詞來反映孩子的意思。基本上，父母稍微誇大的描述反映會比一針見血的了解，更令孩子有安全感，因為父母一針見血的了解易形成孩子的誤解，當父母表現較誇大其詞的反映時，孩子會加以澄清，並能體會到父母企圖了解他的用心。

另外，有些孩子會傳達一些不完全的資訊，令父母感到迷惑，不知所以然。這時父母可以反映所接受的資訊，並等待孩子進一步仔細的說明。

當然父母也可以說：「你可以告訴我這是怎麼回事嗎？」藉著發問讓孩子呈現更多資訊。

至於孩子較強烈的情緒，在使用字詞上也很重要。若是父母能正確且適當使用「非常」、「很」、「實在」的字眼，可以有助於傳遞「我了解你」的資訊。也許父母可以很正確地反映出孩子的意思，但卻因用詞的不當，使孩子極力否認父母的反映。所以當父母反映孩子意思時，除了要正確外，在表達反映時更應注意措詞，避免激發孩子的抗拒或防衛心理，進而產生負面效果。

4. 避免問太多問題。

積極傾聽時，在資訊收集階段，發問是必需的。如：「然後呢？」、「你覺得如何？」、「你願意告訴我嗎？」，不過當擁有足夠的資訊時，父母就不要繼續發問，而應反映出你的了解與當時的想法，而且盡量使用「你似乎覺得……」

5. 多利用時間傾聽。

改善親子間彼此的關係需要花費相當心力與時間，父母必須多留一些時間來傾聽孩子的心聲。如果孩子想告訴父母一些事情，而父母正在忙，應婉轉地向孩子說明，並與孩子約定確定的交談時間。

當然父母也可以藉著逛街、打球、看電影的機會，與孩子分享，而其談論的話題並不見得要局限於某個問題上，或許可以找些彼此共同感興趣的事情交換一些意見。因為反映傾聽並不只是找出解決問題的途徑，而是包含了解對方交談的真正意思，增進雙方的了解。

6. 反映愉快的感覺。

親子間傾聽不僅是反映與接納對方不愉快的感受，讓孩子得到發洩和關懷，形成「我被了解」的感覺，而且對於孩子興奮、愉快的情緒，父母也要予以適時反映，共同分享孩子的喜悅。

7. 不要過度傾聽。

父母千萬不要對孩子的一言一行全部加以反映，否則會使孩子感到害怕而不敢表達。特別是彼此還沒有建立良好關係基礎時，過度的傾聽，常會使孩子產生退縮行為。事實上，過度的反映傾聽對孩子而言，可能造成增強孩子不良行為目的的結果。所以父母只要真實地反映自己所獲得的資訊，千萬不要太急於猜測或太敏感地反映，造成孩子產生突然被了解或赤裸裸被了解的恐懼。

8. 不要期望自己十全十美。

人生難免會做錯事，父母不要期望自己是完美的傾聽者，如果你真的想了解自己的孩子，可是卻無法正確反映孩子所試圖表達的感受，這樣的情形是難免的。所以無論如何，父母不需要害怕錯誤的反映會造成對孩子的傷害，更不需要企求自己是完美的傾聽者。

當然，有些父母雖然做了反映，但是孩子仍然保持沉默。實際上沉默並不可怕，孩子的沉默也許是在思考父母所說的，整理個人的想法，或考慮如何表達；當然也可能是一種抗拒。所以面對沉默，父母只需等待和觀察孩子的反應。倘若沉默一直持續時，父母可以表示：「你似乎對我所說的很不以為然？」大膽地猜測孩子沉默的原因，並加以澄清孩子是否在抗拒。

假使父母懷疑孩子的言行是為了獲得你的注意、報復等偏差行為目的時，父母可以用肯定與婉轉的口氣告訴孩子，你不能幫助他解決問題，並告訴孩子你相信他能自己找出解決之道，或是轉移話題，這都是處理的方式。雖然孩子不喜歡你這樣的反應，但最後孩子終究會了解你的用心良苦，而願意努力解決問題。

有時候，親子的溝通可能是一種父母與孩子間的心理遊戲，彼此會設計許多陷阱故意引誘對方中計。基本上，父母要小心處理，不要故意與孩

子進行心理遊戲，因為這樣的行為有時候會造成親子間很嚴重的裂痕。傾聽是一種有效的溝通方式，它並不是一種心理遊戲，而是基於尊重、接納的前提下，形成安全的溝通氣氛，傳遞父母對孩子的關懷和愛護，形成一個開放的溝通氣氛，以增進良好的親子關係。

## ● 反向鼓勵法

你也可以使用積極的反應方式，消滅或減弱孩子的錯誤行為。這種方法常運用於孩子們在一起遊戲或合作時。首先，確定孩子的錯誤行為，接下來，確定與其相反的行為：六歲的楠傑與他四歲的表妹愛莉吵架，一旦有一次兩個人在一起玩得很好（相反行為的發生），做父母的就要表揚楠傑的良好表現：「你在幫小妹妹畫畫啊，太好啦！」這樣爭吵的次數就會減少。

這是一種簡單有效的方法。用積極反應的態度來鼓勵相反的行為，原來錯誤的行為方式就會減少。

在我們的職業生涯裡，我們對積極反應的方式頗為自信。我們接觸過許多行為混亂的孩子，許多孩子有嚴重的情感困擾問題，透過一段時間的積極反應試驗，幾乎每個孩子在第一個星期內都有了進步，那些了解孩子們過去表現的人都很吃驚：這些孩子們怎麼會這麼快就有了長足的進步？這是因為教職員們採用了積極的反應方式，他們不再一味地盯在孩子們錯誤的行為方式上，而是積極地尋找孩子們正確的行為表現。

大多數的父母在採用積極的反應方式去教育孩子時，都能看到其中的價值，但其中也有些父母拒絕採用獎勵或鼓勵的方式，每逢我遇到這樣的情況，我都要不厭其煩地對他們解釋，孩子是頗具有主動性的，許多孩子總是在主動地去爭取好好表現，也頗具有合作性。積極的反應方式給了孩子們自尊，鼓勵他們更加主動要求進步。

在生活中，我們成年人也需要積極的反應。薪水就是一個積極反應的例子，如果你的工作得不到報酬，你的自我動機將會讓你辭職不做，這也就是為什麼我們的社會得以運作的原因。這一點能讓孩子們越早地了解越好，拒絕採用獎勵方式的父母必須銘記：你們的目標是讓孩子們做出較好的決定，而不是期望所有自主性很強的孩子都能達到這一目標。使用積極回饋的方式，是將事情指引向正確發展的方向，而後孩子那份自創性才能得以盡情發揮。

## ● 自我獎勵的目標

採用積極回饋的方法可以教會孩子珍愛自己。「你做出了正確的選擇，是因為你知道自己做的事是對的。」對孩子來說，表現良好、努力學習讓父母們高興是件好事，但如果他們能懂得這是在為自己的未來這樣做，則更是一件好事。

「我喜歡（我很高興你那麼做）！」（很高興）

「做得太棒了，你應該為自己感到驕傲！」（更好）

第二種表達方式好在當孩子取得成績時，父母激發了孩子在成功時自尊的意識，它的目標在於建立自尊。所以任何你獎勵孩子的時候，在給孩子獎金的同時，別忘了加上一句恰當的評語，讓孩子意識到他做對了。「在你的努力下，做了一件很了不起的工作，這是給你的獎金，我希望你能高興。」

要學會鼓勵和肯定孩子。

有一段時間，小斯賓塞成績下滑得很厲害，雖然他平時學習成績都非常優秀，不過還是感覺在某些方面似乎差人一等。因此，他感到很沮喪。

小斯賓塞終於帶著失望的心情來到父親的臥室，難過地說：「爸爸，我想退學。」

「為什麼？」父親奇怪地問。

「我……我覺得自己比別人笨，有些課程越學越退步。」

「我卻覺得不是這樣，孩子！」父親說。

「在我的認知中，這一個月來，你雖然比以前稍有退步，但在其他課程上進步明顯，在我的心目中，你是個勤奮又成功的孩子。」

「真的是這樣嗎？」小斯賓塞略帶驚喜地問。

「真的是這樣！照這樣發展，只要你能彌補那門課程的缺陷，你一定會重新取得優異成績的。」父親繼續說，「在我小時候，人們都認為我是個笨孩子，那時的我是多麼的難過！後來，我擺脫了憂鬱，同時也擺脫了『笨』，你比我當年強多了！」

經過這一段對話之後，小斯賓塞內心深處升起了希望。他的信心又回來了，憑著自己的努力，取得了讓人刮目相看的成績。

孩子的自信心除了自我激勵外，也需要來自父母的賞識。其實每一個孩子都是這樣，家長說他聰明，他就聰明。你要給孩子充足的自信，不斷激勵孩子，相信他是世界上最聰明的人，對他的前途充滿希望。這樣你才能更快地幫助他取得成功。

家長要學會適時鼓勵孩子，這並不是一件多麼容易的事情，每一個做家長的，都要仔細地研究與思考，如何去鼓勵孩子，養成經常反思的習慣。

鼓勵聽起來十分吸引人，但它的概念及如何實行卻不是很清楚。人們常常不明白什麼是鼓勵，甚至以為鼓勵就是說好聽的，表揚一下。其實，鼓勵是為孩子提供機會，培養一種信心：對我感興趣的事，我有能力做出貢獻、我可以對周圍的事物及我本人的生活產生影響、我可以對我感興趣的事做出積極主動的反應。鼓勵是教育孩子生活的基本能力，孩子需要這種能力來成為個人生活與社會交流中的成功者。

　　鼓勵可以說是非常簡單的，如讚揚孩子幾句，給孩子一個擁抱，使他們感到一些安慰。偶爾為之並不困難，然而要成為父母的一種心態，並時時刻刻表現出來，著實有些困難。許多家長教育孩子的方式隨意性很強，心情好的時候卯起來表揚和鼓勵，心情不好則肆意責罵。

　　一位名人曾經說過：「如果孩子生活在鼓勵中，他便學會自信。」為了培養孩子的自信，做父母的應該認真審視他們身上的優勢，採取引導和鼓勵的方法，幫助孩子在實踐活動中建立自信。

　　「你真棒！」、「你可以的！只要努力做，你一定會做得更好！」這樣的話語應該經常出現在與孩子的交談中。漸漸地，孩子的積極性高了，學習的興趣也就強了。

　　有才能不一定能成功，可是有自信卻能創造成功的條件並最終獲得成功。自信對於成功有決定意義，由於孩子弱小，往往看不到自己的潛能，因而常常表現得缺乏自信。因此，優秀父母的一大特色就是善於培養孩子的自信心。

　　一般人都會有這種感受：倘若自己的才能受到重視或褒獎，特別是受到自己尊重的人的重視，往往會發揮得更加充分。孩子更是這樣，聽到表揚的話，做事的意願會大大提高，尤其是受到自己信賴的人，如父母、老師的表揚，會增添孩子的自信心，更加用功努力。但如果孩子透過努力取得了成績，而父母對此表示冷漠或不屑一顧，那麼對兒童的心靈則會造成很大的傷害。

　　在孩子的幼年時期，面對著大千世界，常常會感到束手無策。但是，他們仍然有勇氣進行各種嘗試，並學習各種方法，以便自己能適應並融入到這個世界中。身為成年人，尤其是身為孩子的父母，應該給予他們更多的鼓勵，給他們更多的信心，去迎接挑戰，克服困難。

　　然而許多父母卻反其道而行之，對孩子的能力抱有懷疑的態度，在他

們的偏見中，認為只有在某一個年齡層，才能做某一種事情。比如一個兩歲的孩子，如果幫助父母收拾桌子，當他手中拿到一個盤子的時候，媽媽會很快地說：「不要動它，你會打碎它的！」這樣，你可以保存好那個盤子，但是妳的舉動在孩子的信心上卻投下了陰影，而且推遲了他的某種能力的發展，或者說，妳阻止了一個小天才的產生。

父母們常常漫不經心地向孩子們展示自己多麼有能力、有魄力、有氣力。他們的每一句話，比如：「你怎麼把房間弄得這麼亂？」或「你怎麼把衣服穿反了？」都會向孩子們顯示他們是多麼無能、多麼缺乏經驗。其實，他們哪裡想得到，他們這麼做，就會使孩子慢慢地失去信心，失去了自己努力去探索、去追求、去鍛鍊的自覺性，忘記只有透過各種鍛鍊和闖蕩，才能使自己成為一個有用的人。

當孩子犯錯或試圖做一件事情而沒有成功時，父母應該避免用語言、行動來提醒孩子他的失敗；而應該把事情和做事的人分開。在父母的腦子裡，做一件事情失敗了只能說明孩子缺乏技巧，這種技巧有時是因為父母沒有很認真地傳授，而絲毫不該影響對孩子本身的價值判斷。

父母應該培養孩子勇於犯錯、勇於失敗，同時並不降低自己的自尊心和自信心的意識。孩子和成人一樣，有勇氣去犯錯，去糾正和改正錯誤。勇於犯錯和改正錯誤是同樣珍貴的。父母們所做的一切事情，都要顧及到不要使孩子失去對自己的信心。同時還要知道，如何去鼓勵孩子的自信心。

孩子的自信程度表現在他的行為中，如果孩子缺乏對自己能力的自信、對自我價值的信任，那麼他所表現出來的就是缺乏效率、缺乏積極主動性，他們不會透過積極參與和貢獻，來尋找自己的歸屬感。

沒有自信的孩子，會很輕易地放棄任何努力，表現出自己是無用的，而且有時還故意做出反其道而行之的事情，這樣做的原因是他認為自己是

無能的，無法做出任何有意義的貢獻，是沒有價值的，那麼還不如做些惱人的具體事情，起碼還能得到別人的注意。家長主觀地不問青紅皂白隨便訓斥或打罵孩子，是最容易挫傷孩子自尊心和自信心的。

　　肯定孩子的成績，哪怕再差的成績，也要讓孩子知道父母看出了他們的進步，如果父母肯定孩子朝正確的方向邁出的每一步，就會使孩子感受到鼓舞，進而產生爭取更大成績的動力。

## ● 如何運用鼓勵的方式

　　怎樣表達信任？

　　「我喜歡你處理問題的方式！」

　　「我了解你，我相信你會做得很棒！」

　　「我想你能做得到！」

　　「我相信你能自己來決定這件事！」

　　「如果你需要幫助，我就在這裡！」

　　「我想知道你的看法！」

　　我們要知道，害羞是件好事。就大多數人來說，害羞意味著自我意識。假如我們遇到一位大人物，我們就會產生這種自我意識。我們會想：「他多麼高貴、多麼有名，而我只是個小人物。」所以，我們感到羞愧，這就是自我意識。但世上還有一種害羞，就是愛的溫柔，這其中沒有自我意識。有許多事物，都可以作為對大多數小孩子的正面性鼓勵。例如，傾聽、擁抱、讚美、微笑或親吻都是有力的獎賞。例如糖果和玩具之類的物品，也都是可以用來強化行為的鼓勵品。

　★　對小孩子而言，立即的獎賞是最有效的。

　　父母在使用鼓勵時最常犯的錯誤，就是在小孩有所行動之後，拖延良

144

久才鼓勵他們。要最有效的運用獎賞，父母應該在小孩表現了你所期盼的行為以後立刻鼓勵他。

★ 一個母親在五分鐘以後告訴她兒子，謝謝他把外套掛起來。另一個母親在她兒子把外套掛起來以後兩秒鐘，就對他有所鼓勵。以後，最可能把自己的外套掛好的，是那個在兩秒鐘以後就受到鼓勵的男孩子。

★ 許多父母在使用鼓勵時常有的第二個問題，是常把好規矩視為當然。好規矩不應該被視為當然，它們應該受到鼓勵。

★ 特別是當一個小孩剛開始學習的時候，他應該要常常受到鼓勵。例如，在你開始教他洗臉的時候，最好每一次都給他鼓勵。你可以說：「你很棒。」起初，洗臉不是一種責任，那是你在教他的一樣事情。

★ 開始的時候，教導他最有效的方法，是在下次他自己洗臉的時候鼓勵他。

★ 同時要記得在他洗臉以後繼續鼓勵他。

★ 很多我們希望教給孩子的，是比掛好外套或自己洗臉還要複雜許多的事。例如，你如何教一個孩子「有禮貌」，或「做一個好學生」？首先，必須了解，「做一個好學生」是一長串步驟之後的最後一步。如果你是一位希望教導孩子做一個好學生的父母，你必須先想一想，這些步驟是什麼。你也必須決定，在他向做一個好學生的目標每踏前一小步時，你將如何鼓勵他。

★ 大多數複雜的社會行為，都可以被分解成許多小步驟。本章的目的之一，就是要教導父母，當孩子努力達成每一個小步驟時，該如何鼓勵他。許多父母似乎都要等到孩子已經爬完整座山了，才願意給他一個鼓勵。

★ 學習成為一個「好孩子」或「好學生」，牽涉到數百個小步驟。在學習一樣新的行為時，過程中的每一個步驟都應該受到鼓勵，而不是在

最後才給予獎賞。

★ 假設老師說你的兒子畢爾不是一個好學生，或說他「不夠努力」。身為父母，你該怎麼辦？

★ 身為父母，你有三個問題需要解決，第一，你如何把問題分解成一些小步驟？其次，你如何爭取時效鼓勵畢爾？第三，你要採取哪一種鼓勵來完成每一個步驟？

★ 或許一開始，你可以叫畢爾和你談談他學校的事情。不少父母在問孩子學校的事情時常犯的錯誤，就是當孩子開始告訴他們學校的事情時，他們不專心傾聽。換句話說，他們要求某一行為，而當那行為發生時，他們卻不去鼓勵它。

★ 或許一開始，你可以在每晚吃飯的時候騰出十分鐘，在那個時間鼓勵畢爾談談學校的事情。父母和家裡的其他成員必須認真聆聽，並和他談談如何在學校裡表現得更好。他們的聆聽，以及和他談論學校的經驗，對他將是很有力的鼓勵。

★ 第二個步驟，就是教畢爾開始在家裡用功。第一晚，你可以在他僅僅用功十分鐘以後就鼓勵他。在這種情況下，用功十分鐘，就代表了在邁向成為一個更好的學生的目標上，前進了第一小步。

★ 可能畢爾連十分鐘都坐不住。這樣看來，顯然這個步驟太大或過長，必須縮短為五分鐘。步驟的大小要視事情和孩子而定。選擇一個適合你的孩子的起始點。

★ 這樣，小孩子在這個計畫的最初步驟便得到鼓勵，漸漸地，步驟會愈來愈大，而他也必須做更多，才能得到同量的鼓勵。他必須努力，以取得鼓勵。而身為父母的工作，是要在過程中的每一步驟之後，確實讓他得到鼓勵。

★ 在第一週結束前，你可能只有在畢爾用功十五或二十分鐘以後才鼓勵

他。在每一個階段的結尾，你可以詢問他有關學習的內容以鼓勵他，並且在他談論的時候專心聽。

★ 聽他說話，跟他談作業或陪他做功課都是鼓勵。記得在你鼓勵他的同時，不要批評他或他的作業。舉例而言，嘲諷他作業做得「亂七八糟」，並不能強化或鼓勵用功的行為。

★ 教他坐定用功十分鐘是第一步，而他也僅須如此做便可得到你的鼓勵。再接下來的步驟，才是教他把作業做得整齊無誤。一次進行一個步驟，並且盡可能不要使用處罰的手段。如果孩子已經開始嘗試了，那麼無論他能達成什麼步驟都要鼓勵他。

★ 如果畢爾的父母在第一個步驟的時候，就因為他的作業做得不完美，而批評或嘲笑他，這樣會弱化用功的行為。

★ 有些父母等到孩子把成績單帶回家，然後才用金錢或讚許來鼓勵他得到好成績，這不是教小孩子在學校用心的好方法，孩子必須等很久才能得到鼓勵或獎賞，而且他得到鼓勵必須經過的步驟太大或過長。

★ 早先我們提及，要加強一個新的行為，應該常常給予鼓勵，並且在反應之後立刻或很快給予。

★ 此刻我們也提到，要教孩子一種新的行為，你必須在邁向你所致力的目標過程中的每一個小步驟上，都給他鼓勵。

★ 在教導孩子時，「賄賂」通常不能生效的一個原因，就是父母把要求贏得賄賂的步驟定得太大或過長。

★ 喬伊被告誡，若是他一整個星期都「守規矩」，就可以得到一百塊的獎賞。但這很可能沒效果，因為他首先必須守規矩一整個小時，然後一整天，然後才一整個星期。

★ 假設一個父親對他成績快被當掉的兒子說：「要是你下個月作文拿到一個丙，我就給你一百塊。」這個鼓勵可能不是很有效，因為對很多

孩子來說，從當掉到得丙這個步驟太大。

★ 可能比較好的辦法，是把一百塊換成十個十元。這些小銅板可以用來做鼓勵，每當孩子在你期盼的方向上達成一個步驟，就給他十元。

★ 不同的人進步的速度不相同。對某個人的一小步，對另一個人可能這個步驟就太大或太小。

★ 倘若孩子停止努力，你可以假定那些步驟的大小不合適，或者鼓勵的方法太弱。若是孩子顯得缺乏興趣，很可能意味著，對於她的努力她沒有得到足夠的鼓勵。

★ 譬如，假設你決定要改進黛比的拼字能力。最初，你可能在她拼對一個三個字母的字時給她十元。以後她必須學會一個五個字母的字才能贏得十元。黛比現在得做更多努力才能得到同等數量的鼓勵。

★ 這是一種「學徒」制。在開始的時候，學徒只要做很簡單的工作就可領到薪水。等她學得更多，她要做更困難的工作才能得到鼓勵（薪水或讚美）。

★ 譬如，小悌米吸吮拇指，而你要教他不要把拇指放在嘴裡。這個計畫的「步驟」，可以依他不把拇指放在嘴裡的時間，漸次增加。第一個步驟，你的獎賞可能是「不把拇指放在嘴裡五秒鐘」。

★ 第一天早上，每次悌米「不放拇指」五秒鐘，你就可以說：「很好，你沒有把拇指放在嘴裡。」

★ 隨著計畫進展，你會發現，有時候他沒有把拇指放在嘴裡十五秒鐘。當這樣的情況更常發生時，就開始在他不把拇指放在嘴裡十五秒鐘時才鼓勵他。在這第二個步驟，悌米必須成就更多以取得相同的鼓勵。

★ 在你告訴他，他做得很好的同時，給他一個擁抱或一個微笑，可以增加鼓勵的效果。

★ 當他隨著這些步驟進展時，你可以在某一個晚餐的時候向全家宣布，悌米那天有整整一小時沒把拇指放在嘴裡，如此一來，對悌米的進步做更進一步的鼓勵。這樣並且可以提醒家人，他們也可以加入鼓勵該行為。如果家裡所有的人都能幫忙實行該鼓勵計畫，教導就更可能發生效果。訓練孩子應該是一件全家人都參與的事情。

★ 現在，讓我們來總括本節的重點。受到鼓勵的行為會加強。

★ 如果小孩反應時沒有得到鼓勵，那麼行為就會減弱。

★ 當教導一個新的行為時，鼓勵應該在行為發生以後立刻給予。

★ 起初，對小的步驟應該給予鼓勵，其後才對較大的步驟給予鼓勵。

★ 正面性鼓勵的使用，在訓練計畫的早期，應不同於小孩已學會好規矩以後。舉例來說，要是你才剛開始教導孩子要「聽話」，你就要設法在每一次他聽你話的時候鼓勵他。

★ 然而，一旦他開始相當聽你的話以後，就有必要僅在每三次以後才鼓勵他一次。以後沒有你的鼓勵，他可能仍會聽話好幾次。如果你忘記了而再也沒有因為他聽話而鼓勵他，那個行為就會弱化。

★ 研究顯示，某些行為一旦學會了，假使不是每一次都受到鼓勵，這些行為更可能持續。在學習一樣行為的早期階段，每次都給予鼓勵是很重要的，但是稍後，如果你僅是偶爾鼓勵該行為，反而更好。

★ 一個會把外套掛好的小孩，即使他的母親僅是偶爾鼓勵他，但和一個每次把外套掛好，母親都會鼓勵他的小孩比起來，更可能養成長久持續的習慣。

因此，切記，開始一樣行為所需的努力，比後來小孩進入狀況時多得多。

## ● 如何說明努力工作的重要性

「如果你堅持下去，你或許能成功！」

「有所勞必有所獲！」

「辛勤地做事當然不容易，但任何工作都不會好做。」

在孩子做事過程中賞識孩子。

運用賞識的第二條原則：在孩子做事過程中賞識孩子。

不能將「賞識」簡單等同於「讚揚」或「獎勵」，如果說後兩者更多地針對孩子已完成的良好行為、已取得的優秀成績，目的是給予孩子肯定的評價；那麼，賞識的更大的作用應該是針對孩子做事的過程、努力的過程，目的是讓孩子有信心堅持下去。

有一個非常好的經驗，是值得每個父母學習的。總讓孩子努力，卻不讓孩子嘗到成功的甜頭，他哪來的動力呢？讓孩子嘗成功的甜頭有個訣竅，不妨稱為「摘蘋果原理」：跳一跳，摘得著。

父母必須在接納孩子目前成績的前提下，承認孩子與孩子之間的差異，面對孩子每一次的成功與失敗，要像最初教孩子說話和走路那樣，對未來充滿信心與希望。要針對孩子的實際情況，不要把標準定得太高，要定在孩子摘得著的範圍之內。讓孩子在成功的良好感覺下輕鬆愉快地飛翔，否則只能痛苦而緩慢地爬行。

根據這一原則，我們提出下面幾條建議：

第一，為孩子設定「小目標」。

不要認為賞識一定要怎樣誇獎孩子，針對孩子的實際情況，為孩子設定一個「摘得著」的小目標，這本身就是一種有效的賞識，而且這種情況下的賞識不會產生「副作用」。

有一個故事：某個煉鋼廠的員工生產效率低下。一天，公司總裁到工廠視察，他詢問了當天日班工人的產量，將這個數字寫在身邊一塊大大的

黑板上，除此之外再沒說一句話。當晚，夜班工人看到這個數字，當他們知道這個數字代表的意思後，決心一定要超過這個產量。果然，第二天清晨，原來的數字不見了，在黑板上的是一個新的、高得多的數字，那是夜班工人的產量。日班工人又不服氣了，他們努力做了一天，終於又一次改寫了產量。就這樣，工廠的生產蒸蒸日上。

值得注意的是，在這個故事中，工人並沒有從他們的行為中獲得什麼實在的好處，正是一個「跳一跳，構得著」的目標，激發了他們的熱情和力量。

設定一個合適的目標。

「跳一跳，夠得著」是很好的形容。如果孩子不需要跳起來就構得著，那就失去了目標的意義。但如果跳起來也構不著，那就不能讓孩子獲得成功和自信，反而可能讓孩子感覺沮喪。

這個目標如何設定：第一，父母應該對孩子的能力和現實條件有正確地了解，切忌急於求成；第二，在目標設定時應該和孩子一起決定，這樣不僅能聽取孩子的意見，也能讓孩子更有積極性；第三，若是父母無法掌握孩子的情況，最好與孩子的老師商量；第四，可以考慮設定一個只要努力就一定能構得著的目標給孩子，比如為女兒設定的目標是背圓周率小數點後 10 位數字，這就是一個很好的例子。

強化孩子的目標意識。讓這個目標在孩子心中扎根。比如可以把目標寫在牆上懸掛的黑板上，或者用彩色紙寫了貼在牆上。如果目標有一定的時間限度，那麼再給孩子一本「目標日曆」，目標應該完成的那一天被顯著地標明。

讓孩子養成一個習慣：在晚上睡覺前問自己一個問題：今天，我為我的目標做了些什麼？不要求孩子記日記，但鼓勵孩子在「目標日曆」上寫點或畫點什麼。比如畫上一張笑臉。

給孩子找個競爭者。有個競爭者能極大地鼓舞孩子，不過，如何選擇競爭者也是個問題，讓孩子把某個同學當作競爭者是可以的，但目標不要太高，每次都盯著第一名，可以讓孩子選擇一個比較熟悉、成績略好於自己的同學作為競爭對象。同時，要多與孩子交談，告訴孩子「友誼第一」，不要讓孩子滋生對競爭對象的敵意。讓孩子自己和自己競爭也是很好的辦法。比如父母訓練女兒打字，每次都幫她算時間，讓她和自己比，而且還故意告訴女兒，她的速度一次比一次快。這樣，孩子的自信心就越來越強了。

在小目標達成後給予適當獎勵。獎勵最好是非物質的。比如，在那天的晚餐時，放一個好看的墊子在孩子的座位，讓孩子在晚飯前「致詞」，全家人表示慶賀。也可以參照我們上面的做法，讓孩子自己給自己「頒獎」。或者讓孩子選擇一件他自己喜歡做的事，看電影，打電腦，或者去肯德基。

第二，在孩子猶豫遲疑的時候給予支持和鼓勵。

賞識最發揮作用的時候，應該是孩子想「跳」又有點怕的時候。這時，「賞識」就是一隻有力的手，在孩子後面用力推一把。

盡量少用獎勵誘惑孩子。孩子畢竟不是馬戲團的動物，「獎勵」雖然會有效果，但也常會有副作用。我們要讓孩子前進的動力是來自自身，而不是外在的誘惑。

不要過分強調孩子的潛能。強調孩子「一定可以」。這種辦法對一部分孩子管用，而對另一些天性比較膽怯的孩子來說，可能反而增加了心理負擔。

給孩子一個示範。如果你玩過一些刺激性的遊戲，比如高空彈跳，你就會有這種體會，你前面的那個人對你有很大的影響。要是排在你前面的人玩得很順利，而且一副興高采烈的樣子，你也會躍躍欲試；相反，要是

他怕得要死，你恐怕也會有些猶豫。孩子更是這樣，給他一個漂亮的示範，孩子的信心就會增強。

讓孩子想像。讓孩子設想自己成功的樣子，在頭腦裡細緻地描繪這幅圖畫，讓它越來越清晰，清晰到如同身臨其境。這種方法在心理學上已經得到了肯定，它能有效地增強人的信心。

解除後顧之憂。跟孩子說一句：「你放手去做，成功了算你的，失敗了算我的。」讓孩子解除對失敗的恐懼，這也有利於增強孩子的勇氣。

激一激孩子。比如有一種遊戲是走吊橋，吊橋晃來晃去，又沒有扶手，孩子害怕。這時，父母不妨先走過去，對孩子說：「你要是不過來，我們就走了。」讓孩子處於一種必須靠自己的力量克服困難的境地。

第三，在孩子失敗的時候加以賞識。

失敗的時候也要賞識嗎？有些父母可能不解。其實，孩子失敗的時候可能更需要這件武器。如果這時「不賞識」孩子，孩子可能得到的不僅是失敗，而且還有失敗留給他的沮喪心情，這可比失敗本身可怕多了。而有了這件武器，孩子就能從失敗中得到一些可貴的東西。

不要諱言孩子的失敗。失敗就是失敗，怎麼樣也不能把失敗說成成功，這是沒有說服力的。同時，也不能把失敗歸因於客觀因素，讓孩子面對自己的失敗，這是第一課，也是很重要的一課。父母不妨多與孩子講講人們失敗的例子，歷史故事也好，名人軼事也好，自己的親身經歷也好。總之，讓孩子知道，失敗是每天每時每地都在發生的，每個人都會遇到，這是人生的常態。

讓孩子想「我得到了什麼」。成功與失敗並不是對立的，它們不過是一種比較，有時，成功只是比失敗多了一點點。比如中國著名的數學家陳景潤算「$1＋1＝2$」，其實要從絕對意義上說，他也沒成功，因為他證明的是「$1＋2$」而不是「$1＋1$」。但是，他離那個目標前進了一大步，所以

我們說他成功了。

而無論成功或失敗，都比完全不做要好。完全不做就是個零，而只要去做了，哪怕只做到 0.01，也比 0 要大。啟發孩子，不要想著那沒有得到的 99.99，也要想那 0.01 究竟是什麼。

調節孩子的情緒。讓孩子放鬆心情，方式當然各式各樣，聽音樂、看電影、打球、散步等等。總之，讓孩子擺脫沮喪。

## ● 如何指出孩子的勇氣和成績

「看上去，你在努力地做……」

「看看你已經取得的成績吧……」

「你確實在……方面大有長進。」

自信是走向成功的第一步，它就像人的能力催化劑，可以調動人的一切潛能，將人各部分的功能推動到最佳狀態。美國心理學家曾研究過 150 名很有成就的人的性格，發現他們都具有三種優秀的特質，其中一種就是「很自信，不自卑」。

孩子的學習也一樣，樹立良好的信心是他邁向成功學習的第一步，也是非常關鍵的一步。孩子的求學之路是一個漫長的過程，從小學一直到大學需要十幾年的時間；孩子的求學之路也是一個艱苦的過程，在這個過程中，他難免會遇到這樣或那樣的困難和挫折，他的學習信心也會不時地受到挑戰。因此，樹立和鞏固良好的學習信心，將是伴隨著孩子整個學習過程的一個重要任務。

在學校裡，大凡學習成績優異的孩子自信心都特別足夠，反觀那些學習成績一般或成績較差的孩子，他們的自信心大都不是很強。於是，便出現了這樣的情況：成績好的孩子自信心強，自信心強又使得孩子能把自己的本領發揮到極致，學習成績會越來越好，這是一個良性的循環；而成績

較差的孩子由於學習受挫、受外界負面評價過多等原因，總覺得自己不如別人，不是學習的那塊料，本來能學好的功課也學不好，越學不好信心越不足，而信心越不足成績也跟著越差，這就陷入了一個惡性的循環。

實際上，人不管做什麼事情，樹立信心都是最重要的，孩子的學習也不例外。對於學習成績不理想的孩子，家長應當從培養和增強其學習的自信心入手，孩子的自信心上來了，他就有幹勁了，就有克服困難的勇氣了，就有事事爭先的鬥志了，這樣的孩子在學習上一定是戰無不勝的，到那時你想不讓他的學習成績好都難。

然而，在現實生活中，有一部分家長對孩子的學習成績過於敏感，在孩子沒考好的時候，有的父母不是冷靜地坐下來幫孩子查找失敗的原因，反而是大發雷霆、怒氣衝天，對孩子一味地數落、埋怨，有的甚至拳腳相加。本來孩子成績沒考好，他心裡就夠難受的了，他的學習自信心已經受到影響，家長再這麼一表現，非但對孩子沒有任何幫助，反而還重挫孩子的自信心，孩子以後的學習會怎麼樣可想而知。

有一個道理希望家長能明白：孩子考試沒有考好，題目沒有做好，這都是很正常的事情。要是孩子在學習時樣樣都懂，樣樣都沒有問題，樣樣都很精通，那他就可以不再當學生，直接到大學當教授好了。

在生活中，自信的人一般是自知的，也是自強的，他們明瞭自己的優勢，也清楚自己的不足，因而有信心發揮優勢，揚長避短，這是內省智慧使他們有「自知之明」。

自信的幼苗萌發於孩童時期。其實，這時是沒有明顯的自信與不自信區別的。懵懂的時候，都是從自我出發的，對外界滿不在乎，從某種意義來說，是完全的「自信」；但是，隨著身心的發展，與外界的溝通越來越密切，逐漸從自我世界中走出來，轉而由外部世界的回饋來了解自己。由於外因作用的差異，導致心態朝不同方向傾斜。總是接受積極的外因作

用，其心態就傾向於自信；總是接受消極的外因作用，其心態就傾向於自卑。

1. 讓孩子愛說「我可以」。

自信是一種積極的心態，只有相信自己、尊重自己，才會積極進取，才會勇往直前，可以說，自信心是成材必備的心理素養。

孩提時代就會表現出充滿自信和缺乏自信的差異，這從孩子的口頭禪就能明瞭，自信的孩子總是愛說：「我自己來。」、「我可以。」、「我不同意。」、「我是這樣想的……」、「我願意這樣做。」等；而缺乏自信的孩子正好相反，他們多是退縮的，總是說：「我不能。」、「我不行。」、「我做不好。」、「我不敢。」等。

這種差異在很小的時候是不易覺察的，因為嬰兒的自我意識很弱，說不到自信或不自信，孩子越大心態的差異越明顯。自信與自我感覺有密切關係，自信的基礎是良好的自我感覺，孩子的自我感覺從哪裡來？孩子還沒有自我掌控能力，他們主要是從周圍環境這面鏡子中來感覺自己，外界的回饋總是良好的，那麼孩子就感覺自己良好；若接受的總是貶義的、指責的、呵叱的，孩子就會自慚形穢，怎麼可能自信呢？

可見，家長對孩子的態度是至關重要的。家長對孩子的態度往往取決於對孩子的期望、要求和評價的高低。為此，家長要調整好對孩子的期望值。期望過高，會難為孩子，孩子若達不到預期的目標，家長往往會表示失望，給予消極的評價。別以為孩子小，說他什麼都沒有關係，其實小孩的心靈是很敏感的，不僅大人的言語會影響孩子，大人的心態也會感染孩子。所以，大人要以自己積極的態度，促使孩子自信、自強，讓「我可以」總是掛在孩子的嘴上。

2. 幫助孩子建立自信心。

自信和自卑，與兒時有很大的關係，主要是人際環境的作用，其中作

用最大的是家長、老師、同伴。

為了幫助孩子建立自信心，就要慎用橫向評價，不要總是拿自己的孩子和別人的孩子相比較。有一個孩子說：「我真想把我們樓上的小君殺了，我媽總是拿我的成績跟小君比，一看我成績比小君差就批評我，要是沒有小君就好了。」這位母親的意圖是用「比」來刺激孩子上進，而結果卻適得其反，將孩子刺激得叛逆起來，因為「人比人得死，貨比貨得扔」，豈不是越比越洩氣，越比越沒有信心？

培養自信心要抓根本，例如增強自我意識，增強獨立性，增強進取心等。李佳的母親是這樣做的：「我們從小就注意增強李佳的自我意識，為此，我們在家中提供個人的小天地給孩子，讓孩子按自己的意願布置、安排自己的小天地，即使做得不完美，我們也不任意干涉，總是以積極肯定為主，輔以適當指導。我們還注意促使孩子自我表現，如鼓勵孩子表現她在幼兒園學到的事情給我們看，我們總是她的熱心觀眾；又鼓勵孩子拿在家做的作品給同伴看，把自己會講的圖書帶到幼兒園，講給老師、小朋友聽。

平時，尊重孩子的自主權，在合理的範圍內，讓孩子自定自決，即使有失誤也給他鼓勁。當然，必要的批評與否定是需要的，但要十分注意場合與言詞，並與激勵相結合，使孩子不因此而垂頭喪氣。

3. 鼓勵孩子「自己來」。

美國教育學家雷·馬婁尼指出：「培養孩子的要訣之一，是及早讓他們自立。過分的保護只會妨礙孩子透過自身實踐去獲取有益的教訓，會影響其儘快成長，我們必須了解到，培養一個充滿自信、獨立自主和富有責任心的子女，乃是當父母的成就。」

美國的教育非常重視培養孩子的自主性、獨立性，美國有些教育家認為，如果失誤對孩子並無傷害，那就可以讓失誤發生。有時，一個失誤可

以提供一個難忘的教訓給孩子，這是一份寶貴的財富，可以促使孩子成熟。這種觀念已被美國的家庭和教師普遍接受，在家庭和學校的教育中有充分地體現。

美國的孩子從小就是一個人在房間裡睡覺，出門行走很少讓父母牽著，若摔跤了，得自己爬起來；待孩子有了一定的勞動能力，就要孩子管理自己的生活；在課外或假日，家長鼓勵孩子去找一些力所能及的工作，讓孩子鍛鍊獨立能力。

然而，我們的孩子卻普遍是獨立性差、依賴性強，這已引起了整個社會的憂慮。是我們的孩子天生獨立性差嗎？當然不是，其實越小的孩子越喜歡「自己來」，孩童常掛在嘴邊的是：「我自己拿。」、「我自己玩。」、「我自己吃。」他們總想掙脫大人去獨立行動，這是生命力發展的表現。

那麼，為什麼後來卻越來越依賴了呢？是環境剝奪了他們的獨立自主意識，家長什麼都替孩子想到了，什麼都替孩子做到了，於是，孩子就漸漸地想不到「自己來」了。

我們應該刻意地創設條件，促使孩子獨立、自主，可以參考以下做法：

★ 給孩子一個空間，讓他自己往前走；

★ 給孩子一些時間，讓他自己去安排；

★ 給孩子一個條件，讓他自己去鍛鍊；

★ 給孩子一些問題，讓他自己去找答案；

★ 給孩子一些困難，讓他自己去解決；

★ 給孩子一個機遇，讓他自己去把握；

★ 給孩子一些衝突，讓他自己去討論；

★ 給孩子一個對手，讓他自己去競爭；

★ 給孩子一個題目，讓他自己去創新。

4. 防止和矯正兒童的退縮行為。

自信的敵人是畏縮、畏縮的根源即是膽怯，也就是對自己沒有信心的表現。畏縮的主要表現為：怕陌生、怕人多、怕表現自己。

有的孩子「在家像條龍、出門像隻蟲」；有的孩子怕當眾表現自己，上課不敢發言（不是不會）；有的不敢當眾表演；有的孩子對新事物畏縮，不敢嘗試，不敢參與等。孩子不是一生下來就畏懼退縮的，相反，很小的時候都是「初生之犢不畏虎」長大一點，反而畏縮起來，這不是沒有原因的。

有關研究表明，兒童畏縮與這些情況相關：

★ 對孩子過分照顧，過分愛戀，使孩子變得脆弱；

★ 封閉式地教養，總是關在家庭的小天地；

★ 馴服式教育，一貫要求孩子順從、聽話，將孩子教育成了什麼都怕的「小白兔」；

★ 與家庭環境有關，如過於沉悶、過於冷清的環境，容易養成孩子的退縮性格；

★ 與家長的性情有關，這些孩子的父母有的就是退縮型的，家長過於內向，會影響孩子的性格。

要及早改變孩子的畏縮性格，不要指望「孩子大一些就會好的」。要培養孩子的獨立和勇氣，需要注意幾點：

1. 實行開放式教育，放開手讓孩子去鍛鍊，多走出家門，在外面的世界「闖蕩」；

2. 儘快讓孩子過集體生活，鼓勵孩子在集體中表現自己；

3. 培養孩子的勇氣，讓孩子逐漸從「怕」的陰影中走出來。

## ● 如何教孩子從錯誤中學習

「你犯了錯，怎麼辦呢？」

「如果你不滿意，怎麼辦呢？」

並非所有的孩子都以相同的方式體驗到成功的。對某些孩子來說，有成功，但感受不到興奮和滿足，其後果是影響彈性思維。同樣，每個孩子或家長，對待錯誤的態度千差萬別；而一個孩子理解和對待錯誤的態度，又是彈性思維中一個不可缺少的部分。

作為對孩子進行評估的一個方面，我們常常問家長這樣一個問題：「當你犯了錯，或當事情沒向正確的方向發展時，你的孩子是如何對待或處理這種情況的？」考慮一下你該如何回答這個問題。我們發現，加強自尊和自信的一個最有效辦法是，檢查一下孩子是如何了解和處理錯誤和挫折的，這也是孩子成長過程中必要的一課。

讓我們來看看兩個九歲的孩子布萊恩特和詹姆斯，他們在少年棒球聯賽期間和一次考試中的表現。布萊恩特和詹姆斯在聯賽期間，均在打者位置上出現兩次擊球出局。比賽結束後，布萊恩特立即去找教練，問道：「教練，我總被打出局，是我握棒的姿勢不對嗎？我該怎樣才能擊中球？」與此相反，當詹姆斯被第二次罰出局時，怒氣衝衝地將球棒摔在地上，還對著裁判大叫大嚷：「你是個瞎子！沒人告訴你你該戴副眼鏡嗎？」一邊哭著跑出了球場。

在學校，詹姆斯和布萊恩特都在拼寫考試中不及格。看到分數後，布萊恩特去找老師，對老師說：「我想我需要在拼寫上接受幫助。我等一下能跟你談談該如何提高我的拼寫能力嗎？」而詹姆斯的態度截然相反，一回到家就喊：「我的老師真討厭。她根本就不告訴我們這次要考哪些詞彙。妳想辦法讓人解僱她，讓她滾蛋！」

布萊恩特與詹姆斯的遭遇相同，均在棒球比賽中兩次被罰出局，在拼寫考試中不及格，但兩人對待挫敗的態度完全不同。為什麼會這樣？正如歸因理論使我們了解孩子體會成功的不同方式那樣，它也使我們大致明白，孩子對錯誤和挫折也有不同的看法。對此有個大致的了解，可以指導家長幫助孩子正確地應對錯誤和挫折。

　　像布萊恩特這樣的孩子，自尊心極強。對他們來說，犯錯是一次學習的過程。他們分析犯錯的原因，尤其當任務實際上是能夠完成的時候，只要改變一些因素，比如身處特殊的情境時再多付出一些努力，或者運用更有效的策略。只要有需要，他們會毫不猶豫地去尋求家長、教練或老師的幫助。這些孩子具有彈性思維的一個最重要的特徵：視逆境為挑戰，他們從來不會逃避壓力。

　　布萊恩特在棒球比賽中被罰出局時，他相信在教練的指導下，他的技術一定會提高，他也一定會成為一名球技出眾的球員。面對拼寫考試不及格的挫敗，他告訴自己：只要改進學習方法，他就能提高考試分數。像布萊恩特這樣的孩子，即使面對艱巨的任務，也有勇氣去正視這項超出了他們承受能力的任務。他們不會為此而沮喪，依然會以樂觀的情緒，集中精力於自己能夠完成的任務上。他們知道，現在無法戰勝的挑戰，不等於今後無法戰勝。在他們的生活中充滿著希望、樂觀和講求實際的精神。

　　與布萊恩特形成鮮明對照的，是像詹姆斯這樣的孩子。這些孩子認為錯誤是由無法改變的因素造成的，比如低智商。他們的思維方式中沒有樂觀一說，只有所謂的「學而無用」，借用心理學家馬丁・塞利格曼（Martin E. P. Seligman）的話就是：「無論我做什麼，都不會產生好的結果。」由於這種無助和無望的意識，因此，只要他們覺得做某件事可能會給自己帶來恥辱，他們就會盡量避免去做。他們還喜歡責備別人，喜歡為自己尋找藉口。人們時常指責他們不努力。可準確點說，他們不努力，是因為他們

認為他們的努力不會產生積極的成果。

結果，他們用來避免犯錯的策略，不僅使他們距離成功的可能越來越遠，還使他們表現得更糟。這種情形就發生在布雷特身上，用他自己的話說，就是「寧可表現惡劣，也不願做個啞巴」。

對錯誤的消極看法具有破壞作用，它會把人導向這麼一種結果，即尋求的結果不僅令人絕望，還會產生完全相反的作用。下面發生在 10 歲孩子羅恩身上的事就很典型。

鑒於孩子在學校有突發性暴力舉動，在家裡喜歡頂撞大人，還總是陰沉著臉，羅林斯夫婦前來找我們諮商。每天上午進校後，羅恩見到第一個同學總是揮拳就打。這不是因為他對誰有仇，只是因為第一個同學擋了他的路。為此，他已經受到幾次留校察看的處分了。父母在向校長了解情況時，校長說，他不知道學校還有什麼其他辦法來對待這孩子。他無法肯定留校察看或在教室裡給行為規範差的學生換座位等辦法，對羅恩是否有作用。

在一番交談後，父母明白了，這孩子有學習和注意力障礙，因此，對他來說，學習就成了一種挑戰，到了五年級，問題更嚴重了，因為五年級以後書面作業更多了。看來，學校不是羅恩獲取力量的地方，走進校門就給他帶來壓力，他選擇了逃避。羅林斯夫婦說，羅恩小時候動過幾次手術，最早一次是因幽門狹窄動的手術，4 個月大時，醫生又在他耳朵裡安裝軟管，再後來是疝氣手術。羅林斯夫婦注意到，儘管羅恩的手術非常成功，但孩子對自己的身體充滿了擔心，常常為此而大聲哭鬧，他覺得自己生來就有缺陷。

初次見到羅恩時，從來沒有哪個孩子會像他那樣令人們震驚。他進門時，一臉的憤怒和憂傷。人們跟他說：「我們是來幫助你的。」

他憤怒地問：「你們為什麼要幫我？」

人們反問道：「我們為什麼不能幫你？」

羅恩神情嚴肅、語氣激烈地說：「我生來就沒用，這都是上帝的安排。」

假如我們用歸因理論解釋羅恩的這番話，就可以發現他的錯誤觀念是那麼地根深蒂固，治療他的難度有多大就可想而知了。

羅恩將錯誤歸結到上帝那裡，又到上帝那裡尋求保護。培養孩子有彈性的思維方式最艱巨的任務，就是修正他們消極的自我形象和無望感。一旦這些孩子把自己的失敗歸咎於上帝，這個任務就變得十分棘手了。

由於孩子們理解和對待錯誤和挫折的方式，屬於彈性思維的重要組成部分，因此，家長有責任了解樂觀和悲觀是如何形成的。這將有助於你用言行去加強孩子的信念 —— 錯誤不僅是可以接受的，也是預料之中的。

妨礙孩子認可和體會成功的障礙，這些障礙也同樣妨礙孩子去了解錯誤，誤以為錯誤是自己技術或能力上的缺陷造成的。正如威利·斯塔蓋爾所說：「錯誤和挫折為你打下了走向成功的重要基礎。」不過，許多家長卻沒有明確地向孩子表明這個觀點。你讀了下面對各種障礙的描述後，不妨對照一下，看看是否有需要改進的地方。

障礙一、性格的力量。

每個孩子都有自己獨特的天性。這種天性不僅影響著父母對待孩子的態度，也影響著孩子自己看待世界的態度。對於成功和失敗，就具體表現形式來看，有些孩子天生就對錯誤反應強烈而且消極，因此，這類孩子極易產生挫敗感，也極易採取對己不利的策略。

障礙二、家長的消極評價。

若是我們一般例行公事地問家長，你們的孩子對以下問題會做何反應：「假如你犯了錯，假如你什麼事情做不下去了，你父母會對你說什麼或做什麼？」有些家長不好意思地說：「千萬別問我孩子這樣的問題。我

可不願意讓你聽到他們犯錯時我說的話。」要想讓孩子理解錯誤屬於學習的一部分，家長自己對孩子犯錯後的態度就不應該是責罵甚至是羞辱孩子，而是要引導孩子了解錯誤，教會孩子解決問題。

即使家長的本意再好，只要他們對孩子的錯誤反應不當，就會產生負面作用。之所以會發生這種情況，與家長自身的經歷有關係。最好的例子就是傑米和比利。

9歲的傑米在橄欖球比賽中兩次觸地得分，一次脫手。下場之後，父親沒有誇獎他兩次得分，而是責備他為什麼會脫手失分。當家長只關注錯誤而不是成就時，給孩子的感受就是錯誤是不可以接受的，今後他也許就會把錯誤視為恥辱。儘管傑米父親的本意並沒有那麼消極。

同樣，比利打翻了牛奶杯，招來了父親的一頓呵叱：「你怎麼總是那麼笨手笨腳！就不會動動腦子嗎！」父親的這番話，顯然是說比利是個笨手笨腳的孩子。由此比利很容易得出自己的錯誤是由於天生太笨的緣故，因而是無法糾正的結論。

障礙三、家長定的標準太高。

我們重點講了家長的重要任務之一，是接受孩子的現狀，別對孩子期望太高。一旦家長的期望超過了孩子實際的承受能力，那麼，給孩子層層加碼的後果只能是失敗。

假如孩子很小的時候就已察覺到自己無論在體育運動、人際交往還是學習能力上，都和父母的期望有距離，那麼當他面對帶有挑戰性的難題時，他們就會緊張退縮。一旦達不到父母設定的標準，他們的情緒更會一落千丈，變得十分沮喪。

在這種情況下，孩子是不可能產生從錯誤中學習的意識的，反而會認為恰恰是錯誤證明了他們沒有這個能力，既然認定自身不具備能力，這些孩子就會不惜一切代價去迴避挑戰，迴避問題。

錯誤中蘊含的金礦。

這是一個有不同國籍孩子的幼兒園，此時正值家長來接孩子回家。孩子們正在沙坑裡玩沙，玩具有小鏟、瓶子和漏斗。透過觀察和比較，我們可以發現，不同國家的成人在指導孩子的方法上有很大的差異。

首先觀察一個美國孩子。他用小鏟子把沙裝進漏斗，但他發現漏斗總裝不滿，疑惑地拿起漏斗上上下下看了一會，似乎明白了其中奧妙，於是用手指堵住開口，使漏斗裝滿了沙子。接著，他試圖把漏斗裡的沙子倒進瓶子裡，可是發現從手指移開到對準瓶口，沙子已漏得差不多了。孩子開始加快手移開的速度，幾次之後，他突然意識到，把漏斗直接對準瓶口，沙子就會聽話地進入瓶中。他按照這種方法很快裝滿了一瓶沙子，一直在旁邊未動聲色的媽媽這時高興地拍手以示鼓勵。

再觀察一個亞洲孩子玩沙，他一開始也是忙著拿起漏斗向裡面裝沙子，也同樣發現了問題，所不同的是旁邊的母親一看沙子都漏光了，就立刻教孩子把漏斗直接對準瓶口，然後再灌沙子。結果孩子沒經歷任何挫折就學會了正確的方法，但也很快就爬出沙坑不玩了，因為玩沙的過程一被簡化就沒什麼意思了。

兩位母親對待孩子的方式，體現著兩種截然不同的教育思維。這位亞洲家長認為，親手教可以使孩子在最短時間內掌握一種技能。這位美國家長認為，孩子應當自己去思考和發現解決問題的方法，並依靠自己的力量解決遇到的各種問題。這位亞洲家長認為，技能學得越多、越快，孩子就越聰明；而這位美國家長認為，親身經歷越多、體驗越豐富，孩子就越聰明。

美國當代名師莎倫·德雷珀說：「犯錯是最好的學習方式。」而我們的教育是鼓勵孩子少犯錯，從不犯錯的就是好孩子。這可能導致孩子們害怕犯錯，害怕變通，漸漸失去從錯誤中學習的樂趣。

在英國教育家尼爾（A.S.Neill）的《夏山學校》（*Summerhill*）一書裡，也有類似的表述：「在家裡，孩子總是處在一種被動的地位。每個家庭中總會有一位成年人主動地去教湯姆怎樣玩電動火車。當嬰兒要看掛在牆上的東西時，總會有人將他抱起來。有沒有人覺得，當我們教湯姆怎樣去玩他的玩具時，我們同時也就剝奪了他發現的快樂和征服困難的快樂呢？而這恰好是人生中最重要的快樂。」

是到了要有所改變的時候了，應該告訴我們的孩子，還有「在錯誤中學習」這麼好的一種學習方式。

## ● 如何鼓勵孩子做事負責

「這取決於你。」

「如果你想要……」

「你自己可以做決定……」

「你的決定對我來說不錯，對你自己呢？」

帕蒂總是拖到最後一分鐘才做她的家庭作業，今天放學回家後她說：「今天我的作業好多，我打算晚飯前就做作業。」身為母親的妳該對這一決定做出怎樣的反應呢？

記得凱利和他的母親黛比嗎？凱利對媽媽讓他做的每一件事都要辯論幾句，身為母親的黛比也常常回覆性地與他吵兩句，結果呢？媽媽最終屈服了，凱利贏得了勝利，那麼黛比應該怎樣運用積極的反應去幫助凱利緩和一下不斷的辯駁呢？

儘管孩子自己有獨立做事的願望，父母也希望孩子更有獨立性，但孩子畢竟能力有限，很多事情不能完全獨立完成。那我們該如何鼓勵和幫助孩子呢？

★ **慢一點給幫助**：當孩子遇到困難時，不要立刻幫忙。有時孩子做什麼事做不好會哇哇大叫，可是過兩分鐘自己就做好了。

★ **點到為止**：不要幫孩子做好全部的事情。只給最必要的幫助。做一點，看看孩子能不能自己做下去，如果可以，就不再幫了。

★ **語言指導**：自己做家事的時候，或者和孩子一起做家事的時候，要用簡單清楚的語言告訴孩子正在做什麼，先做什麼，後做什麼。用心理學的話說，就是透過言語的指導，讓孩子對一件事情形成一個更清晰有序的心理表徵。

★ **一起做**：有的事情比較費力，孩子有時不肯做，比如不肯自己搬椅子。我們就對她說：「一起搬。」至於我們幫他搬的時候，用多少力氣，那就不好說了。

★ **適當稱讚**：小孩做事不會很完美，比如孩子收拾玩具，往往會把玩具叮叮咚咚地亂扔進玩具箱，只要她做到了，我們就誇他做得好。

★ **適當引導，但不強迫**：有時孩子來了脾氣，讓她做什麼事情都說不要，這時可以適當勸說，比如告訴她：「娃娃睏了，要睡覺了，還是讓娃娃回家吧！」然後把娃娃遞到她的手裡。多數情況，孩子會把娃娃放回原處。不過如果她實在不願意做，也不要批評她或者強迫她一定要做。

★ **轉移興趣，而不打擊**：有時做家事，小孩在旁邊確實搗亂，甚至不安全。給孩子一些相似的事情做，比如做飯時拿幾片菜葉給孩子，讓他在玩具爐灶上炒菜。但不要告訴孩子他在添亂。

★ **鼓勵參與**：當孩子對家事有了一些了解，看見我們做家事時往往喜歡發表自己的意見，比如看見東西掉在地上一定要求立刻撿起來。只要孩子的意見有合理性，家長最好能支持孩子的想法，並在條件許可的情況下，鼓勵孩子參與共同完成。

★ **避免消極暗示**：孩子自己完成的家事，往往效果很不理想。只要第一沒有健康或安全的問題，第二沒有長期的惡劣影響，家長就應盡量避免去重複做一遍孩子剛剛完成的事情。因為這種重複等於用行動告訴孩子他做得不好，從而打擊了孩子的信心。

身為父母，如何培養子女的責任感，家長培養孩子責任感的方法是什麼？

責任感是人們對自己的言行帶來的社會價值進行自我判斷。從中產生的情感體會，這種體會來自對自己行為後果的回饋，同時又激勵、督促自己去履行一定的義務，以實現一定的行為目標。責任感是孩子安身立命的基礎，當一個人具有了某些能力時，就要對相應的事物負責。不過，孩子做事，常常更多地重視行為過程本身，而不太重視行為結果，因此家長要培養孩子的責任感，必須讓孩子有對自己的行為結果負責的習慣。

孩子責任心的培養是一個長期而系統的工程，它不僅需要家長循序漸進地教育孩子，同時更需要家長和孩子一起成長，去深入研究孩子的心理特點，並適時調整教育方案。所有這些，都要求家長能夠持之以恆。而家長本身的持之以恆又發揮了示範作用給孩子看，促進孩子責任心的養成。

一、父母應為孩子做表率。

父母是孩子社會行為習得的楷模。宋代思想家張載曾說：「勿謂小兒無記性，所歷事皆不能忘。」父母在家庭生活中所表現的責任感強弱，是孩子最先獲得的責任感體會。父母對孩子的影響不僅是深刻的，而且是終身的。

對任何人來說，能做好的事而不去做，那是缺乏責任感；同樣，對於盡自己的全力做不到的事而硬要去負責，則是濫用責任感。家長要經常反省自己，隨時隨地對自己的言行負責。要是家長經常對人誇海口，不去履行自己的諾言，時間長了，孩子也會悄悄模仿，想怎麼說就怎麼說，對自

己說的話不承擔責任。因此，家長一定要加強自身的修養，要做一個有責任感的人，這也是為了有利於孩子的健康成長。

二、培養孩子的獨立性。

一個沒有獨立性的人是不會有良好的責任感的。身為家長，要相信孩子有能力做好他想做的事。平時，可以多給孩子一些處理事情的機會：如洗自己的餐具、襪子；自己洗漱；自己收拾玩具，適當讓孩子做一些家事，這可以讓孩子意識到他在家庭中的身分，使他在這個過程中形成自己對家庭的責任意識。隨著孩子年齡的增長，獨立生活、獨立思考、獨立做事的能力會逐漸增強，對獨立的要求也越來越強烈，他的責任意識也會隨著獨立性的增強而增強。

三、注意培養孩子的興趣、能力和自主精神。

培養孩子的責任感，家長要注意做到：一要和培養孩子做事的興趣結合；二要與孩子的能力發展統一；三要信任孩子、指導孩子、幫助孩子（不是代替），讓孩子在生活中感覺到自己是獨立的，是自主的。自主首先是承擔責任，隨著孩子自主性的增強，其責任感也會越來越強。

四、鼓勵孩子參與社交活動。

社會責任感的有無和大小，是一個人能否取得他人和社會承認的重要因素。安排孩子適當從事一些力所能及的社會工作，比如陪鄰居的小弟弟小妹妹玩遊戲、陪爺爺奶奶說說話等，一方面可以使孩子在幫助他人的同時，獲得他人及社會對他的肯定；另一方面也可以使孩子感受到自己所做工作的價值和意義，並從中得到樂趣，從而逐步建立起對社會的責任心。

一個人的責任感是在與人的交往中形成和得到鞏固的。同時，在交往中學習為所做的選擇承擔責任，這是每個人都必須經歷的過程。有責任感的父母所要做的，就是教給孩子積極參與社會生活的方法（接納社會，也被社會接納），只有這樣，孩子才能有所發展。

幼兒園是每個孩子成長的樂園，家長應讓他們在那裡自由自在地交往、學習，透過參加各種活動，豐富他們的生活；鍛鍊他們的身心；滿足他們認識社會、了解社會的願望。

幼兒園的活動一般都是教師精心安排的，家長應以讚許、鼓勵的態度鼓勵孩子積極參加，比如做值日生、主動為其他同學服務等。家長不能以「怕孩子吃虧」的狹隘思想來束縛孩子，只要孩子有能力去做，能夠承擔責任，就不要阻攔。家長可以傳授一些做事的方法、技巧，使孩子把事情做得更快、更好，讓孩子承擔責任的經驗更豐富、更愉快。

家長培養孩子責任感的一些方法：

1. 訂立責任合約，讓孩子明白該做些什麼，要怎樣做，否則將會受到哪些懲罰。

因為孩子做事，通常是憑興趣的，對他要求不明確，便不會堅持下去，因此，要讓孩子對某件事負責到底，必須清清楚楚告訴他做事的要求，並且與處罰連繫在一起。如讓孩子洗菜，要是沒做好，便不能吃所有的菜。這樣，孩子才知道，一個人的行為是要負責的。

2. 讓孩子對自己的責任心引以為榮。

有位 10 歲的小女孩，負責倒垃圾已經 5 年了。在她 5 歲時，突然對倒垃圾產生了興趣，一聽到垃圾車的聲音，就提著垃圾桶去倒。她的父母為了維持她參與家事的興趣，培養她倒垃圾的責任感，就對她倒垃圾的事予以表揚，說她能幹、勤快，還經常當著女孩的面在外人面前稱讚她，引起人們的讚譽。這樣，激發了孩子主動倒垃圾的自豪感，慢慢地形成了習慣，把這項家事看成一種責任。

3. 讓孩子學會提醒自己該做什麼，學會對自己的事情負責。

有個家庭要求家人洗完澡後把換出來的衣服自己放進洗衣機，可 8 歲的小剛卻經常忘記，媽媽讓他記下洗澡後該做什麼事，以便提醒自己。從

此以後，小剛再也不會忘了把髒衣服放進洗衣機，還為自己的進步感到自豪。可見，當要孩子記住做某事時，與其大人經常提醒或貼張備忘字條給他，還不如讓孩子自己記下要做的事情有效，那樣，孩子們會為記得提醒自己而沾沾自喜，慢慢地學會了對自己的行為負責。孩子只有學會了對自己的事情負責，才能逐步發展為對家庭、對他人、對集體、對社會負責。

4. 對孩子的某些行為造成的不良後果，要讓他自己設法補救。

如小孩損壞了別人的玩具，一定要讓孩子買還給人家，也許，對方會認為損壞的玩具沒多少錢，或認為小孩子損壞玩具是常有的事，或者其他某些原因而不好意思收下孩子的賠償。

但從培養孩子的責任感出發，還是要說服對方收下，這樣可以讓孩子知道，誰造成不良後果就該由誰負責，每個人的行為都是有責任的。

當然，父母在家中要為孩子樹立好的榜樣，「言必行，行必果」，這樣才能有威信。要求孩子負責任，才能讓孩子有模仿對象。

## ● 小結

> 對孩子來說，父親的責任較重。一個肯和他的兒子一起打球，聽聽音樂，整理庭院，談天散步的父親，會使兒子心理上得到很大的滿足，並且覺得驕傲。男孩需要一個他所崇敬的、堅強的人做他的榜樣，並且領導他走入那屬於男性的世界。而假如父親不理會他這種需求，他就只好自己到外面去找，而他所可能找到的恐怕只是流浪或是傷害。
>
> —— 羅蘭

父母積極的反應可以鼓勵孩子們做出很好的決定。帕蒂開始做作業了，她做了一個很成熟的選擇，這是一個父母很容易忽略的細節。如果你認為：「她也的確該長大點了。」那就犯了個錯，你要在乎帕蒂的努

力：「帕蒂，我很高興看到妳做作業，這樣當妳做完的時候，妳會感到心情暢快，還可以整個晚上自由自在地玩，我也很欣賞妳做了這麼聰明的決定！」

運用積極的反應可以減少孩子的犯錯機率。若是像凱利那樣的孩子，在父母讓他做事的時候不去辯駁什麼，黛比就應該表現出一種合作的姿態。「凱利，謝謝你幫我疊毯子，我很感激你的幫助，也很欣賞你沒有辯駁什麼。」黛比在此重在強調了凱利的良好行為，這會鼓勵孩子在將來繼續主動地與父母合作。

孩子相信父母的話，他也努力地按父母所希望的樣子在行動，如果你能注重積極的特質，那麼你將取得越來越好的效果，運用表揚和鼓勵的方法教你的孩子去珍惜自己。

我曾經看到一個孩子垂頭喪氣地貼過一張字條，上面寫著：「我做得一團糟時沒有人能原諒我，大家都挑三揀四的；可當我做得好時，卻從沒有人看見！」積極的反應甚為容易，但是為人父母的我們卻常常忘記，將積極的態度贈給你的孩子吧！你的孩子將會做出良好的決定，並展現他們優秀的風采！

# 第六章
# 給孩子的「霜淇淋」獎勵

你希望你的孩子成為怎樣一種人，你就得在自己的言行中爭當那種人。

—— 西格莉夫人

聰明的父母總是能將一些特殊的活動與良好的行為連繫在一起。大約十年前，我與高中的一些朋友共渡了一段時光，他們有三個不同年齡的孩子，一天晚上，我們一起加入孩子們的「團隊」出外吃霜淇淋，深夜時分，等到孩子們都上床睡了，我們開始討論為人父母之道，當阿爾伯特徵求我的看法時，我說：「永遠別忘了和孩子一起去吃霜淇淋。」

我解釋說我們能與孩子們坐在一起吃霜淇淋，是一次很好的溝通機會，成功的父母總是能將一些特別的小事情與良好的行為連繫在一起。「你今天表現得太好了，媽媽和我要帶你出去吃霜淇淋。」你甚至可以再特別些：「今天你表現得特別出色嗎？讓你媽媽與我都感覺自豪？要知道當我們感覺良好時，我們喜歡為你做些特別的事情，孩子！」

我並不是建議任何孩子們表現良好的時候，都要往他們的嘴裡塞滿甜食，事實上，我認為父母應該在獎勵孩子時盡量避免過度的開銷。

有許多辦法可以讓你與你的孩子度過美好的一天，比如一起出去吃頓晚飯，看場電影，甚至騎一下午的車，要是孩子今天得表現不好呢？那就別想出去吃霜淇淋啦！

別忽略了特別活動的作用，我總是發現，那些能管好孩子們的老師，都特別善用各種各樣的活動。老師們這樣說：

「丹尼，今天上午的數學課你學得很努力，幫我把這些本子拿到辦公

室去。」，「吉拉，你在閱讀上幫了傑森的大忙，來幫我發發這些卷子吧！」有次一位老師說：「波斯，這個下午你做得都很開心，我獎勵你站在最後一排，在我們上完藝術課時關掉這裡的燈。」這位聰明的教師利用了「最後一排」居然還給了孩子一種獎勵。

## ● 如何活用激勵法

遊戲激勵法是孩子們都期望的，玩手遊啦、與朋友出外遊玩啦……運用遊戲激勵法應這樣：「先做功課，然後再玩。」，「玩手遊前，先把房間打掃乾淨」，「看電視前將功課做完！」記住，在這個過程中，別被孩子諸如：「好媽媽，看完電影我就努力用功。」這樣的承諾輕易地「打動」。

在孩子贏得一次活動機會的時候，也別忘了表揚他們：「我希望你對贏得的這次額外看電視的機會感覺不錯！」重在強調你對他的表現滿意，而不是因為他贏得了看電視的時間，同時你也要盡量參與孩子的活動，注重孩子的各種活動；比如看孩子打一場比賽是很有趣的，要是爭取讓孩子與父母比賽更有趣。

有許多活動可以作為獎勵孩子的辦法；比如晚睡覺、在朋友家過夜。幾年前，安東尼全家出去看電影以慶祝父親節，孩子安東尼問父親：「什麼時候是哥哥節呀？世界上有母親節和父親節，為什麼沒有哥哥節呢？」結果呢？他們家裡現在就有了一年一度讓人吃驚的「哥哥節和妹妹節」，他們的父母為每個孩子做了一點特別的努力。

在將獎勵與良好的行為連繫在一起時要小心，別把每一件小小的活動都擺在孩子的鼻子底下，那會誤導他，孩子會理解成：只要表現好些，就一定有獎勵。而不理解父母是在透過獎勵的方式，促進他去不斷地完善自己。他將只滿足於那些獎勵，日久天長就會逐漸養成一種工作就要回報的

態度。你必須順其自然地將一些有趣的活動與孩子的行為連繫在一起，你也不能讓他認為每一次他表現良好，就會跟隨一次獎勵，孩子需要知道良好的行為很重要，因為那是對的。

家長經常表揚孩子，如針對孩子的良好行為說：「你真厲害！」、「你真棒！」可以使孩子增加自信心，促進良好行為和習慣的形成。但是常常會有家長說，我表揚和獎勵了孩子，可是孩子還是沒有進步，反倒讓我別表揚。這是怎麼回事呢？家長如何運用獎勵呢？

按照強化理論，在孩子的正確反應或良好行為之後及時提供獎勵，會增強孩子此類反應或行為在以後發生的機率。那麼家長在實施獎勵的過程中應注意哪些問題呢？

★ 首先，要確立正確的獎勵標準。也就是說以什麼作為獎勵孩子的標準？就孩子的學習成績而言，是以孩子的考試分數的高低來獎勵，還是以孩子的努力和進步來獎勵呢？考試分數的高低固然反映著孩子的學習效果，但是每次考試的平均數可能都不一樣，也許這次考試的平均分高一些，下次考試平均分低一些。而且分數相差一兩分也不能很好地說明問題。獎勵孩子的努力和進步才是更公平的、更合理的標準。

實施這種獎勵，需要家長將孩子的當前表現與其過去的表現相比較，進而確定其努力或進步的程度。

★ 獎勵要針對孩子的行為，而不是指向孩子的人品。獎勵時只是針對孩子某一行為的良好效應，即就事論事。所謂對事不對人。

★ 根據強化理論，獎勵最好在良好行為之後及時進行，而不是事先許諾，從而增強兒童良好行為發生的自覺性。當孩子表現出了好的或者家長所期待的行為，要馬上表揚，及時的表揚才能更有效，對越小的孩子越應如此。

★ 表揚要具體，表揚得越具體，孩子越容易明白哪些是好的行為，越容易找準努力的方向。不能盲目地指向一般反應。例如：孩子做完作業後，把書桌收拾乾淨、擺放整齊；家長不妨這樣說：「你自己把書收拾得這麼整齊，我真為你高興。」表揚越具體明確，孩子就越容易理解，並且重複這一行為。

★ 獎勵要注意指導孩子注重自己的學習行為，而不是注重與他人比較，注重解決問題而不是注重競爭。

★ 要注意獎勵的方式。運用獎勵重要的不是獎勵的數量，而是獎勵的方式。當孩子取得進步時，父母要表示真誠的祝賀。有時不一定非用語言不可，有時父母的一個會心微笑，一個喜悅的眼神就夠了。對年齡很小的孩子，在口頭表揚時能同時給他一個吻，一次擁抱或者其他的身體接觸，效果將更好。而大一點的孩子，表揚的方式可以含蓄一些，可心領神會地向他們眨眼睛，或者豎起大拇指表示自己已經注意到他做的不錯。

因此，家長不斷地嘗試，留意哪一種表揚的方式對自己的孩子更好，這樣才能獲得最佳的獎勵效果。

獎勵的方法眾多，最基本的可以分為兩大類：物質獎勵和精神獎勵。對於孩子的教育，應以精神獎勵為主。但也要有適當的物質獎勵。

一般來說，三歲前的孩子，經驗很少，他們對某些精神獎勵方式缺乏了解和體會。因而更看重他們所熟悉的某些物質獎勵手段。比如，好吃的糖果、點心，漂亮的玩具等。為了表彰他們的良好行為和品格，並鼓勵他們堅持下去，可以適當多用這些類物質獎勵的手段。不過，這並不是說他們不能接受精神獎勵的方式。某些精神獎勵手段，只要是兒童能了解和體會的，他們完全可以接受。

隨著孩子年齡的增長，要逐步增加精神獎勵的成分，並最終過渡到以精神獎勵為主要獎勵手段，例如，從三歲左右開始，對於孩子的良好表現，不一定要給予物質獎勵，可以採用如下手段：答應講一個有趣的故事給他聽；帶他到戶外或公園去玩。和他一起玩遊戲或下棋等等。孩子入學後，對於其良好的品德表現和優異的學習成績，可以獎勵他一些有趣味的書，或者其他能將他的興趣引向智力和動力的物品。這樣就可以體現以精神獎勵為主，並把精神獎勵和物質獎勵結合起來的原則。切忌用純粹的吃喝或金錢獎勵孩子。

　　有的家長答應孩子，小考得一百分，給一百塊。大考得一百分，給五百塊，用金錢作為孩子學習的動力，是極壞的手段。有的家長無原則的許願，只要孩子功課好，就給他買這個、買那個；請他吃這個、吃那個。這往往促成孩子不正確的學習動機，帶來不良後果。同時，獎勵要及時，但不宜過於頻繁或雷同。

　　獎勵常常比懲罰更有效。

　　小約翰・洛克斐勒，全世界第一個擁有 10 億美元財產的大富翁。洛克斐勒共有 5 個兒女，家庭財力遠非普通人家可比，可是他對兒女的日常零用錢卻十分「吝嗇」，規定兒女們的零用錢因年齡而異：7、8 歲時每週3 角，11、12 歲時每週 1 美元，12 歲以上者每週 2 美元，每星期發放一次。

　　他還給每個孩子發一個小帳本，要他們記清每筆支出的用途，領錢時交他審查。錢帳清楚、用途正當的，下週還可遞增 5 美分，反之則遞減。同時，孩子們做家事還可得到報酬，補貼各自的零用錢。例如，捉到 100隻蒼蠅能得 1 角，逮住一隻老鼠得 5 美分，背菜、砍柴、拔草又能得到若干獎勵。

　　後來當副總統的二兒子納爾遜和興辦新工業的三兒子勞倫斯，還主動要求合夥承包為全家人擦鞋，皮鞋每雙 5 美分，長筒靴 1 角。當他們 11、

12 歲的時候還合夥養兔子賣給醫學研究所。

　　兒女們外出上大學後，洛克斐勒規定他們的零用錢與一般人家的孩子不相上下，如有額外用途必須另行申請。喜歡吃喝玩樂、交女朋友的四兒子溫斯格普有一次欠了錢還不了，因為父親堅決不予理睬，只得向大姐暫借救急。後任大通國民銀行總裁的小兒子大衛，讀大學時也一樣恪守家規。有一次放假回紐約，同行的一位同學看到他在記帳：這罐飲料多少錢，那道菜多少錢，都感到十分驚奇。

　　洛克斐勒由於宗教信仰自己不抽菸，也不贊同兒女們抽菸。並規定 20歲以前不抽菸的兒女可得到 2,500 美元的獎金。當他發現大女兒巴博抽菸後，勸她戒掉未成，就毫不客氣地取消了這筆獎金。

　　這個伴隨有明確獎勵措施的家規，傳授給了孩子金錢的意義，以及怎樣明智地花錢。同時，在金錢的激勵下，孩子學會了節制和控制自己的欲望 —— 為了一個目標而自律。更為重要的是，孩子們從中得到教誨：要為有價值的事情而奮鬥。

　　朋友，你的家庭是否也有一些明確的家規，獎勵並強化那些良好的行為呢？

　　「強化定律」的基本意思是：一個產生了良好效應的行為，將會重複出現。換句話說，如果一個人喜歡自己行為所產生的結果，他就會傾向於重複這個行為。相反，如果某個行為產生了這個人不喜歡的後果，他就會傾向於減少或終止這個行為。比如：莎莉某天穿了一件與眾不同的新裙子。要是新裙子引起同伴們的嘲笑，那她以後就會傾向於不穿這條裙子。可以說，獎勵是正向強化，而懲罰是負向強化。在家庭教育中，我們說家長要獎勵和懲罰並用，但聰明的家長如果能夠善用獎勵，其效果可能要比懲罰好得多。

　　絕大多數父母都希望孩子能有更高的責任心，但是，要達到這個目標

並不容易。一位母親如何能讓自己的孩子自覺地每天刷牙，或者主動收拾自己的衣服，或者講究用餐禮節呢？如何教會他更加負責地花錢？如何解決孩子不斷遲到的問題？為了讓孩子改掉那些令人討厭的習慣，比如無所事事、馬馬虎虎或者是明顯的懶惰，父母能做些什麼呢？

年幼的孩子自制力差，他們會因此犯這樣那樣的錯誤，這時，父母去懲罰他們恐怕不是明智之舉。想要孩子自己收拾玩具，可孩子通常不會主動去收拾玩具，父母就要求他去做，可是他可能覺得這並不重要。

如果說父母因此而懲罰他，很可能會引起孩子的反感，即使他去做了父母要求做的事情，也是非常不情願的。若是親子互動形成了這樣的模式，等孩子年紀大一點，孩子會對父母的要求置之不理。另外，年紀小的孩子自我評價還沒發展好，他們的自我評價是完全建立在他人對他們的評價上。假使經常接受父母的負面評價，對他們的自尊心是一種創傷，很難想像這樣的孩子長大後會是個自信的人。所以家長要慎重對待自己對孩子的評價。

盡量少地批評和盡量多地表揚會讓孩子受益無窮。家長完全可以採用積極正面的方法，運用「強化定律」的正向強化，也就是「獎勵」手段，鼓勵孩子重視並發展正確良好的行為。洛克斐勒的家規正是體現了這樣的想法。

獎勵的力量超乎我們的想像。我們都知道，馬戲團的動物就是被強化訓練出來的。現在，人們透過巧妙運用獎勵的方法，甚至教會動物去完成實際上應該由人類完成的高級技藝。在美國，有一隻鴿子學會了如何檢查流水線上移動的半導體零件。牠能仔細檢查每一個經過眼前的零件，並從傳送帶上叼銜出有缺損的零件，為此這隻鴿子能夠得到一小把麥子作為獎賞。這些成本低廉的麥子，就能保證這隻勤勞的鴿子整天端坐作業間，全神貫注地工作。

獎勵無所不在。其實，我們整個社會都是建立在某種獎勵強化的體系上。身為成年人，我們每天工作，在週末或者月底，獲得薪水報酬；勳章頒給勇敢的士兵；紀念獎盃給成功的人士。回報使負責任的努力變得值得，這就是成人世界運轉的方式。

不幸的是，我們的很多父母本能地不願使用獎勵的方法，可能他們把獎勵看成了「溺愛」或者「賄賂」什麼的。這跟我們的文化有很大的連繫。東方人號稱情感含蓄，稱讚是不肯輕易說出口的，怕表揚了會讓孩子驕傲。結果造成最成功的教育手段之一，因為一種觀念上的誤解而被大大忽視了。

想像一下，某一天，當爸爸下班回家，孩子幫爸爸拿拖鞋過來。爸爸高興地說：「哇！今天寶寶這麼乖呀！幫爸爸拿好拖鞋，謝謝！」爸爸於是親了親他。第二天，當爸爸回家時，孩子又幫他把拖鞋拿過來了。寶寶偶爾拿拖鞋的行為，因為爸爸的稱讚而被強化。在日常生活中，父母最好不要吝嗇自己的稱讚和獎勵。當孩子自動做了某件事情，比如洗盤子、倒垃圾，請給他們恰當的稱讚，給他們精神上的鼓勵，這些鼓勵對鞏固孩子良好的行為非常有效。獎勵就是那麼神奇，遠比懲罰和威脅更為有效。

當然，隨心所欲的獎勵不會令你達到目的，很有可能會引起反作用。要讓獎勵式的強化方法取得全部效果，必須遵守若干具體的原則。

總之，家長要正確運用獎勵，才能使獎勵有效果！

## ● 如何運用實質性的激勵法

實質性的激勵法也是孩子們都期望的，例如好吃的、玩具、錢等等。做父母的在運用這些獎勵的同時，也需帶著幾分感激與鼓勵。「蘇，這是你的獎金，這個星期你的家事做得不錯，這是給你的獎勵。」

天下哪有不愛孩子的父母？世間哪有不盼孩子有出息的爸媽？這份濃得化不開的愛心，這份對孩子翹首以待的企盼，造成有些家長常常恨鐵

不成鋼，一旦孩子作業有錯，特別是當孩子考試成績較差時，有些父母就用一些尖酸刻薄的語言來挖苦、譏諷孩子：「你真笨，笨到家了！」、「你真不是一塊讀書的料，長大只能收破爛！」、「看你這呆頭呆腦的樣子，真是氣死人了！」等等。小小的孩子，那點可憐的自信心，哪能經得起這般的摧殘？

實際上，自信心如同孩子發展的原動力，具有堅定自信心的孩子，一般來說他們的智力會得到充分地發展，孩子一旦對自己失去信心，各方面的發展都會受到影響。所以，做父母的哪怕是隻言片語，哪怕是一個眼神，也應仔細斟酌，絕不說挫傷孩子自信心的話，絕不在孩子遇到挫折時還給他臉色看，要精心呵護孩子的自信心。

愛因斯坦童年的故事，更可說明呵護孩子的自信心是多麼重要。愛因斯坦這位 20 世紀的科學巨人，幼年時他的智力並不出眾，3 歲時還不會說話，6 歲上學時被認為是「差勁的笨瓜」，老師給他的評語竟是：「智力遲鈍，話也說不清楚，成不了材。」愛因斯坦的爸爸媽媽卻不這樣看待孩子，他們相信孩子，也努力去呵護孩子的自信心，他們常常高高興興地帶兒子去郊遊，以開拓他的視野，培養他的探索精神，他們常給孩子一些獨特的玩具，想方設法去發現孩子身上常人「看不出的東西」。

一次，父親給了他一個羅盤，誰也沒有想到，他竟對羅盤提出了二三十個問題，父母肯定了他的探索精神，同時也強化了他的自信心。就這樣，愛因斯坦頭腦中的潛力得到了充分地發揮。假如愛因斯坦遇到的父母，也是天天說他「笨瓜」、「遲鈍」，即使是愛因斯坦這樣偉大的天才，自信心恐怕也會喪失殆盡，從而將天才扼殺於搖籃之中吧！

水不激不躍，人不激不奮。家長可根據孩子們都有爭強好勝的心理特點，採取激勵法教育孩子，大體有以下幾種：

★ **目標激勵法**：鼓勵孩子樹立遠大理想，做到人小志氣大，鼓勵孩子朝著既定的目標循序漸進。

★ **榜樣激勵法**：一是家長要經常講一些古今中外科學家如何鍥而不捨、刻苦耐勞的故事，給孩子樹立學習的榜樣，幫助他們正確了解難與易、努力與不努力、成功與失敗的辯證關係。二是家長要用自己的良好行為來影響、感染和帶動孩子，如在公共場所要有公德心，在家庭要講倫理道德，在工作上要有職業道德，使孩子直接受到教育，不要老是沉浸在打麻將、看電視、喝酒等吃喝玩樂之中，給孩子帶來不良影響。

★ **嘉獎激勵法**：當孩子思想、學習有進步，被評為「好學生」或「優秀班級幹部」，受到學校表彰，有時為鄰居或同學做了好事，受到同學們的誇獎，家長除了要在口頭上給予表揚和鼓勵以外，還應將孩子的證書懸掛或存放，以示光榮和珍惜，促使孩子保持旺盛的上進心。

不過，當孩子犯錯時，家長要及時指出，切忌全盤否定，家長應本著要愛不要恨，要教不要訓的態度，幫助孩子分析為什麼犯了錯，如何改正，今後如何避免，不再重犯。

傳統的家庭教育大多侷限於嚴格管束孩子，細微照看孩子。在這種觀念支持下，家長成天只知道叫孩子如何乖乖聽話，如何只能這樣不能那樣。這種家庭教育方式在過去的時代尚能有些效果，在現今就實在不合時宜了。遺憾的是，目前仍有許多家長甚至學校教師還在沿用那套舊的教育方式，實際結果十有八九事倍功半；而若強化那種嚴格管束的家教方式，往往事與願違，產生出許多負面後果。這種現象從教育心理學觀點來看，是沒有適合孩子的心理需求，實施正確的家庭教育。

所謂心理需求，是行為主體自身，按其思想、意願、情緒的正常需要而產生的內在需求。不同年齡層的人有不同的心理需求，青少年的心理需

求，是和其特定的年齡心理特點相關的精神、文化、情趣的需求，以及由此而決定的物質需求和生活行為需求。

家長對處於急劇發育成長變化的學齡青少年，其心理特點需客觀準確地掌握，是現代家長對子女實施正確有效的家庭教育的基礎和出發點。

教育是一個雙向理解、貫通和配合的過程。教育者要按照一定的目標教育孩子，使孩子接受教育內容，達到教育要求，實現教育目標，達到預期效果，其基本要求就是如何營造家長和孩子之間和諧融通的環境。家庭教育是孩子受教育的起點和關鍵階段，更需要家長和孩子在和諧融洽的環境中相處。要做到家長跟孩子心靈相通、協調相融，家長必須主動適應孩子的心理特點，用恰到好處、合理適度的方法，使自己跟孩子之間保持知情意行的協調統一。

這裡所說的適應孩子的心理需求，有兩點必須明確：第一，是按照學齡兒童特定的心理、生理特點需求，而正常產生的青少年共同的心理需求；第二，是針對自己子女的個人愛好特點的特殊心理需求。只有把共通性的心理需求和差異性的心理需求，這兩方面有機地結合，找到科學定位，才能真正實施我們所說的適應孩子心理需求的家庭教育，也才能產生高效的家庭教育。

適應並適合孩子的心理需求進行家庭教育，要求家長對孩子既不是嚴格管束，無微不至，也不是任意放縱，撒手不管。這應作為現代最值得推崇的教育理念，最應該探索的教育模式，以開闢家庭教育的新天地。處於生理、心理急速發育階段的學齡青少年，天性活潑、好動、愛玩，不甘靜寂。

孩子一方面求知欲非常強烈，另一方面對新鮮的外在世界異常衝動。家長要適應孩子這一心理特點，就要懂得，孩子不光要學習，還要玩耍。孩子需要在一種輕鬆、愉快和舒暢的情境中學習，且伴有各種豐富多彩的有趣活動。

　　家長不能讓孩子成天或長時間地耐著性子坐在課桌前一味地看書學習，要充分照顧孩子玩樂的心理需求，積極主動地關心並安排孩子的玩樂時間，以及由孩子自主安排活動的時間。如果家長不了解或不適應孩子這一心理需求，總是要求孩子勤奮刻苦地學習，就勢必引發孩子的厭學情緒，甚至是反抗心理。

　　一般說來，家長更多的是基於對孩子未來成長發展的需求，要求孩子以學習為主，打下扎實基礎。殊不知要使孩子達到這一要求，家長無論如何必須處理好孩子學習與玩樂的關係。家長跟孩子形成雙向融和互動的關係和機制，教育就會產生意想不到的效果。由於創設了寬鬆適度的家庭環境，孩子在學習之餘獲得了足夠的時間活動，充分地玩耍娛樂，因此，孩子的身心自然得到充分的放鬆，也保證孩子有充沛的精力、飽滿的情緒、穩定的心理、愉悅的心情；同時，孩子透過自由自主地活動，開闊了視野，擴大了知識，活躍了思維，陶冶了情趣。

　　孩子對新事物、新知識反應敏銳，接受迅速，家長要因勢利導，給予積極關注和熱心支援。青少年處在這一特定年齡階段，初涉人世，對豐富多彩的外部世界的一切感受特別新鮮和敏銳，想適應孩子這一心理特點，家長要用心觀察，時常關注，因勢利導地培養孩子的興趣和健康高尚的審美能力，支援和鼓勵孩子了解新事物，學習新知識，獲得新技能。

　　例如，閒暇時間帶孩子去圖書館、逛書店。切忌根據家長的眼光來安排孩子的閱讀，代替孩子購買圖書。只有在健康、科學、有趣好看的大前提下，讓孩子自主選讀和選購，孩子才會自由自主地鑽進去讀、去學、去想。這樣提供給孩子的精神食糧，才能進入如飢似渴的胃腸中得以消化吸收，獲得豐富多樣的營養。青少年對各種競賽活動顯得格外興奮和饒有興趣，家長要滿足孩子的這一心理需求，盡量安排孩子觀看。

　　有條件時，要讓孩子參加，有些要設法創造條件讓孩子參加。這是有

利於孩子累積素養、全面發展的非常好的途徑。例如在孩子少兒階段，就讓孩子觀看和參加小朋友遊戲競賽活動，稍大些就讓他觀看和參加青少年競賽之類的電視節目，小學高年級至國、高中，就讓孩子參加各種徵文活動及社會實踐活動。

而當孩子在這些活動中取得好的名次和好的成績時，家長不要漠然視之，要滿腔熱情地給以鼓勵、鞭策和獎賞；而若孩子參加某項競賽成績不佳甚至名落孫山，家長切忌對他流露遺憾、冷漠的情緒或是責罵，而要充分肯定他積極參與的精神和他付出的努力，在此基礎上幫助孩子分析受挫失敗的原因。

孩子的自尊心和自信心得到保護，才能激發他不懈追求、奮發進取的精神動力。孩子普遍對電腦有著濃厚的興趣，怎樣關照青少年這一心理需求，是現代家庭教育需要解決好的重要問題。電腦發展到今天的網路，早已不侷限在專業領域。掌握電腦技能進入網路世界，應成為現代人參與社會生活所必需的一種文化技能、操作工具和生活方式。電腦連通網路作為一種多媒體、多功能的資訊工具，青少年對它比成年人更是情有獨鍾。

家長必須充分理解這一特點，盡量滿足孩子對電腦愛好的需求，使電腦網路生活成為孩子不可或缺的學習生活的一部分。讓孩子趁早接受電腦及網路學習和訓練，儘快掌握其操作技能。特別要提出的是，現在網路發展很快，由此伴生著一場「學習革命」，青少年尤其喜歡上網，這是他們對這場「學習革命」特別敏銳的前衛反應。

可是許多家長和老師對此並非抱一種辯證的態度。因為擔心孩子沉迷上網而耽誤學習，或擔心孩子接受網路垃圾而後果叵測，因而大都採取抑制的做法。合適的做法是，在滿足孩子每週上網需求的前提下，引導孩子把電腦作為謀求未來發展的資訊工具來學習。

適應青少年的心理需求實施家庭教育的一個關鍵環節，是要求對於孩

子的日常表現要多以鼓勵、表揚和獎賞為主。青少年處於心理發展階段，身心稚嫩，感情脆弱，自尊心、好勝心強，而接受批評打擊的心理承受能力很弱。這一心理特點決定了他們的學習、行為和活動很注意別人對他的評價和反應，且更多的喜歡表揚、好話及鼓勵，而不願意別人對他過多批評、指責。

因此，家長平時對孩子的學習和行為，要多看其成績、優點和長處，側重表揚、激勵和獎賞；對他的問題、缺點、短處，則盡量做到在表揚獎賞他的同時，從照顧孩子的自尊，有利於發展孩子的自信心出發，適當地指導和提醒，和藹地開導，耐心地幫助，促其自我了解，以期完善。

總之，家長在對孩子的表揚和批評之間要主次有分，合理適度。這是實施有效家庭教育的關鍵環節。例如，孩子每每有了進步，取得了好的成績，就要不失時機地用適當的方式，對他充分地肯定和表揚，乃至必要的金錢物質獎勵。

更重要的是，要幫助孩子總結分析取得成績的經驗和原因，以利於孩子保持和發揚獲得成功的內在潛能。在這個過程中，孩子感到自己取得良好的成績，能夠得到家長的充分肯定和獎賞而受到極大激勵，從而增強進取心和自信心。

家庭中經常地持續這樣並形成家庭教育激勵機制，就能夠在孩子的情懷中樹立一種穩定的信念：只要我在某個方面有積極進取和良好成績，就能夠得到家長的獎賞，我的正當要求更能順利地從家長那裡得到滿足。那麼，孩子就會越來越朝著好的方面去自覺發奮。孩子視學習就不再是沉重的負擔，而是快樂的生活。

人的共同心理都是喜歡褒獎，青少年更是這樣。為了促使孩子全面發展，多樣進取，家庭獎項設立應多樣化。例如：學習獎、綜合獎、專項獎。專項獎，可以對孩子在某個方面有積極進取和良好表現給予獎賞，可

以對某個獨特高雅的行為心智給予獎賞，甚至對孩子能持之以恆地保持正確的讀寫姿勢，經定期檢查保持了良好視力設立視力獎。還有要注意平時家長對孩子諸多生活方面需求的滿足，可給可不給的，最好都在獎勵中設定。

這樣的激勵機制，比那些威嚴脅迫、強制服從的管束方式，苦口婆心、絮絮叨叨的勸誡方式，時常守護、無微不至的監控方式，教育效果要強千萬倍。適合孩子心理需求的家庭教育是多方面的，上述僅僅從感性經驗和實際操作出發，略舉若干具體論列。

而各個家庭及其孩子情況又是千差萬別，教育的方式方法也必然豐富多彩。總之，我們要不斷探討怎樣的家庭教育才能對孩子的健康成長有積極的影響，取得更好的效果。

因為，沒有教不好的孩子，只有不懂教的父母！

我們在這裡隨附一張激勵單，這是三千位父母在近五年的實行中總結出來的。你可以從這個單子中獲得一些啟示，然後盡量根據實際情況列出自己激勵孩子的單子，我們將在下一章裡用表格與合約的方式來討論它們。

## ● 如何激勵十二歲以下的孩子

如何激勵十二歲以下的孩子：

★ 擁抱與親吻／表揚與鼓勵

★ 在別人面前表揚你的孩子

★ 使用電腦

★ 與父母中的一人在一起

★ 與父母共度特別的一天

★ 與父母共同收拾房間

★ 表現出吃驚

★ 撫摸後背

★ 在給孩子的午餐裡下功夫

★ 寄個小郵件給孩子

★ 讓孩子在學校與大家一同吃午飯

★ 讀讀故事書

★ 貼板貼

★ 做個科技小玩具

★ 做模型、小製作

★ 做園藝

★ 玩遊戲／猜迷語／填字遊戲

★ 變魔術

★ 畫畫

★ 使用電腦

★ 在戶外運動／玩捉迷藏

★ 各種體育運動

★ 獎勵一張戲水卡

★ 出去散步／或家庭騎自行車郊遊

★ 戶外駕車

★ 一次神奇的騎車旅行

★ 一套新衣服

★ 看電視

★ 玩電子遊戲

★ 玻璃球（彈子）罐

★ 做爆米花

★ 週末可以睡晚覺

★ 可以在朋友那裡過週末

★ 可以邀請朋友來家中做客

★ 開個晚會

★ 做個毯子帳篷

★ 在後院過一次夏令營

★ 唱歌／演奏樂器

★ 特殊的旅行

★ 去親戚家拜訪

★ 放風箏

★ 游泳，釣魚，玩保齡球

★ 打籃球

★ 看場電影

★ 去動物園、公園、展覽館及圖書館

★ 出門吃飯

★ 讓孩子自己選擇餐館

★ 叫份比薩

★ 泡沫浴／在浴巾裡放個玩具

★ 梳理頭髮

★ 幫助準備一頓飯

★ 幫助清理房間

★ 幫助爸爸、媽媽做些力所能及的事情。

★ 優待／霜淇淋

★ 在獎勵表上多填顆星

★ 獎品／獎金／開個帳戶

★ 「神祕」獎勵盒

## ● 如何激勵十二歲以上的孩子

如何激勵十二歲以上的孩子（部分可以從上面的單子裡選擇）：

★ 表揚

★ 與朋友們一起活動／去購物廣場

★ 玩電腦 / 開個儲蓄帳戶

★ 買套新衣服

★ 化妝品／上髮廊做造型

★ 吃速食

★ 獎金／帶獎金的工作

★ 設立一個星期的目標

★ 完成一個小項目／給孩子的愛好提供支援

★ 允許與朋友一起吃午飯／晚飯

★ 為家裡選擇一項活動

★ 單獨時間／允許孩子單獨做事／選擇時間

★ 睡晚覺

★ 音樂／身歷聲欣賞

★ 買學習資料

★ 贈孩子寵物

★ 與學校、朋友、俱樂部特殊的旅行

★ 跳舞／晚會／晚間活動／約會

★ 電話時間

## ● 小結

如果我們不能給孩子以一種良好的榜樣，那麼孩子就有了很充足的
可以讓我們失望的藉口了。

—— 席慕容

將特殊的活動與良好的行為連繫在一起，這將教你的孩子懂得：良好
的行為是值得的，在你運用一項有意義的活動或實質性的獎勵時，記住要
隨附帶上你的感激與鼓勵，注重表揚孩子的良好行為而不是特別的獎賞。

許多父母都有一樣的苦惱。當孩子一天天長大，父母與子女之間卻越
來越難以溝通。做父母的往往並不知道問題出在哪裡。由於親子關係中起
決定作用的是父母，所以，改善親子關係應先從父母做起。可試用以下幾
種方法：

民主激勵法 —— 親子出現問題的一個重要原因，是父母用消極的方
式對待子女，如強迫、指責等。父母總認為孩子是自己的，而強迫孩子服
從自己，在做出決定之前不與孩子商量。這很容易傷害孩子的自尊心。若
經常傷害孩子的自尊心，親子之間就很容易造成隔閡和對立，甚至形成難
以消除的敵對狀態。孩子因此會出現兩種極端的反應：一是膽小怕事，孤
獨自卑，二是叛逆對抗，甚至逃避父母和家庭。

為了形成良好的親子關係，使用民主激勵的方法是很重要的，即可在
親子關係中加入朋友關係的成分。在一些重大的問題上，父母是決策者，
但是父母應該給孩子發言的機會，聽取孩子的意見，將此形成一種習慣。

在親子對話中應該允許孩子提出自己的反面意見。反面意見往往是孩子的創造。這也是訓練孩子自信個性的一個很好的方法。透過這樣的方式，孩子一方面將自己視為家庭的一個成員，從而形成對家庭的責任感，提高父母在孩子面前的威信，容易形成和諧的親子關係。

獲得自尊和讚揚是人的一種需求。這種需求的滿足會使人們形成積極向上的情緒，會使人們充分發揮自己的潛能。我們要發現孩子的優點，然後發自內心地讚揚優點。鼓勵孩子說：「你可以做得很好，我相信你。」嘗試著不要批評孩子。只要父母耐心去做，他們會發現孩子有很多可愛之處，孩子會很樂意和父母在一起，父母就會發現，原本對立的親子關係逐漸被健康融洽的親子關係所取代。

親子溝通法 —— 人們的心理距離遠近與人們之間的溝通有很大關係。人們之間的密切程度是由溝通的多少來決定的。戀愛的基礎是溝通，因此我們稱之為「談戀愛」。陌生人之所以沒有密切的關係，原因是沒有溝通的機會。因此，要形成密切的關係，就必須溝通，必須用較多的時間去溝通。

角色互換法 —— 由於親子角色的固定性和界限分明的特徵，站在各自立場上去看問題，容易造成親子的意見分歧，甚至出現親子衝突。角色互換的基本觀點是：站在對方的立場上去分析看待某一問題。目的是理解對方的行為，從而達到心理相融。

角色互換的第一步是確定主題。當問題出現或要解決問題時，首先確定問題是什麼，如孩子為什麼不喜歡和父母一起逛街、散步，為什麼不肯做家事。父母從孩子的角度去分析、感受孩子的心理狀態，孩子從父母的角度去感受父母的心理狀態。重點是父母對孩子心理狀態的感受，因為孩子很難站在父母的角度思考問題。例如，有人要體會孩子不喜歡逛商店的心理狀態，就蹲下來，和孩子一起走。其結果使人吃驚：在父母看來商店

裡有這麼多漂亮的東西，五彩繽紛，但孩子能夠看到的僅僅是人們的腳和腿。從孩子的角度看問題很重要，否則父母就永遠無法理解子女。

　　當親子衝突難以調和時，可以使用角色扮演或者以心理劇的方式來試著解決。這種方式的具體程序是父母扮演孩子的角色，孩子扮演父母的角色，相互體會對方的思想和情緒，達到相互理解，消除隔閡和衝突的目的。

## 第七章
## 圖表與合約

父母在兒童的氣質中奠定了最初的幾塊基石。

—— 蔡特金

我們可以透過一些圖表、合約來與孩子明確責任。圖表是你與孩子之間以表格的方式達到的一種協定，合約是以書面的形式明確孩子做事的責任。二者幫助你強調最終要達到的目的，並有詳細的過程紀錄，可以讓我們評估孩子的哪些行為已獲得進步，哪些方面尚需制定計畫進一步地完善，圖表的方式適用那些小於 12 歲的孩子們，合約方式更適用於那些 12 歲以上的孩子。

## ● 一張簡潔的圖表

一張圖表可以不斷從視覺上提醒其參與人堅持不懈，它可以促進你培養良好的行為方式，並提供一種與孩子主動交流的手段，創造一種健康的家庭氛圍；它還可以鼓勵家人友好合作，讓父母對孩子的教育堅持不懈。

使用表格可以增加良好的行為。明確你想讓孩子保持的良好行為，將每種行為列在表格內，孩子一有行動，就在相對應的行為方格內畫上「笑臉」，最終把所有的笑臉累計起來。

小星星、加號或漂亮的紙膠帶都可以發揮相同的作用，孩子們並不總是需要有形的獎勵，很多時候只要有些有衝力的激勵便足夠了。

表格裡的笑臉就可以是一種激勵，一個笑臉的作用絕不比在孩子睡覺前講個故事給他聽、與他玩個遊戲差。劃分出一個專門作為表揚的欄區，

當孩子在某些事情上給予幫助或表現良好時，就加畫上一張笑臉；當看到孩子做得特別賣力時，加個笑臉。孩子對這樣的獎勵會感到深受鼓舞，你完全可以只用這麼一張圖表，就能改變孩子的處事態度。比如每次當格力彬彬有禮地對待別人時，你就要抓住這個機會在表上加個笑臉給他，告訴他你非常讚許他有禮貌，天長日久，孩子就會意識到對別人有禮貌是大家都讚揚的事情，想做個好孩子，要對別人有禮貌。

最終，在孩子得到獎勵的前一星期，你可以讓他勞動幾天，讓孩子明白獎勵是靠辛勤的工作換來的。在獎勵活動最初時，第一天給些獎賞，然後是每隔幾天，我曾和一位採用過圖表獎勵學生的老師共事過，她對學生的良好表現採取的是「積點」式獎勵，點數累積足夠多後，學生可以贏得各種活動或表彰。這種方式進行幾星期後，她就決定讓學生再努力些方可獲得同樣條件的表彰，她為學生無形中上了一堂頗有教育意義的「獎勵課」。

因此父母要列出一張獎勵單給孩子們，訂定每種獎勵值和點數。比如要玩手遊需要積 10 點，買零食需要積 10 點，與朋友聚餐需要積 15 點等等。這種方式教孩子們學會了節約開支他們事前講好的點數，同時也讓孩子們懂得什麼是良好的行為表現，比如努力地學習是值得重視的，並且可以得到更多的自由時間。父母還可以透過改變獎勵的內容來保持孩子對此項活動的濃厚興趣和動力，每隔幾週，就在單子上列出一些新的內容。這一點你可以參考一下第六章的激勵單。

對於一張只有一個星期的表揚圖，你可以選擇 5 天、6 天或是 7 天；一些父母只是在繁忙的工作中用表揚圖，而另一些父母在一星期的 7 天中都採用這種活動方式，這樣就讓活動保有很長的持久性。有些父母使用白板和板擦，每星期可以隨意地更改；有些父母在紙上畫出方格再複印多份，以便長期使用；還有些年輕的父母在電腦上做表格，每星期與孩子一起做新圖表。雙方的參與也可以讓孩子有更多的主動權，讓孩子自己設計

表格，塗上顏色，自己提出一些獎勵的參與內容以便增加孩子的興趣，明確活動的目的。

圖表能為你提供一種增效的工具，你完全可以利用圖表培養孩子良好的行為。當孩子做得好時，就不失時機地在表上加個笑臉，圖表可以告訴孩子你對他的期待，圖表還可以鼓勵孩子們記住規則，你可以透過採用圖表的方式在孩子的錯誤行為剛有顯示時就引導他：

「愛萊克斯，在你鬧之前，我想讓你看點東西，看看你牆上的那張圖，你曾多聽話，多麼有進步。我知道你會因此感到自豪的，你一定能為自己現在的行為做出較好的選擇，我知道你能做好。」

如果你這麼說就錯了：「我真搞不懂你連三天都堅持不了，這張表可是在檢查你做了什麼。」

圖表可以幫你避免與孩子的爭吵。落在書面上的期望與結果可以避免口頭解釋上的誤差，孩子可以透過圖表看到他做了什麼，沒做什麼；什麼做得對，什麼做得不對；教他對自己所做的事負責，告訴他自己在做什麼，對他的所做所為給予適當的回饋資訊。

當孩子做得好，圖表上會顯示出其取得的成績，這樣孩子便有種成就感，從而也就更讓他有動力；當孩子表現較差時，圖表能準確告訴他哪裡還需要改進，這樣你與孩子可以一起集中精力去努力。

## ● 一張改進孩子在校表現的圖表

父母還可以用圖表來促進孩子在校的行為表現。若是老師請家長予以協助，可以讓老師每天寫張字條，孩子表現得好，他就可以贏得一張笑臉。你可以具體判斷一下「學校行為表現」，如：遵守校規，完成全部作業，按時交作業。

例如，丹娜的表：

(* = 玩十分鐘的手遊）

| 行為表現 | 日 | 一 | 二 | 三 | 四 | 五 | 六 |
|---|---|---|---|---|---|---|---|
| 第一次就聽話 | | | | | | | |
| 說話有禮貌 | | | | | | | |
| 在校的一天表現佳 | | | | | | | |
| 獎勵點數 | | | | | | | |
| 一天累計 | | | | | | | |
| 一星期總計 | | | | | | | |

## 學校分數（點數）

★ 遵守校規＝ ***

★ 完成全部作業＝ ***

★ 按時交作業＝ ***

丹娜每天帶回一張字條給家長，字條上每天都能顯示出丹娜上述三方面表現十分出色，而總是能獲得 3 顆以上的星星。你在校的孩子是否也能得到獎勵的小星星，那就試試看吧！

★ **檢查表**：圖表也可用來檢查孩子的行為。你可以在要求孩子完成的分步任務中也使用這種方法，檢查表除了可以促使孩子成功地完成自己的任務外，還可以將繁複的任務分成幾部分，這樣對孩子來說顯得比較輕鬆。這種方法可用在檢查孩子的作息時間、衛生狀況或是一週的表現上。

**睡覺前的自檢**

|  | 星期一 | 星期二 | 星期三 | 星期四 | 星期五 | 星期六 |
|---|---|---|---|---|---|---|
| 把髒衣服撿走 |  |  |  |  |  |  |
| 刷牙 |  |  |  |  |  |  |
| 洗澡 |  |  |  |  |  |  |
| 上廁所 |  |  |  |  |  |  |
| 讀 20 分鐘書 |  |  |  |  |  |  |

　　檢查表可以教會孩子有規律地生活，教他逐步地成長，讓孩子了解到：在我們的生活中，不是所有的事都那麼令人興奮，充滿刺激。我們做這些日常的事是為了讓我生活得整潔有序。因此在孩子小的時候，就教會他們有這樣的一份生活責任是十分重要的。在採用檢查表的方法過程中，你可以給也可以不給予什麼獎勵，一些父母認為在培養孩子家事勞動的責任時是不應該給予獎賞的，一些父母則恰好持相反的觀點。這一點父母可以根據實際情況靈活運用。

## ● 合約

　　合約是指你與孩子之間的書面協議，它可以明確地告訴你的孩子，你對他的期望是什麼。合約對青少年也非常有用，它與圖表可以發揮相同的作用：告訴你孩子在校的努力程度，在家的表現。合約的樣式也可類似圖表，也可以與真正的合約一樣。

　　在寫合約時一定要確定下來，別說：「康尼要好好表現兩個星期。」要明確「表現良好」的確切含義，寫得清晰會避免今後與孩子之間產生爭執。注意一次的合約期限不要太長，一到兩個星期就足夠了。

　　合約可以教會青少年負責，給予孩子活動的方向和動力，讓他學會應

197

該做什麼，並給予鼓勵。這種方式可以鼓勵孩子做出正確的選擇，幫他邁向成熟。（你可以就打掃屋子，做晚飯，清理衣櫃等列出清單）

## ● 康尼與爸爸的合約

康尼同意：

★ 按時交全部家庭作業；

★ 保持屋內清潔；

★ 星期一和星期三幫忙做晚餐；

★ 星期六打掃廁所。

兩個星期後，康尼可獲得開一個休閒晚會的機會，並可邀請三個朋友來家裡玩。

爸爸同意：

★ 7點前去接她的朋友；

★ 允許孩子們聽音樂；

★ 買個比薩；

★ 讓他們看電影。

簽字：康尼、爸爸

日期

提示：

1. 對孩子的成就要給予即刻積極的回饋。

2. 為了讓孩子保持對這種方法高度的興趣，要不時變換獎勵的措施，提供給孩子新的「激勵功能表」。

## ● 週末獎勵「小項目」

★ 通宵與朋友相聚：15 點

★ 買爆米花：10 點

★ 訂一張比薩：30 點

★ 看電影：10 點

★ 玩手遊：25 點

★ 出去吃午飯：30 點

★ 去動物園：15 點

## ● 小結

在一個好的家庭中，一定有這樣一位母親，她是聰明的、有精神的、自豪的以及善於愛護自己尊嚴的，同時，這一切是巧妙地、優雅而又悄悄地體現出來。

—— 蘇霍姆林斯基

圖表與合約可以告知你孩子的進步，同時也可以讓孩子有一種成就感，要知道他注重自己的成績，即使孩子進步的速度不像你期望的那麼快，你也要注重孩子的感受。圖表與合約還可以告知你孩子在哪些方面取得了進步，給你與孩子動力，培養你的耐心。

採用圖表與合約的 10 大理由

圖表與合約：

1. 鞏固你的進取計畫，為你與孩子提供一幅行為協議圖。

2. 可以讓你的行為及態度明朗化、積極化。

3. 可以幫你評估孩子取得的成績。

4. 扮演一個穩定的提示人。

5. 創造良好、主動的家庭氣氛，鼓勵大家一起合作。

6. 可以用來糾正不正常行為。

7. 可以鼓勵孩子記住有關規則，教孩子生活有序。

8. 讓孩子有成就感並喚醒其內在的動力，從而幫助孩子建立自尊。

9. 圖表與合約還能幫你的孩子制定長遠的目標，假設你的孩子想獲得一個新玩具，它的代價是勞動幾星期，圖表與合約恰好對他的工作進展有監督作用。

10. 可以培養你對孩子的耐心。

# 第八章
# 如何運用規定的反結果

> 對父母來說，家庭教育首先是自我教育。
>
> —— 克魯普斯卡婭

　　你的規定告訴了孩子你希望他做什麼。規定是一種期望，期望指導孩子的決定，在你建立希望或制定規則時要考慮到這個因素。期望必須是明確簡單的，合理並且具有一定的強制性。

　　期望明確簡單是指孩子能一看就懂該做什麼，不該做什麼，而大多數父母恰恰忽略了這一點。每星期打掃一次臥室，這樣的要求就不是明確的，明確的要求是在每個星期天的中午，將臥室打掃乾淨。

## ● 檢查單

　★ 所有的髒衣服、床單要放進洗衣籃中。

　★ 所有的家具上的灰塵要揮淨並擦一遍。

　★ 吸完地毯。

　★ 換好新床單。

　★ 所有的玩具裝進玩具盒裡。

　★ 收拾好所有乾淨的衣服。

　　注意，你要站在孩子的角度上去理解這些「希望」，「收拾你的房間」就是個含混不清的概念，對孩子來說，這項任務看上去可能很難，而列張檢查表則可以一次性告知你的孩子做事的確切步驟。

　　此外，父母的期望必須是合情合理的，孩子是否有能力完成你的要

求，或能否遵守你的規定？上面的檢查單只是針對一定年齡的孩子，但如果將它放在一個三歲的孩子身上就不適合，你可以要求小孩子收拾好自己的衣服和玩具，別再過分地要求他吸地毯、換床單。

父母的要求與規定必須具有約束力。

你能看出來孩子的臥室何時收拾乾淨了，這時所列的檢查表才有約束力。然而許多父母的要求並沒有約束力，這種情況常常發生在有十四五歲孩子的人家裡。「我告訴妳，妳不能再與尼克來往。」這樣的規定沒什麼效力。你又不能成天跟著女兒去上學，也無法掌握女兒與尼克接觸的所有地方。而如果你禁止尼克到家做客往往會有一定的約束力。「妳不能邀請尼克來我們家！」

一些常用的，並經過長期累積的要求相對好些。列出一系列規則，再列出一系列合作的規則，第一次先聽聽別人的經驗或指導，再制定規則，規則可以幫助你堅持不懈，幫助你注意孩子的各種行為。

## ● 如何看效果做決定

孩子如果遵守規則，則會取得良好的效果，如果不遵守規則，那麼父母的要求還會有負作用。良好的效果可以教孩子如何做決定，良好的效果會進一步促進孩子做出正確的選擇，而負面效應則會讓孩子一錯再錯，效果可以告知孩子「循環」的意義，告知他選擇什麼樣的行為就會獲得什麼樣的結局。

所以教育的效果也必須是特定、合理、並且有約束力的。能讓孩子確切地知道會得到什麼樣的結果才是特定的。「要是我這麼做了，結果就是……」孩子會在心裡這麼想著，當父母的要求說得過去時，效果就該是合理的，對絕大多數父母來說，只有在他們心平氣和時才是通情達理的。

效果必須有約束力，選擇那些你可以控制自如的效果。

一位醫生曾向我徵求過建議，他答應自己 12 歲的孩子：「假如你在學校榜上有名，那麼你要什麼，爸爸就給你什麼。」結果孩子真的一發不可收拾，登上學校的排行榜首位，然後他就跑到爸爸那裡要求買輛汽車。我對這位父親說萬事應從小事做起，包括教育孩子，千萬別將自己搞得很被動，兒子或許會向你要更高級的東西，千萬別做激起了孩子的欲望，你卻又無力辦到的事情！

另一位母親講述了她與自己十四五歲孩子的故事。「孩子的爸爸答應女兒，若是她在學習上有進步，就給孩子買輛汽車。」結果女兒不但沒有被這種昂貴的禮物所吸引，自尊心反而受到了傷害：「我就這麼又壞又懶，而爸爸只有送給我轎車，我才會表現得好點嗎？」女孩的爸爸本是好意，卻沒有收到好的效果，答應給孩子買輛車的允諾過於讓孩子感到沉重了，這反倒讓孩子感覺更糟，更別提鼓勵她了。

## ● 你自己做決定吧！寶貝

用規定和只看結果的方式教育孩子時，有關孩子自己的行為舉止負責任的問題，應讓孩子自己去選擇，決定結果的好壞是他而不是你。

「斯蒂芬，我希望你每天 5 點鐘準時到家吃晚飯，我相信你能做到，最近幾天你就表現得不錯，有對家的責任心，其實這是向爸爸媽媽證明你已經長大了的好機會。」一位母親用這種方式暗示孩子斯蒂芬應準時回家，「如果準時回家，你還可以多賺出半個小時的時間留在第二天出去玩。」這位母親緊接著又將懲罰的條件提了出來：「要是你選擇晚回家，你就必須按時睡覺，第二天也不能出去，你自己做決定吧！」斯蒂芬於是選擇了按時回家。

　　當斯蒂芬真的按時回到家，做媽媽的可不能吝於表揚，還要履行自己的諾言，讓孩子有半個小時自由活動的時間；如果斯蒂芬沒有按時回家，做媽媽的也不要估息遷就，妳可以說：「真遺憾，斯蒂芬，你沒有按時回家，今天你就沒有半個小時的自由活動時間，也看不成你最喜歡的電視劇了，我是多麼想讓你看呀！可是，你沒有完成自己的選擇，這些就必須取消了……」

　　注意想想這種計畫是怎樣讓孩子逐步意識到什麼是責任呢？這一切又都不是母親強迫斯蒂芬做的，是斯蒂芬自己在選擇，在他選擇了晚回家的同時，也就選擇了早早上床睡覺。做父母的一旦將期望與預期的結果定好，就一定要堅持到底。注意不要等到孩子做錯了許多事後才提出要求，並且設立規定要靈活機動。

## ● 實際的結果

　　在第六章中，我們已經談過了，採用預見的結果與各種活動效果的方式去教育孩子的方法，許多實際的結果是自然而然的，孩子由於某種原因拒絕吃飯最終要餓，孩子拒絕洗澡最終身上會散發一種異味，當同學們開始捂著鼻子指指點點時，孩子自然就會主動要求洗澡了。實際的結果往往會產生積極的作用，孩子透過勤奮學習會獲得優秀的成績，孩子做家事會得到一份獎金，男孩子經常鍛鍊會擁有健碩的身體。實際而又現實的結果教會了孩子對自己所做的事堅持不懈地負責下去，並教會他自己去拿主意、做決定，因為真實的世界讓孩子從中受益匪淺，所以做父母的要盡可能採用這種「效果方式」去教育孩子。

## ● 小結

*所有傑出非凡的人物，都有出色的母親。*

—— 狄更斯

父母的期望太難於達到時，孩子會很洩氣。別要求你的孩子太完美；而期望太簡單，又會讓孩子有可乘之機，只有適當的期望和要求，才能讓孩子竭力爭取和遵從而不感困惑。

行動其實是一種選擇，告訴孩子你對他們的期望，同時輔以適當的要求，並堅持到底，貫徹始終，你的孩子則會做出較好的選擇，並對自己的行為負責。

# 第九章
# 占據主動

*每個人都有做父母的權利，但不見得有做父母的資格。*

*—— 考克恩夫婦*

預先行動就是指計畫行事，如果你有規劃在先，生活就會變得容易些，大部分違反紀律的問題，要是事先稍有那麼一點計畫就不會發生。事先的計畫是我們唯一能比孩子多的一種優勢：那就是其中所包含的經驗。為人父母的我們不都處處精明，而孩子們有那麼多的時間和富裕的精力來調皮搗蛋，若是對孩子的各方面成長有那麼一些小小的計畫，問題就會少多了！

## ● 如何運用預先協議

假設你帶孩子去吃速食，你明知道店裡很擠，而且為了賺顧客的錢，裡面設了許多電子遊戲及其他一些附加的昂貴項目。你當然願意孩子能開開心心地玩，但又不想時刻圍著他，預先計畫的問題產生了。「在餐上齊之前，我應該讓孩子玩遊戲嗎？」、「吃完漢堡後我們應該待多久？」這些簡單的問題耗費不了什麼，不過事先想想對孩子很有好處。

想好後，你可以告訴孩子你的想法，離家之前講好要求，讓孩子知道假使他不好好合作的後果會是什麼，如果合作得好，又會怎樣。

「安迪，這星期你表現得不錯，所以今天我們去速食店用餐，在餐上齊之前，你可以玩兩種電子遊戲；如果你聽話，吃過漢堡後，你可以再玩兩個別的遊戲，若是這次表現好的話，下次媽媽還帶你去，一切取決於你，準備、準備吧！10分鐘後我們就出發。」

一般來說，你知道孩子在一些地方常犯的錯誤：超市、餐廳或是奶奶家，倘若你預想到會有問題的話，離開家之前，你要和孩子耐心地談上幾句，告訴他你希望他如何表現以及他能得到什麼。

想想孩子的錯誤行為，什麼是反覆發生的問題？以後你該怎麼做才能不讓孩子重犯呢？如果孩子愛狡辯，那就訂一個清除狡辯的計畫；如果你家裡十四五歲的孩子沒有在校積極上進的動機，那就做份計畫去逐漸培養孩子的這種動機。

## ● 如何進行預先購物

帶孩子去買東西是件麻煩的事，孩子想要所有他喜歡的東西。眾所周知，商店裡物品的擺放，一般都是將吸引人的商品擺在孩子的視線和手所能觸及到的範圍內。做父母的必須教育孩子不是他們看到的所有好東西都能得到。

安東尼4歲時的一天，我帶他去了一家玩具店做一次實踐練習，離開家前我講了要求：

「孩子，想去玩具店做一次愉快的旅行嗎？」

「當然，爸爸，那好棒耶！」

「不過我們只是去看看，什麼都不買。」

「什麼意思呢？爸爸？」

「今天只是開開心而已，不可以買玩具回來，你還想去嗎？」

「想。」

我們果真去玩具店看了看，開開心後什麼都沒買便回了家。整個過程中，安東尼時不時的問我是不是能買幾個玩具，小孩子以為我忘了對他的要求，我則告訴孩子今天不買，或許過些天我們可以買幾個。那以後我每

個月帶他做一次這樣的練習，結果是我不僅教會了孩子不是想要什麼就可以買什麼的道理，在整個過程中，我們還享受了無限的樂趣。

## ● 進步的計畫

下面的這些計畫指南，將本書的許多思想融合成一種專門的策略。這是一種循序漸進的計畫方法，若是做父母的你能按這些步驟執行，孩子的行為就會進一步提高。

### 步驟 1：設立你的目標

你希望事情怎麼發展？你想在孩子的身上看到哪些變化？在選擇目標的時候，注意兩點：

1. 選擇一種成功機率大的目標，你為孩子設定的第一個計畫必須成功，這種成功將形成一種良性循環，它能激發出更多的成功。計畫首先從孩子最有問題的部分開始。
2. 選擇一份計畫，這份計畫可以帶給全家一種成功感，進而營造出一種積極的家庭氣氛。

目標範例：如何讓丹尼和艾利森友好相處？

假設你選擇了目標行為，讓丹尼和艾利森減少爭吵或越來越能共用彼此的玩具，那就要記錄一下他們在執行計畫期間爭吵及能共用玩具的次數，連續記錄 5 天。

| 行為 | 第一天 | 第二天 | 第三天 | 第四天 | 第五天 |
|------|--------|--------|--------|--------|--------|
| 爭吵 | 7 | 6 | 9 | 3 | 5 |
| 分享玩具 | 1 | 0 | 2 | 0 | 0 |

在你執行預期效果計畫之前，非常有必要定準目前這一行為的狀況。這張表告訴我們丹尼和艾利森平均每天要爭吵 6 次，分享不到一次的玩具。

這些紀錄很重要，它們會告知你計畫是不是有作用，如果你不堅持書面記錄的話，一切都只能依靠你的記憶和猜測，對一些孩子來說，進步並不是顯而易見的，其細微的變化單單靠你的記憶是難以意識到的。

在計畫的最初，丹尼和艾利森平均每天爭吵六次，假設經過兩個星期的努力後，他們平均每天爭吵五次，這是一個多麼小的進步，但事實上對孩子們來說又是多麼重要的進步。假使單靠你的預測，你也許會說這種計畫根本沒作用，沒多大的意義，這時的你就犯了個嚴重的錯，事實上你已經有了成績，孩子們更是在進步，只是這種進步很微小，你並沒有注意到，而書面的紀錄卻能清晰地表明這一「重要」的成績。

### 步驟 2：對一些你希望減少或增多的特定行為列個單子

和睦相處究竟意味著什麼？你期望孩子怎麼做？這些都應該列在你首選的行為中。

1. 丹尼和艾利森減少爭吵；
2. 丹尼和艾利森互相追逐打鬧；
3. 丹尼和艾利森越來越能互相分享玩具；
4. 丹尼和艾利森減少互相稱對方的名字，而變得越來越有禮貌了；
5. 丹尼和艾利森越發喜歡互相幫助，合作共事了。

### 步驟 3：先選一兩種行為去逐步改進

先從那些容易改進的行為做起，快速成功對父母和孩子都有好處，它可以增強父母的自信心，也可以讓孩子從實際的效果中看到自己的成績。

### 步驟 4：連續觀察並堅持記錄 5 天

一旦你選定了一種欲改進的行為，每天就要數一下這種行為要發生多少次，不要力求做點什麼硬去改進它，只需簡單地觀察即可，你要知道的是，在執行計畫的其餘部分之前，被選定的行為會發生多少次，這實際上也是在評估你的做法是否成功。

### 步驟 5：決定你怎麼做

在改進孩子的行為過程中，你該做些什麼呢？你應該使用哪些約束力？採用哪些懲罰方式？列個獎勵和懲罰的單子，在你對孩子談你的計畫時，徵求一下他的意見，他願意獲得什麼樣的獎勵？採用哪種方式，用圖表、合約以及何種條件來為你的計畫共同增添一份動力？

### 步驟 6：向孩子談談你的計畫

告訴孩子你的目標，以及你首先選擇的需要改進的行為，建立起相應的達到目標的規則及其預期的成果，清楚地讓孩子知道你希望他怎麼做，他能從你這裡獲得什麼，並在計畫中自始至終融合一種積極的氣氛。

對孩子解釋這種計畫是為了讓一切變得愈加美好，讓孩子知道你對待這個計畫的態度是絕對認真的，倘若他選擇不斷地犯錯，那麼你會採取相應的懲罰措施。

「孩子，我想與你談談一個新的遊戲，我希望從現在起，你不再爭吵，能和其他的小朋友一起玩玩具。如果你不吵不鬧，並能把玩具與其他小朋友一起玩，那麼媽媽會多講一段好聽的故事給你聽；如果你違反了我們遊戲的規則，你就要去待上 5 分鐘什麼都不能做。這個遊戲將幫你做個更好的孩子，並且能與別人愉快地相處，我知道你會做得很好！」

從這一刻起，做選擇的應是丹尼和艾利森了，而當媽媽的妳則是監督

人，為丹尼和艾利森能成為贏家，獲得成功而喝采。

當孩子們違反了規定，妳無需捲入他們無休無止的爭吵中，只是強調結果，從孩子們的感覺中妳是站在他們那一邊的，絕沒有扮演一個很糟糕的角色，做媽媽的妳決定不了事態的發展，完全讓孩子們自己去選擇做還是不做。

要多使用鼓勵，一旦發現孩子有了一點進步，就明確地指出他們做得不錯的方面，並給予積極的許諾增長孩子們對自我價值的認同，「看到你能與他人共同分享好東西真是很棒！媽媽為你感到驕傲，孩子！」

### 步驟 7：評估

你的計畫發揮作用了嗎？觀察並像步驟 4 中所說的那樣堅持記錄，對比兩次紀錄的結果，你能看出自己的計畫究竟有沒有效果。讓你的孩子也參與，把圖表貼在他臥室的牆上，每個星期再做一張新的。

在孩子的行為有了進步後，逐步加進其他你認為應該改進的行為，加進的同時注意保持原來的行為，如果過一星期有了進一步的成績，就再加一種。

當心，你最好慢慢來，不要急於求成，不然整個計畫有可能會前功盡棄。假使三個星期後孩子的行為還沒什麼進步，就調整一下計畫。

### 步驟 8：調節計畫

經過幾個星期，若是孩子的行為仍沒有進步，那就意味著你的期望太高或計畫的設置中沒有什麼動力。如果你覺得期望太高，就更改一下。

比如說孩子們不能一下子接受互相分享玩具，你可以安排他們輪換著玩，然後從與他們一起玩開始，到與別人分享好東西做個示範。一旦孩子們能接受這種方式，你就可以讓他們自己去玩，別再插手了。

事實上，這樣的方式也在強調分享與合作，當他們學會了合作共事時，你再試著讓他們一起玩玩具也不遲。

任何一種計畫的成功都取決於積極的回應和激勵，孩子們是很善變的，時間稍長，他們就會對同樣的獎勵感到厭倦，所以你要時不時的改變一下獎勵的措施以保持孩子的熱情。請參照第六章的激勵單，如果孩子對聽故事失去了興趣，就換成讓他自己玩 10 分鐘的「星球大戰」遊戲，或者在圖表上畫「笑臉」，不然就允許他看半個小時的動畫。

記住舊的獎勵方式缺乏吸引力。在計畫沒能取得預期的效果時，你或許想增加懲罰的力度，事實上這麼做絕沒有什麼好處，強度的懲罰會使絕大多數的孩子沮喪，他們表現消極，不肯賣力，你最好只堅持採用一種懲罰方式，而改變多種的獎勵方式。

倘若孩子的行為始終不能穩定地得到改進，那並不是說你的孩子無可救藥，而是因為做父母的你澈底地失敗。記住一種行為未能得到改善，只是因為你未能正確地操作整個過程。

看看計畫，你應不應該做些改進？你有沒有堅持不懈？你有沒有給孩子足夠的時間？你有沒有掌握主動權？你有沒有及時監督效果？是不是消極地對待這計畫？是不是有所疏忽？你是不是能注意到孩子的微小進步？

這些問題將幫助你判斷孩子究竟有沒有進步。

## ● 小結

不要只是站立著，只用手比劃或指點著你企望你的孩子征服的高度。攀緣吧！他們就會跟上來。

—— 皮特森

成功的父母總是能計劃在前，他們能預測引起問題的原因。如果你的孩子存在著一定的問題，設計個計畫，同時參考下面幾頁的計畫指南以取得更好的效果。

　　計畫指南：

1. 孩子的哪種行為需要改進？

　　目標：＿＿

2. 列出你希望孩子怎麼做？

　　＿＿

　　＿＿

　　＿＿

3. 選擇 1 至 2 種優先需要改進的行為。

4. 做個紀錄，記下每天錯誤行為發生的次數。

| 行為 | 第1天 | 第2天 | 第3天 | 第4天 | 第5天 |
|---|---|---|---|---|---|
|  |  |  |  |  |  |
|  |  |  |  |  |  |

5. 做些什麼？

　　獎勵 ＿＿

　　圖表 ＿＿

　　合約 ＿＿

　　懲罰 ＿＿

6. 向孩子談談你的計畫。你怎樣才能讓孩子更多地參與你的計畫呢？列出你想要對孩子說的話。

7. 評估

　　我怎麼知道計畫什麼時候發揮作用？按步驟 4 那樣做另外一個紀錄，

記錄一下改進後錯誤的行為每天發生多少次？

| 行為 | 第1天 | 第2天 | 第3天 | 第4天 | 第5天 |
|------|-------|-------|-------|-------|-------|
|      |       |       |       |       |       |
|      |       |       |       |       |       |

8. 我怎樣調節一下計畫？我可以採用哪些方式呢？你應該問問自己：

· 我是不是堅持不懈地積極收集孩子行為的回饋資訊？

· 我有沒有給孩子足夠的時間？

· 我是不是配以適當的懲罰？

· 我是不是對孩子發了脾氣？

· 我是不是對孩子大吼大叫？

# 第十章
# 如何激勵你的孩子

家庭有一良母，勝於學校有百師。

—— 哈勃托

「我兒子什麼都不做。」

「怎麼說？」

「他就知道看電視。」

「你安排他適當地做點家事了嗎？」

「安排了，可是讓他做那些就像一場戰爭，做每件事就像打仗那麼艱難。」

「他在學校怎麼樣？」

「馬馬虎虎及格，如果他再努力一點，會更好些。」

「那麼這孩子是積極性不高。」

孩子一般來說有較強的動機。但不是所有的孩子都這樣。因此在我們談論孩子的動機問題時，需從兩個方面來考慮：一些動機是來自於你自身 —— 我們稱之為內部動機；另一些動機來自你的外部 —— 我們稱之為外部動機。要是你的體重超重，那麼它會對你身體有害，為了健康，你就有來自內部的動機 —— 「減肥」。

我們大多數的人每天忙忙碌碌去工作有兩種原因，我們從自己的工作中獲得個人的自我滿足 —— 這是內部的動機；同時我們得到薪水 —— 這是外部動機，二者缺一不可。通常我們駕車不會超過每小時 120 公里，我們知道這不安全 —— 這是內部的動機；同時我們又不想因超速而被

罰 —— 這是外部的動機。正是這內、外部動機的結合，才造就了一個有自我約束能力、認真的人。

## ● 注重孩子的成功

　　成功會創造我們的動機。當你的老闆表揚你時，你會有一種成就感，會更加努力地工作，同樣你可以用成功激發起孩子強烈的內在動機，指出孩子出色的表現以及他自己拿的好主意，會讓你的孩子從內心深處有一種成就感，這成就感同時就能激勵他更加勤奮地學習、上進。比如在你表揚孩子把臥室收拾得乾乾淨淨時，他內心會感覺特別高興 —— 他覺得自己成功了，接下來他會更刻意地去保持臥室的整潔。

　　許多孩子不相信自己會變好、會成功，這種沮喪的想法通常是由於孩子面對著不斷的失敗造成的，有時這些失敗又恰恰是緣於父母過高的要求和期望。注重孩子所作所為的積極一面，是解決這一問題的較好方式，肯定孩子在做事時的勇氣，明確地告訴孩子究竟哪幾方面他取得了進步，有了不小的成績，鼓勵他自信。所有這些都會讓你的孩子有一種成就感，一旦有一次成功，將一發不可收拾，成功會不斷地培育出更多的成功。

　　建立獲得成功的期望和要求。我們將這種方法稱之為「塑造」。當你培養孩子建立一種複雜的動機時，你必須將其分成幾個步驟，期望孩子一下子取得成績的想法是錯誤的，現在讓我們來看看下面的例子：

　　莉茲正在教孩子卡羅斯為上學做準備，這其中包括自己洗臉、刷牙、穿衣服和疊被。莉茲認為讓孩子自己洗臉應是優先培養的行為。於是她花了幾個星期的時間讓孩子適應自己去洗臉。接下來，莉茲又教卡羅斯刷牙、穿衣，直到最後，莉茲教會了卡羅斯疊被。

　　這種分步培訓孩子技能的方法，不斷提高了孩子成功的可能性。如果你一次性就讓孩子全部掌握上述的技能，那簡直是毫無道理，同時孩子會

坐立不安，厭煩而最終敗於行動。「塑造」需要時間，它是一種良好的教育方法，採用塑造的方式可以逐漸改進孩子的行為，塑造意味著鼓舞孩子更加努力地做事。

假設你的孩子花 10 分鐘就可以做完家事，他卻花了 40 分鐘，你呢，拿來一個計時器，與孩子一起做「擊敗時鐘」的遊戲，變相地約束他在規定的時間內完成家事，這就可以增加孩子感覺成功的機會。開始可以設定 30 分鐘的期限給孩子，過一個星期，限時到 25 到 20 分鐘，漸漸地，你會最終達到讓孩子在 10 分鐘之內完成家事的目標。塑造增加了孩子成功的機率。

在對孩子提出新的要求時，注意循序漸進，按正確的方向分步進行，不要只堅持一次就讓孩子做得十全十美。比如說你已經教會了孩子如何整理床鋪，你就不要再要求他疊得像你一樣好，即使他疊得歪歪扭扭的，孩子也一樣會感到快樂。只要在你按部就班的指導與鼓舞下孩子就會一點點進步。

一個孩子之所以總在犯錯，就是因為他缺少去與別人合作的內在動機，而常常使用讚揚與鼓勵，你會有一種新的發現：一旦孩子有了一次成功的經歷，在以後的日子中，他就會更加賣力地去做事。告訴你的孩子他什麼時候做得很棒，那會喚起他在未來做事的熱情和強烈的動機。

絕大多數的父母都有一種緊咬住孩子錯誤行為不放的傾向，我們只知道一味對孩子說：「你這裡做得不夠好。」、「你那裡做得不夠快……」我們把精力都放在孩子的錯誤舉止上，甚至許多父母認為如果孩子犯了錯，數落他是讓孩子知道上進的一種良方，那就大錯特錯了。真正的良言是：請將您的目光放在孩子取得進步的方面上。

兒子在掃客廳的家事中表現平平，你便數落道：「牆角那裡你根本沒清！這麼懶，一個 6 歲的小孩都比你做得好！知不知道？」這種方式絕

不會激起孩子任何愛做事的熱情。「你做得還不錯，但有幾處牆角的灰塵沒有清到，把吸塵器給我，看爸爸是怎麼用的。」說完話後，你便應該親身去示範，做完剩餘的工作。「牆角應該向客廳中央一樣清乾淨，那樣就更好了！」做父母能給孩子做這種肯定和指導就是一種良好的鼓勵，這種鼓勵奠定了孩子未來的成功，而成功又會進一步激勵孩子更勤奮地工作和學習。

有時，你應該給孩子更強於表揚和鼓勵的激勵，這種激勵可以是獎金、玩具或特權。用圖表或合約與孩子達成一項協議：「這星期你在學校表現得很出色，週末我們可以做些很特別的活動！」孩子喜歡向目標宣戰。別把孩子表現的標準定得太高，否則會給孩子造成太大的壓力，甚至對孩子的熱情與動機產生負面作用。也別將兌現允諾的時間拖得太久，比如在允許女兒晚上出去逛夜市之前，讓她出色地表現兩個星期的要求，對孩子來說未免有些過分。

無論你選擇哪一種獎勵，還是允諾孩子可以擁有自己的一些特權，你都要加上口頭的表揚，這會提醒孩子，他們表現得很出色會讓自己更有成就感，這是為了達到自我獎勵的目標，這種口頭上的表揚總是比實物上的激勵來得重要。

「我希望你自己很滿意在學校一週中的表現。你應該為自己感到驕傲，付出那麼一點點努力和辛苦是很值得的，我很高興地看到，你透過自身的努力贏得了星期六看場電影的獎勵。但媽媽希望你能明白，在學校表現出色的最重要的原因，是對你自己有好處，你的進步比一場電影更有意義。」

## ● 運用孩子的興趣

興趣激發熱情。試想你正在絞盡腦汁培養孩子的閱讀技能。你知道孩子對恐龍很感興趣，那麼找些關於恐龍的書來讀，你就會增加孩子的讀書熱情，孩子對恐龍的興趣使閱讀變得生動、有趣。他會自願地去學習（這個問題將留在本章末，本書將進一步幫助你如何觸及到孩子的興趣。）

從孩子出生，到會笑、會爬、會開口說話……我們總能感受到成長的神奇力量。可是，應該沒有一個孩子，在會說話以後就對他們的父母說：「媽媽，長大了不要讓我上學啊！我討厭上學！」父母在讀到這裡的時候一定會笑，這怎麼可能。

是的，我們之前已經用了很多篇幅在說明，對待成長，孩子們是非常積極和主動的。那麼，孩子們既然對學習本身是充滿好奇的，而良好的興趣培育也是父母所期望的，那孩子的興趣是如何培育的呢？

要想培育出孩子良好的興趣點，首先要知道孩子的興趣是如何產生的。在這裡，我們以公式的方式來簡潔明瞭地告訴父母孩子興趣形成的規律，即：

興趣形成的公式：好奇＋理解＋引導性再好奇＋再理解＝興趣形成

我們知道因為孩子邏輯思維基本結構創建和豐富成長的需求，孩子會積極、主動地運用各種採集資訊器官，盡可能地去收集、採集和儲存更多的資訊。孩子在這個過程中會對所採集的任何資訊充滿好奇，孩子的這種好奇是公平的、沒有傾向性的。

父母只有在了解孩子這種好奇心特點的基礎上，才能對孩子良好興趣的形成進行合理的培育。也就是說，首先，應當合理篩選孩子採集和收集資訊過程中所產生的好奇點，以便增大優質好奇點的資訊採集量和資訊採集範圍；或者根據父母自身的培育目的而引發孩子創建採集和收集資訊的

好奇點，並在此基礎上，運用能夠使孩子實現「主動思維」和「主動記憶」的方法，再加上孩子能夠理解的邏輯思維語言外在表現方式和邏輯思維肢體外在表現方式，使孩子的好奇在理解的輔助下自然轉化為「興趣」。

值得注意的是：我們提及到的所謂「理解」，通常意義上是指「對抽象標識的理解」。而在學前階段，所謂的「理解」是如何開展的呢？我們舉個實例父母就明白了。

父母計畫要教授孩子數字。

前提：父母要了解孩子目前的興趣源和色彩源；

過程：

父母要先參與到孩子目前的活動中。比如，孩子正在玩車。

媽媽：寶貝，現在我們把桌子當成停車場好嗎？

孩子：好的。（孩子把幾輛玩具車擺放到桌子上）

媽媽：哦，這裡有一些很有意思的圖案（數字卡片），你喜歡哪個呢？

孩子：我喜歡這個（孩子指著數字「6」）。

媽媽：你覺得這個圖案像什麼呢？

孩子：像蝸牛的殼。

所以，為了使學習變得有趣，對待小一點的孩子，你可以透過與他玩遊戲來改進孩子的舉止。

派特透過角色互換教凱蒂鋪床。凱蒂扮演「媽媽」，「媽媽」在幫孩子「派特」鋪床，因為在這個遊戲中，凱蒂很喜歡扮演「媽媽」的角色，這樣就使得鋪床變成了一個充滿生趣的遊戲。

## ● 營造良好的家庭氣氛

　　一種良好的、愉快的家庭氣氛也會激發孩子的熱情。家庭氣氛是指家庭中的每一成員互相感覺的方式、方法。家庭成員彼此相敬如賓，積極地遵守家教，在家庭中培養出一種愉快的家庭氣氛，使每一成員都感到一種和睦、融洽的氛圍；家庭框架也能始終靈活地保持平衡，每個人都可以追求自己的所好，大家只要在一起就樂趣無窮，有發自內心的舒暢。在溫暖愉快的家庭氣氛中，孩子可以了解到父母的價值觀和生活目標，孩子願意接受你的指導和懲罰，因為他明白你做的一切是對他的愛，一旦問題出現，孩子又能迅速地做出反應。

　　良好的家庭氣氛開始於優秀的父母，換句話說，父母是良好家庭氣氛中的榜樣。教育孩子要對那些待他好的人心懷感邀，對那些他傷害過的人致以真誠歉意，教孩子對別人要有同情心，去給那些暫處困境的人以安慰。培養孩子所有這些優良品格的最好方式，就是你能親身示範，以身作則。不要抱怨你幫孩子的奶奶買東西，這會無聲地告訴孩子，幫助他人使你從內心深處感到了美妙 —— 這就是回報。

　　良好的家庭氣氛還可以讓孩子有種安全感。孩子喜歡家裡的一切都順順當當的，他害怕發生什麼變動。無論是家庭還是學校的變動，孩子都會感到忐忑不安，比如當爸爸換了新工作，他會惶惶不安，因此做父母的在事發之前，要向孩子做出較好的解釋，以確保給孩子心理準備，使他仍能安心地生活。

　　下一次你可以透過購物來觀察一下家庭氣氛。找一個合適的地方，坐下來注意觀察一下從你身邊經過的一家人，當你看到一家人走在一起，彼此暢快地交談著什麼，你看到的就是一種愉快融洽的家庭氣氛；當你聽到父母對同行的孩子說：「走路時要抬頭挺胸，拿好那袋橘子，別弄丟了，

到我們這裡來。」你就正看到一種不和諧的家庭氣氛；如果你聽到孩子說：「我說過，你就是個討厭鬼，媽媽，看弟弟都在做些什麼，讓他別老是跟著我啦！」這也是一種較糟糕的家庭氣氛。

　　愉快的家庭氣氛會被一些負面的效果毀掉，比如兩個孩子之間的爭吵。記住，若是一種不利於愉快家庭氣氛的行為或問題發生了，先拋其不顧，轉變一下話題，想些積極的事情，儘快地恢復到愉快的家庭氣氛中。假使兩個孩子爭論不休，就幫他們達成一個協議，轉移他們旺盛的精力，你甚至應該與他們一起待著，直到確定兩個人都感覺好些了為止，例如帶他們出去散散步，讀一段故事，讓他們參與一些快樂的事情。

　　家庭氣氛有時很不穩定，有時令人愉悅，還有人則讓大家都不高興，這很正常，努力爭取愉快的日子多於沉悶的時光。倘若父母其中一方有能力去促進培養良好的家庭氣氛，另一方卻不能，可以讓孩子來調節一下，盡量讓你與孩子在一起的時光充滿溫馨與快樂。

## ● 培養幽默的藝術

　　快樂的家庭氣氛中的一個重要因素是幽默，幽默還可以改變家庭氣氛。在每個人都感到沉悶時，一個小小的幽默就可以扭轉局勢，幽默還能有益於改善錯誤的行為，特別是對孩子有著妙不可言的作用 ——「是你在扮鬼臉嗎？怎麼啦，孩子？是誰讓我們笑咪咪的小傢伙嘴上掛了油瓶？好難看，好難看呀！」如果你的孩子熟知白雪公主的故事，你也可以拿壞皇后與笑臉做對比。

　　你也可以採用幽默的方式對待孩子偶爾的遺忘，如孩子忘了清掃臥室，你就寫張紙條給他：「我願你在你乾淨的房間裡度過愉快的一天。」你也可以把字條貼在門上，這對那些真的是忘了做事的孩子是非常恰當的

提醒方式。如果他是喜歡打掃的孩子，幽默的方式就不宜採用，而應該行使適當的懲罰。

不是孩子所有的頑皮舉止都是錯誤的行為，孩子並不願意在犯錯的情況下還惹起一連串的麻煩。瑪麗有 4 個小孩，一天，老二、老三想做媽媽的幫手，因為媽媽在照顧生病的小弟弟。兩個孩子跑到廚房，想幫媽媽擦餐廳的地磚，雖然在這之前他們從未擦過，但他們見媽媽擦過，所以他們確信知道該怎麼做。老二跑去拿抹布，老三往地磚上倒臘，他們曾見過媽媽用臘擦地板，瑪麗聽到廚房裡亂糟糟的響動，忙跑過去看個究竟，她一隻腳剛踩進廚房，就一溜煙地滑倒在地上，一下子滑到了地中央，在臘瓶的旁邊，放著橄欖油，這才是她平日裡用來擦地磚的清洗劑。

幽默感在人際交往中起著舉足輕重的作用。一個幽默風趣的人，往往比不具幽默感的人更受到大家的喜歡。同時，幽默還能幫助我們更好地應對生活和學習中的壓力和痛苦，更開心地生活。隨著時代的發展，現代家庭開始越來越重視孩子幽默感的培養。

幽默是一種人生態度，更是一種人生智慧，其心理基礎是樂觀、積極向上的心態。

俄國文學家契訶夫說過：「不懂得開玩笑的人，是沒有希望的人。」在現實生活中，幽默可以淡化人的消極情緒，消除沮喪與痛苦，舒緩緊張氣氛，更能帶給自己和別人喜悅和希望。那麼，如何培養孩子的幽默感呢？

★ **父母首先應該是幽默的人**：有一位上課幽默風趣、深受學生喜愛的老師認為，幽默感有先天的成分，不過後天的培養更加重要。孩子是父母生命的延續，是父母最真實的鏡子，潛移默化中，父母的許多特點在孩子身上都得到再現。所以，要培養孩子的幽默感，為人父母者，要看看自己是否也需要培養幽默感？最起碼，要能真正欣賞幽默。

★ **教育孩子學會樂觀寬容地面對人事**：樂觀、寬容是幽默的精髓。要學會幽默，就要學會寬容大度，克服斤斤計較的狹隘思想，同時還要樂觀。要培養孩子的樂觀心態，最重要的是，當孩子遇到困難時，父母應站在孩子那一邊，給予積極的鼓勵和支援，要幫助孩子積極進取，只有這樣，才能教會孩子以正確的態度保持樂觀。

★ **熱愛生活，用心去感悟生活**：生活無處不有幽默，只是缺乏發現幽默的眼睛。引導孩子用心去觀察、感悟生活，培養對事物的洞察力，用自己的視角去看世界，不因循守舊，是提高幽默的一個重要方面。只有迅速地捕捉事物的本質，以恰當的比喻，詼諧的語言，使人們產生輕鬆的感覺。

★ **適當的自嘲也是幽默**：真正幽默的人，不怕受人嘲笑，而且非常善於自嘲，而這種自嘲實際上是建立在自信的基礎之上。

★ **多給孩子看或讀幽默輕鬆的故事**：幽默有趣的小故事，不僅能使孩子在輕鬆愉快的氛圍中喜歡上閱讀，還能潛移默化地培養孩子的幽默感。同時，很多兒童文學作品中的主角都是樂天派，他們雖然遇到各式各樣奇怪的困難，但總能化險為夷，繼續樂觀地對待人生。多讓孩子讀或看這樣的故事，可以培養孩子對樂觀情緒的嚮往。

★ **多讓孩子講講有趣的事**：孩子對發生在自己身邊的有趣的事，總是很有表達的欲望。這時家長要做的，就是認真傾聽，並發出會心的笑。若是孩子有足夠的幽默感，大人還可引導他們編幽默故事，改編課本、電影或電視劇，甚至添加一個令人捧腹的結局。

美國是一個崇尚幽默的民族。美國人不僅把幽默看作一種可愛的性格，而且視其為可貴的特質。因此在許多美國家長看來，培養孩子的幽默感也是素養教育的一個有機組成部分。

根據美國專家從事的專題研究，幽默感是情商的重要組成部分。而人的幽默感大約 3 成是天生的，其餘 7 成則須靠後天培養。因而在兒童教育專家的宣導下，許多家長甚至在嬰兒剛出世 6 週便開始對其進行獨特的「早期幽默感訓練」。實際上，不少較聰明的嬰兒這時確已萌發「幽默意識」。

　　一個典型的例子是：當家長故意抱著孩子做「下墜」動作時，一些孩子在體會下落感的同時，還會無師自通地意識到是大人在跟自己鬧著玩，小臉可能會漾起笑容！對這些天生就有較強幽默感的孩子，美國的家長們除了常跟他玩「下墜」遊戲外，還與他玩捉迷藏（如，拿一塊手帕遮住自己的臉，然後猛地抽走，孩子見了可能會發出會意的微笑）、敲擊遊戲（如，用湯匙敲擊碗碟使其發出清脆聲響，然後再佯裝用湯匙敲擊自己的頭或孩子的手，他可能也會朝你一笑）等。

★ 1 歲左右的孩子對他人的臉部表情已十分敏感。在其學步摔倒時，美國的家長們大多是朝他做個鬼臉以表示安撫。幽默的力量是無窮的，此時他往往會被大人扮的鬼臉逗得破涕為笑。不僅如此，家長還鼓勵孩子們模仿做鬼臉，做得愈怪異愈能得到讚賞。

★ 2 歲時的幼兒已能從身體或物品的不和諧性中發現幽默。如，大人把襪子「戴」在自己的手上，臉上則露出難受的表情。在美國，若孩子這時也學著把手套「穿」在腳上，家長不僅不對孩子橫加指責，相反會跟孩子一起哈哈大笑。

★ 3 歲幼兒的智力，已發展到能了解概念不和諧中潛藏的幽默。當爸爸故意手拎著媽媽小巧的女式皮包，或媽媽故意戴上爸爸粗大的男式手錶時，孩子見了會一邊搖頭一邊大笑不止。美國的家長往往默許孩子裝模作樣地戴上爺爺的大禮帽，手持枴杖，步履蹣跚，從模仿中體會幽默的快樂。

★ 4 歲左右的幼兒特別喜歡「扮家家酒」，或扮演卡通人物。當美國人發現自己的兒子與鄰家小女孩正在十分投入地扮演王子和公主時，不僅不阻攔，自己還可能客串壞蛋之類的小角色，加油添醋地讓氣氛更為生動、活潑。

★ 待孩子長到 5 ～ 6 歲時，便可能對語言中的幽默十分敏感。這時，美國家長會利用同音異義詞和雙關語的巧用及繞口令等的學習，增強孩子的幽默感。

★ 7 歲的孩子大多已上學。他們往往喜歡講笑話、聽笑話。有些笑話雖不夠高雅，不過大人們一般不去粗暴地批評乃至責備。他們認為，此時的孩子，尤其是那些淘氣的男孩，往往會透過笑話或惡作劇來「平衡」或「調節」自己的心態。儘管其中的幽默可能讓大人們不快甚至難堪，但大人理應包容。原因很簡單：這是孩子成長過程的一個組成部分！此時若大人能正確引導，讓孩子們知道什麼是粗俗，什麼是幽默，才是明智之舉。

★ 8 歲以後的孩子已初具幽默感。美國的家長常常傾聽孩子們講述有關學校生活的小笑話，並發出會心的歡笑，對孩子的幽默感做出肯定的表示。此外，大人們還常常引導孩子們編幽默故事，改編電影、電視劇的情節或添加令人捧腹的結局。

★ 當孩子進入小學高年級時，學校常常會舉辦有關「幽默故事」寫作或講述的比賽。對於這類能增強孩子幽默感的活動，家長們大多予以無保留的支持。

孩子的幽默性格一旦形成，對其一生都將產生重要的影響。具有幽默感的孩子大多開朗活潑，往往更討老師的喜歡，人際關係也比不具幽默感的孩子好得多。幽默還能幫助孩子更好地應對生活和學習中的壓力和痛

苦，因而幽默的孩子通常比較快活、聰明，能較輕鬆地完成學業，甚至擁有一個樂天、愉悅的人生。

所以，培養幽默感是過程，不是結果。孩子們在學習幽默的過程中，學會用心地感悟生活，學會樂觀、寬容地面對生活才是最重要的。

## ● 小結

*父親的善舉是留給孩子最好的遺產。*

—— 西方諺語

★ 指出孩子表現出色的地方，這會讓他有一種成就感，成功會愈發激勵孩子的熱情。

★ 有趣的活動能鼓勵孩子樂於合作的精神。

以上這些因素都有利於激發孩子做事的動力。讓孩子可以自己做出更優質的選擇，進而表現得更加出色。

### 該你登場了

將能幫你創造出愉快的家庭氣氛的活動列張單子。下面的這些主意或許可以給你一點啟發：

★ 玩遊戲

★ 講故事

★ 講笑話

★ 散散步，聊聊天

★ 在飯桌上討論感興趣的話題

★ 互相幫助

★ 聽聽音樂

★ 練習互相鼓勵

將你的活動寫在下面：

你對孩子的興趣知道多少？

了解孩子的興趣，會幫你創造出有意義的活動。將本書的這一頁複印2張。想想孩子平日裡的表現，假設現在你就是他，按照你設想中他有可能的選擇，回答下列問題，同時也讓孩子自己填一張，填完後，拿來與你的答案對比一下。若是孩子太小不能自己填寫，你就將問題念給他聽，但不要給什麼指引。

1. 我最喜歡的電視劇是……

2. 我最喜歡自己的什麼……

3. 晚飯我最喜歡吃的是……

4. 我最喜歡的顏色是……

5. 別的小朋友認為我怎麼樣（怎麼看我）……

6. 我最喜歡的歌是……

7. 我最喜歡媽媽的……

8. 我學的最好的科目是……

9. 我最喜歡的遊戲是……

10. 當我必須做家事時，我……

11. 我最喜歡爸爸的……

12. 在……時候，我喜歡我的老師。

13. 我認為我應該在 __ 點鐘睡覺．

14. 我最喜歡看的電影是……

15. 當我有空時，我想……

16. 我喜歡哪種人……

17. 我想改變自己的是……

18. 我長大後，想做……

19. 我不喜歡哪種人……

20. 如果我丟了錢，我會……

這個測試開始看起來並不那麼簡單，你也許很吃驚你的答案與孩子的答案只對上了五、六個，要是對了八個以上，那你就是個很了不起的父母。想要激勵你的孩子，你就必須知道孩子的興趣，這份測試可以幫助你更多地了解孩子，每隔幾個月，你就可以再做一次測試，並對上述的問題做些補充，孩子甚至也可以加上一些他希望回答的問題，這樣會使整個活動更有趣。

### 家庭氣氛對比

許多父母在下表中就有關愉快的家庭氣氛和沉悶的家庭氣氛寫上幾句，然後整理成了下表。記住你的目標是盡可能地讓家庭氣氛接近（＋）欄。當有一天家庭氣氛因為某些原因有些沉悶時，別管它，幽默可以幫你緩解氣氛。

| 愉快的家庭氣氛 （＋） | 沉悶的家庭氣氛 |
| --- | --- |
| 溫暖 | 分離 |
| 愛 | 孤僻 |
| 親密 | 疏遠 |
| 堅持不懈 | 變化莫測 |
| 支持 | 恐懼 |
| 理解 | 傷害 |
| 鼓勵 | 惡語中傷 |

| 坦率地交流 | 封閉式的溝通 |
|---|---|
| 注重感覺 | 否定個人的感覺 |
| 接受 | 拒絕 |
| 關懷 | 自私 |
| 尊重 | 充滿敵意 |
| 合作 | 操控 |
| 優質時光 | 緊張 |
| 幽默 | 憤怒 |
| 有興趣 | 混亂 |
| 快樂 | 悲傷 |
| 高度自尊、自愛 | 逃避 |
| 勇氣 | 不善應酬 |

## 第十一章
## 如何培養孩子健康的自尊

即使是普通的孩子，只要教育得法，也會成為不平凡的人。

—— 愛爾維修

下面是一位缺乏自尊的少年對他自己的描述：

「我很討厭自己，我不討人喜歡；我不擅長體育，誰又在乎呢？我的成績平平，有許多事我都不想做；我就是不明白那都是些什麼事？我也不喜歡嘗試新事物，有時候它們令我恐懼，我討厭自己做決定，如果我選錯了又該怎麼辦？我真的一點都不自信。」

接下來，是一位持有健康自尊心態的少年對自己的描述：

「我猜自己是個很不錯的孩子。我有許多好朋友，有時候他們都聽我的；我喜歡體育運動，儘管玩得不是很棒；我希望有更多自己的時間去做自己喜歡的事；這世上有太多需要了解的新鮮事了，自己做決定一點都難不倒我，即使弄得一團糟，那也沒什麼，我會規劃好整個事情，盡可能讓一切都好起來。」

## ● 什麼是自尊

什麼是自尊心？

簡單地說，你的自尊就是你的態度或是你對自己持有的信念。持有健康自尊心態的人尊重自我，他們可以駕馭自己的行為，對自己所做的決定充滿信心。而那些自信心十足的孩子渴望在生活中不斷地獲得成功，他對自己感覺良好，並能積極地吸取具有建設性意義的批評。任何一位對自己

信心十足的孩子，很少會做出愚蠢的行為。

　　缺乏自尊的人也缺乏自愛，他們無法確定自己的行動和選擇。缺乏自尊也會對孩子的學習產生障礙，處在這種心態下的孩子會處處感到不安全，他缺少堅持不懈的精神，對他人的看法過於敏感，一旦事情變糟，他就會埋怨別人。

　　缺乏自尊的孩子甚至將這個世界看成是一塊恐怖之地，他覺得任何事都毫無價值；同時他缺乏自信，對自己也不忠誠，因為這樣的孩子認為自己就是一種失敗，所以他在生活中也根本不祈望獲得什麼成功，而理所當然地任其所為，一旦失敗真的來臨了，這樣的孩子會輕易地停止嘗試，不再努力爭取。因為孩子感覺不到安全，對他們來說，迴避失敗與不安全的最好方法就是不參與任何活動。這樣沒有任何損傷與失敗，這樣的孩子寧願避開新事物、新感覺，也不願體會到失敗。他甚至會說：「我不曾試過。」對他來講這種解釋要比：「我努力試過，可是失敗了！」的說法感覺更舒服。

　　身為人的一個重要目標是：你應該努力培養健康的自尊；身為父母，你的目標應是幫助自己的孩子建立起健康的自尊，而這其中關鍵是給予他強有力的支持和鼓舞。

　　要是孩子怎麼也學不會騎自行車，你說：「我已經說過了，不該那麼做，再來一次，精力集中點！」這就會大大挫傷孩子的自尊；若是你說：「不錯，孩子，每次你都比上一次做得更好！我相信你一定能學會。」這樣的回應會充分地肯定孩子能力中自信的成分，最終累積成說服孩子發自內心地建立自信。

　　同時，在吸食毒品與酗酒的過程中，自尊也有主觀重要的作用。處於青少年時期的孩子們非常在意同儕對他們的看法，這很自然。有比較健康自尊狀態的少年也有很強的自我價值意識，他們能夠面對較強的同儕之間

的競爭壓力，因為他們看重自己，所以認為沒有必要去擔心別人是否看得起自己。

而缺乏自尊的青少年強烈需要他人的認可，因為他們常常討厭自己，所以全心全意地渴求別人喜歡；而能得到認可的最容易的方法就是與人群接觸，有一票朋友，即使有一個會吸毒的朋友也比沒有朋友強。

## ● 如何培養孩子健康的自尊

透過尊重你的孩子，向他表明他是很重要的一員。「潑灑的牛奶」就是一個例子。比如說你邀請一位朋友一起吃晚餐，席間，朋友弄翻了一杯牛奶，這時候你是怎麼反應的？「沒關係，這只是個意外，時常會發生的，來，我擦一擦就好。」而這如果換成是你的孩子做的，你又是怎麼回應的呢？「你是怎麼搞的？都告訴你多少次了，做事不要毛手毛腳的，你真笨，看看你把桌布弄得髒兮兮的！」

按照孩子的行事方式去接受並愛他們，這才叫真正的認可與關愛，這並不是讓你去肯定孩子那些錯誤的行為，而是別把錯誤的行為看得太重。「我不喜歡你那麼做，孩子，但我仍然愛你。」這麼說就會讓孩子意識到你愛他，可是你並不讚賞他的錯誤舉止。

用心地教育孩子，是在為孩子未來能獲得成功鋪墊基石，堅持不懈地去培養他們是很值得的。「我知道，孩子，在理工科想取得好成績沒那麼容易，你必須努力點，你很聰明，要知道『一分耕耘，一分收穫』，我相信你一定沒問題。」透過恰當地鼓勵，長大了的孩子可以看出你對他的信任與真誠；同時，父母的鼓勵又會讓孩子更信心十足地去應對各種境況。

別替孩子做那些他自己完全有能力做的事，過分保護會讓孩子感覺離開你後有種危機感，同時也容易讓他變得懶散，他做什麼事都會想處處依賴著你。

　　教會孩子在了解自己的弱點時，也能意識到自己的強項，缺乏自尊的孩子只是過多地注重他的弱點。因為他注重自己的缺點，就會忽略了自己的優點，拿你自己為例向孩子解釋每個人都有優、缺點。

　　安東尼因為打不好籃球對自己深感失望。我對他說：「每個人都有能做好的事和做不好的事。拿爸爸來說吧！我在你這個年紀時，經常感到沮喪，我也想讓自己更健壯一些，更有能力去打理一切。」與孩子一起分享經驗，能教會孩子有時感覺失望是很正常的，但是注意在說話時必須小心，不要說：「我的數學從來沒好過，所以你也不必擔心。」這會讓孩子更容易原諒自己，反而會種下失敗的種子。

　　教會你的孩子克服沮喪。沮喪是生活的一部分，我們都曾經經歷過，教育孩子如何經歷沮喪而同時又不留下傷感。

　　陶德十七歲了，在他遇見米雪兒之前的所有日子，都是糊里糊塗地度過的。他們戀愛了，陶德深陷情網，因為終於有一個人如此地愛著他，他甚至將自己的一生都押注給了米雪兒，除了愛米雪兒，陶德幾乎無所事事，每時每刻他的腦海裡只閃現著米雪兒的身影。再後來，米雪兒離開了他，對於陶德來說，沒有了米雪兒他就沒有活下去的勇氣，他的生命變得毫無意義。陶德無法將生命與心靈的碎片重新拼湊在一起，裂痕重重。於是他開始酗酒，在兩年多酗酒的歲月裡，這個十七歲的男孩受盡了折磨，越加孤僻……

　　當你將自我價值託付給別人時，你正冒著受傷害之險。自尊的根基必須深植於你自己的內心深處，被愛的那種美好感覺是不可否認的，不過要同時教育你的孩子，首先得學會自持，自愛，做自己的知己。

　　讓孩子懂得去欣賞生活中的各種緣由，人際關係中的各種來龍去脈、上學讀書的目的、工作的目的；教他們學會如何去變通，即使在一方面出了問題，遇到了挫折，其結局也絕不是悲劇性的。

斯克特上高一了，他特愛踢足球，而且是名相當不錯的中鋒，還被大學職業隊看上。他極有可能成名，成為一個著名的球星。有那麼多人前呼後擁，為他喝采，他也許會頻頻在不少重要的場合上拋頭露面，一展風采。然而這一切，在他一次意外受傷致殘後全化成了泡影，足球就是他的全部，再沒有了訓練場上的英姿颯爽，沒有了足球夥伴們的暢談，沒有了歡呼，沒有了勝利後的喝采，更沒有理由去上學，甚至活下去。

斯克特將自己全部的自尊押在一個籃子裡，當這唯一的籃子失去時，他無法讓自己的感覺好起來。沒有足球便沒有了生活的目標，他沒有學會變通，他甚至想自殺卻沒有得手。事實上他很幸運，父母在這個時期幫助了他，在近一年的心理治療中，讓斯克特看到了生活中的其他的價值。

## ● 小結

對於教育孩子，做父母的最好用積極的暗示，不要用消極的命令。

—— 陳鶴琴

你必須在建立孩子的自尊方面扮演積極的角色，給予孩子鼓勵和支援，在可能的情況下，盡力給孩子積極的回應，告訴孩子他有能力做這些事，教他擁有自信。信任你的孩子會讓他學會自信，而自信則是你給予孩子的最好的動機。

235

# 第十二章
# 怎樣做出堅持不懈的努力

教你的孩子緘默，他便很快就學會說話了。

—— 富蘭克林

　　一天晚上，有一家四口去吃晚飯。雪莉那時三歲了，孩子們都知道，吃過晚飯後，他們家通常會點些甜食，雪莉點了她愛吃的漢堡包、炸薯條和一小杯草莓牛奶。不知道是什麼原因，雪莉非要繞著餐廳到處跑，爸爸和媽媽不斷地提醒她乖乖吃飯，每說一次，她才吃一口漢堡，喝口牛奶，就是不好好吃飯，而其他人幾乎都快吃完了。

　　考慮到女兒也許不餓，爸爸也得通點情理，於是便想讓她多少吃點就行了：「好孩子，吃甜點之前，妳必須吃個漢堡，不然的話，妳就不能吃甜點。」雪莉笑了，點點頭表示同意，可是接下來她仍是到處跑就是不肯吃飯，很快地，吃甜點的時間到了。

　　他們想買點霜淇淋給女兒，儘管這孩子沒吃完飯。他們可以想像，一旦女兒發現他們沒有買霜淇淋給她，那會是怎樣的情景，她的哭鬧會令他們多尷尬！而恰恰就是因為父母這麼想，才會常常放棄了對孩子的要求，特別是在公共場合，請注意不要輕易地屈服於這種思想。

　　我們的選擇就是堅持到底。要是不好好吃飯 —— 就別吃甜點。堅持不懈遠遠要勝過孩子的幾滴眼淚與父母對她的同情，我們的選擇不是做什麼，而是怎樣去做。最後雪莉的父母決定除了雪莉之外，大家都可以得到一份屬於自己的霜淇淋，然後父親讓孩子的母親與兒子安東尼在收銀臺等他，他在餐桌旁給女兒一點時間吃飯，不是因為仍讓她吃霜淇淋，因為對

女兒來說，現在想吃甜點已經太晚了，爸爸只是想讓她多吃點東西，而吃霜淇淋的時間已經過了。

過了幾分鐘，父親告訴雪莉要離開了。女兒問爸爸她可不可以吃霜淇淋，父親說：「不行，妳還沒有吃完晚飯。」「爸爸，我現在就吃可以嗎？」女兒請求道，等走到收銀臺時，雪莉看到只有三份霜淇淋，爸爸溫和地向她解釋說：「因為我們吃完了自己的晚飯，所以可以吃霜淇淋。」

當父親抱著連踢帶打的女兒，在眾目睽睽之下穿過餐廳時，父親幾乎要發瘋了。他在想人們會怎麼看我這個爸爸呢？而他只想說：「沒事，我只是想堅持不懈地教育孩子。」

女兒在回家的路上又喊又叫，她說如果爸爸媽媽再給她一次機會她就會吃晚飯。看著雪莉那麼傷心，安東尼吃霜淇淋也吃得索然無味，還想把自己的霜淇淋分一些給妹妹。這也是在那位爸爸的生命中第一次覺得霜淇淋是那麼難吃，他真想搖下車窗把霜淇淋丟出去。因為他們都愛雪莉，看到她哭了簡直讓人心碎。

## ● 為孩子的未來著想

有時拒絕與堅持不懈的確不易，你覺得那會深深地傷害孩子。是的，立刻放棄買個霜淇淋很容易做到，可他們沒有那麼做，他們知道堅持到底的重要性，即便要忍受些痛苦或傷心。

他們想讓女兒從中了解到，爸爸媽媽的話意味著說到做到，即使暫時讓人感覺不快，不過若是想吃甜點，就必須先把晚飯吃完；若是不吃晚飯，就別怪別人吃點心，你必須做好爸爸、媽媽讓你做的事，即使是在公共場合。

大約兩個星期後，他們又去了那家餐館。他們想看看上次的堅持不懈

是不是發揮了點作用。女兒吃得津津有味，時不時的還會停下來說：「今晚我會吃一個大漢堡。」當服務員送上霜淇淋時，父親特意要了雙份的給雪莉，小女兒非常高興，很為自己的行為自豪，父親意識到他們的付出終於有了回報。

即使孩子犯小錯誤也不要忽略，日積月累後，會釀成大錯。當他們在女兒的身上堅持不懈時，他們是在著眼孩子的未來，他們想讓女兒意識到的，不僅僅是這次晚飯要好好地吃，而是每次都要吃好。

有些孩子性格中的小問題常被家長忽視，簡單地認為孩子還小，長大就好了。其實，這些小問題倘若沒有被及時矯正，便可能演變為孩子成長中的大問題。

學習成績優異卻不能和同學和睦相處。

小明生長在一個普通家庭。小時候，家裡住平房，小明家的後窗和鄰居家離得很近，鄰居家的吵鬧聲經常讓人感到心煩，一到考試，小明經常被鄰居家的噪音吵得沒辦法念書。媽媽去和鄰居溝通，結果和鄰居吵了一架。最後，媽媽把自家的後窗釘死了，再也不和鄰居來往。

學習成績優異的小明對什麼都要求嚴格，所以他在班裡朋友不多，他要求朋友 100% 對他好，有時候總為一點小事就和朋友鬧彆扭。每當這時，奶奶就成了他的避風港。小明和奶奶最親，他覺得只有奶奶對自己才是 100% 好，什麼都順著自己。

國中時，小明考上了明星中學，可還是經常和同學鬧彆扭。他不知道為什麼同學總喜歡欺負他，總向老師告他的狀，說他「不團結」。想著這些煩心事，小明都沒心思上課了。每次下了課，就打電話給媽媽，要求媽媽讓自己轉學。媽媽擔心兒子受委屈，不久後就幫小明辦理轉學。

到了新學校，情況並沒有好轉，小明還是不能和同學和睦相處，總是和同學吵架。每天的精力都用來盯著每一個同學都做了什麼錯事，又對他

怎麼不懷好意，然後到老師那裡去告狀，要求老師懲罰同學。媽媽覺得小明的行為有些異常，於是帶他去看心理醫生。被醫生診斷為患有嚴重的心理問題，最後只好辦休學。

不要忽視孩子成長中的小問題。

現在的孩子，有的是獨生子女，成長環境過於單調，容易養成過分依賴、過分嬌慣的習慣。在這種情況下，家長如果不注意創造條件引導孩子多與同伴接觸，刻意地鍛鍊孩子的社交能力的話，就極容易使孩子形成霸道、固執或者懦弱、自卑的性格。小明從小就和同學相處得不和睦，說明他不懂得從別人的角度考慮問題，不會與人相處。因為和人相處需要忍讓，而小明的媽媽沒有讓他學會這些。於是在學校生活中，不懂得忍讓的小明越來越感到同學對他的排斥。

一帆風順的孩子經不起打擊。

小明在家中受到長輩們無微不至的照顧，成績好又讓他產生心理優勢。他就理所當然地認為受到大人的呵護是順理成章的，而同學對他當然不會這樣，這就讓他難以接受。

而小明的媽媽竟然能夠容忍孩子每次下課都打電話給她，也不肯考慮問題是否出在自己孩子的身上。當最後因為孩子的性格問題而不能繼續學習時，才意識到問題的嚴重性。其實，如果能從一開始就糾正孩子的不良心態，適當製造一些「挫折」給孩子，讓他學會克服，現在也用不著後悔莫及了。

做一個懂得關注孩子全面成長的家長。

一、教孩子與人溝通的正確方式。

家長的行為習慣會深刻地影響到孩子的成長。小明之所以不懂得如何與同學相處，其實和媽媽有關。因為小明看到媽媽和鄰居解決矛盾的方式是「將窗戶釘死、永不來往」，所以當小明和同學發生矛盾時，他也就找

不到正確的解決方式。

二、培養孩子堅強的性格。

每一位家長都希望孩子健康成長，但不是每一位家長都懂得，對於孩子的健康人生而言，堅強的性格更重要。因為未來的人生會遇到太多坎坷需要他們去克服，會遇到太多的機遇需要他們去決定，會遇到太多的競爭需要他們去面對。而這些，都是家長們所不能預測、不可阻擋、不能干預的。越早培養孩子堅強的性格，他就會離成功的人生越近一步。因為即是學習失利、青春期的情感困惑這些小問題，對於他們來說，都是成長中必須自己面對的大問題。小明不就是因為不懂得如何面對與同學和睦相處的小問題，而導致休學的嗎？

所以，聰明的家長會告訴孩子 —— 遇到問題要學會自己解決。

三、關注孩子的心理健康。

當小明需要每天都打電話給媽媽、不停地要求轉學、總是不能和同學打好關係的時候，其實就已經出現了問題的端倪。可是這位粗心的媽媽卻沒有發現孩子的不正常。

其實，每個人都會有心理的亞健康狀態，只不過成人的理性更強，懂得自我調整，而孩子自我調節的能力比較差，心理問題常常沒有引起家長的注意。

更嚴重的是，有些心理問題的前奏 —— 就像小明不能和同學打好關係的問題，被家長錯誤的解決方式弄得愈演愈烈。一旦孩子的心理問題影響到正常的學習、生活，就會在他的人生埋下巨大的隱患。

所以，明智的家長要懂得：健康的心理、健康的性格才能造就孩子健康的人生。

## ● 不堅持到底，後果會怎樣呢？

安娜 10 歲的兒子喬，每天放學後都要在外面玩。吃晚飯的時候，他應該在飯前洗手，可是喬都不洗手就跑到桌前，安娜便會說：「去洗洗你的手。」喬這才會去洗，他從來不為自己辯解。每次安娜提醒他時，喬總是很聽話，就這樣持續了幾個星期，喬又是小手髒兮兮地跑到餐桌前，安娜再喊著他去洗手。終於有一天安娜忍不住了：「你每天不洗手就跑來吃飯，然後我再把你送到洗手間，你說說為什麼自己不能先洗手？」喬則看看媽媽說：「因為有一天我沒洗手，妳也沒抓到啊！」

「因為有一天我沒洗手，妳也沒抓到啊！」這件事也許是在六個星期前發生的，但是孩子卻抓住了這一次機會，有一次他居然不洗手就可以吃飯了，沒有被抓住，多麼可怕呀！這個例子可以告訴我們孩子是怎麼想的，他那聰明的小腦瓜是怎麼活動的。這事情第一次發生時，能坐在飯桌前吃飯比去洗手留給孩子的感覺更深，為什麼？因為孩子逃離了自己不喜歡做的事。喬其實是在觀察媽媽，觀察了幾個星期，一直伺機等待看媽媽是不是還會忽略。這就是為什麼對孩子的教育要堅持不懈的原因。

這個事例讓我想起了拉斯維加斯的賭城。人們將錢幣一枚一枚地放入投幣孔中，賭博偶爾來說是賺錢的，喬的小手髒兮兮地就跑到飯桌前，這就是一場賭博，而對孩子來說這樣的「賭博」值得玩一次。

絕大多數的父母在教育孩子方面是無法堅持到底的。我們常常口是心非。我們說「不行」然後就放棄了，我們不能貫徹始終；只要孩子稍稍磨磨我們，我們就改變主意，原本不同意的事也同意了。一會我們放過了孩子的錯誤，一會我們又絲毫不馬虎，請千萬注意：這點又恰恰被我們聰明的孩子利用了。

## ● 恐嚇與警告的區別

恐嚇不是懲罰，而是要懲罰的一種意向，它們之間存在著相當的差別。恐嚇只有語言而無行動，許多父母之所以用恐嚇手段，是因為他們不知道該如何懲罰孩子，而另一些父母則是因為太懶，對懲罰孩子不能堅持到底，貫徹始終。總而言之，恐嚇只能是讓孩子錯上加錯。

在候機室裡，有個媽媽帶著小孩子。媽媽恐嚇說：「老實坐著，不然就把你關進車裡。」孩子坐了一兩分鐘又忍不住跑跑跳跳，媽媽時不時地提醒兩句，孩子又坐了幾分鐘，然後又站起來，媽媽再接著呵叱。

父母的恐嚇會讓孩子不相信你們所說的話，孩子知道恐嚇並沒有什麼作用。他怎麼知道呢？從你不能堅持如一的態度與做法中了解到的，你沒能堅持到底，沒有貫徹始終，恐嚇只能是將不能持之以恆放大。

警告則有些不同，如果你能憑藉公正的判斷，靈活地採用這一方法，它會對孩子產生積極的作用。大多數孩子不需要警告，他們知道什麼是對的，什麼是錯的。只有在孩子不知道所做的是否正確時，你才應該使用警告：「本，這麼做不對，別做了。」

不是所有的父母都能用好警告。只有那些能堅持到底有信譽的父母，在採用警告的方式對待孩子時才會發揮作用。父母常常問恐嚇與警告之間有什麼區別？這種區別在父母的言語中完全無法發現，而身為聽者的孩子，卻從第一聲中就能明白這其中的差別。

麥勞蒂帶著 4 歲的大衛來我們家過生日晚會的中途，大衛開始扮鬼臉。麥勞蒂警告兒子停下來，可孩子並沒聽話，繼續玩著他認為不錯的遊戲。麥勞蒂繼續警告：「大衛，你再胡鬧，我們就一起離開晚會！」大衛只是停頓幾秒鐘，立刻又玩了起來，麥勞蒂拉著兒子直奔屋外，任憑孩子哭喊著祈求媽媽原諒，麥勞蒂還是堅持把兒子帶走了。晚會因為缺少了小

壽星不得不停下來，不過身為母親的麥勞蒂卻為教育孩子堅持到底了，以致大衛從此以後每一次參加晚會都非常乖。

倘若你能說到做到，孩子聽到的是一種警告，他能懂得你所說的「停下來」就意味著現在必須停下來。相反，若是你對自己所說的話時斷時續地去履行，孩子所聽到的只是一種恐嚇：「停下！」你的孩子會認為：「爸爸只不過是在嚇唬我，他並不會真的那麼做！」

還有另一種採用起來比較有效的警告，就是時限警告，這種方式的警告不論對父母還是對孩子都非常有益。舉幾個例子讓你看看吧！

「10 分鐘後開飯，迪尼別玩了，快來洗手準備吃飯吧！」

「你可以玩到時間截止，我給你 15 分鐘。」

「媽媽的計程車 7 分鐘內就走了，快點，加把勁吧！」

時間警告讓孩子事先有了準備，並知道一些重要的事會隨之而來。這種警告不會讓孩子感到驚慌失措，反而會鼓勵孩子能與父母積極地配合。不知道是什麼原因，孩子有時候很喜歡計時器，你可以用烤箱裡鬧鐘上的計時器來約束孩子，從父母們的回饋資訊來看，這種技巧是非常有幫助的。

## ●「再給 5 分鐘」與「等等看吧」

許多父母害怕說不，一些父母說「不」是因為他們想避免爭吵。要是孩子狀況不佳，父母就會感覺不安或慚愧；一些父母害怕孩子會因此不再喜歡他們；一些父母則非常懶散不想採取堅決的行為，所以他們開始採用模糊的表達方式，這種表達方式絕大多數是從我們的父母那裡學來的，這其中「再等 5 分鐘」，「或許」和「我們看看再說吧」是三種最常用的拖延之詞。

「該回家了。」

「我們再待一下好嗎？」

「好，那就再待 5 分鐘。」。

「晚飯後我可以吃一點霜淇淋嗎？」

「可以。」

「爸爸，明天我能去公園嗎？」

「看看再說吧！」

如果你的孩子知道「或許可以」是指「行」還是「不行」，那麼使用這種拖詞不失為一個好的方法。比如孩子能夠意識到「我們看看在說」在一些時候你指的是「可以」；而在另外一些時候，你指的是「絕對不可以」。「再待 5 分鐘吧！」就是指「五分鐘」而絕不是「十分鐘」。

父母採用模糊的表達方式說話，可以偶爾避免對孩子的傷害，但用多了，孩子常常又會見風轉舵，趁有機可乘的時候祈求父母，希望爸爸、媽媽順從他的意願，所以使用這個方法時要謹慎些，並掌握好分寸。

怎樣會使你的孩子意識到「可以吧」在一些情況下是「不行」呢？這需要你時不時地在說這個詞時隨口加上一句：「我知道我說過或許可以，但這件事我想過了，答案是『不行』。」你或許發現孩子聽到這話會極不情願，不過沒關係，過一段時間他就會好的，但做父母的你一定要堅持到底，從長遠的角度講，這種堅持是相當值得的。

## ● 堅持不懈對孩子的意義

若是你希望培養出有自律性的孩子，你需要堅持不懈，你必須說到做到，貫徹始終。透過更加積極、更持久的培育，你會看到孩子的表現將有大幅度的提高。所有的父母都應在「堅持不懈」上再下下功夫，它是影響你與孩子之間關係好壞的一個重要因素，是一劑極佳的「調味品」，而它

又恰恰是絕大多數父母忽略的一點。如果你想換個方式去培養你的孩子，那就在「堅持不懈」方面下下功夫吧！

考恩是一個自我約束性較差的人，他十四歲的女兒，瓊妮，隨心所欲。瓊妮可以在外面一直待到半夜，整天看電視，打電話聊天，她上學也總是遲到，不做家庭作業，每件事都要與父母爭執，而考恩又常常讓步，這樣瓊妮就更放任自己了。

考恩被安排與兒童教育專家見過幾次面後，大人們深入地談論在孩子的教育過程中，「堅持不懈與貫徹始終」的問題，並制定了一份能令考恩有主動權的計畫。考恩意識到自己的表現態度首先是個問題，其次，下次瓊妮再犯錯時應採取較嚴厲的管束才對。

隨著這一計畫的實施，考恩看出了一些成效。後來，兒童教育專家讓考恩在他們下次見面時把女兒帶來。專家問瓊妮家裡有沒有什麼變化，瓊妮瞟了他一眼說：「自從爸爸與你談過話後，一切都變得太糟了！」很顯然，孩子是受到了較嚴的管束。有了一定的壓力，教育專家忍不住笑了。

堅持不懈是要求你在錯誤行為每次發生時，以同樣的方式去管教孩子。特別是針對那些屢教不改的錯誤行為。例如你告訴女兒 5 點回家，如果她沒做到，你就該懲罰她；而一些父母卻認為晚一點沒關係，何必再引起一場爭論？「這又不是什麼大不了的問題。」或是說：「我現在太累了，不想再過問這個小問題。」實際上你在愚弄自己，問題非要鬧大了，你才能去處置嗎？你以為這麼做，明天就會減輕負擔嗎？

恰恰相反，你把教育的問題都堆積在一起，明天可真就是個大問題呢！

只有你自己在控制解決問題的速限。高速公路上的司機都知道，真正的車速速限為 120 而不是 110，大多數員警只有在你的車速超過 120 公里的時候才會開罰單，而你也可以把車子的速控制在稍稍低於 120 公里的情

況下「逍遙法外」，這與孩子對付你的方法一樣。假使你將處理孩子問題的警戒線定在 110，而你卻在超過警戒線 1 分「111」時才開始執行懲罰，你實際上是給孩子可乘之機，他會順勢要求得更多。

當你對一個孩子貫徹始終時，其他孩子透過觀察可以受到教育和警告。

發生了這樣一件事：有人開著一輛車載著孩子們一同去露營。走了幾公里後，一個孩子開始不安分，開車的家長隨口警告了他一次。離開家 50 公里時，孩子又開始鬧，家長又警告了他一次，可他卻越發變本加厲，這次家長警告他如果再不停下來，就掉轉車頭把孩子送回家去。孩子以為家長在鬧著玩，他不相信大人能說到做到，仍未停止搗蛋，家長卻立刻兌現了他說的一切，掉轉車頭，直接向家的方向開回去。這下子可讓孩子們大吃一驚，最初，那個孩子停止了亂鬧，隨後，當他看家長絲毫沒有改變時，又祈求大人的原諒。「太晚了，孩子。」父親只說了這麼一句，就把他送回家了。

把搗亂的孩子送回家花了父親兩個小時，然後父親又返回去，折騰了一大圈，可是他卻認為那兩個小時是最精彩的，就是在那兩個小時裡，他在不懂事的孩子與其他孩子們中間建立了父親的威信，不僅在接下來的旅行中一切順利，在那以後的六年裡，這段故事被他的孩子們一個接一個地傳頌著：「你最好是聽爸爸的話，他可是說到做到的人！」每當孩子們講完這段故事，總會在結尾加上這麼一句結論。

後來，那位父親常常想，要是那天自己原諒了孩子，沒有送他回去，又會怎樣呢？首先孩子會一而再，再而三地連續犯錯，其次別的孩子會認為父親只是在嚇唬他們，父親並不能將正確的要求執行到底，他們很有可能就開始探測父親，那麼，這個週末大家都不會過得太好，特別是孩子的父親。

孩子的錯誤舉止一旦發生時，馬上就要處理，倘若你任之溜走，你在將來會為此而付出代價。此外別讓朋友們、鄰居們或是孩子的爺爺奶奶們的情面影響了你的決心：「這次就算了吧！」，「我們又不是常見面，孩子鬧一下沒關係」，「孩子還是不錯的，他只是有點興奮。」。你是父母，你所做的一切對孩子最有影響，又不是別人在培養你的孩子，所以你必須堅持不懈，孩子們喜歡逃脫懲罰，而你的工作就是實施正確的管教。

　　孩子們透過對自己行為後果的預測來做決定，或學會自律，他們必須學會自己思考，看清緣由，一旦他們選擇了一種行為，他們就知道結局會是什麼。

　　你的孩子能夠預測出你對他舉止的反應，他需要知道你對每件事的做法；需要知道確切的結果。而這些只有在父母堅持不懈的條件下才能實現，他才能更快學會這種因果關係。

## ● 父母之間的持之以恆

　　貝克 2 歲了，吃晚飯之前，爸爸和媽媽坐在沙發上看電視，貝克向媽媽吵著要糖吃，媽媽說：「不行，孩子，很快就要吃晚飯了。」貝克一點都沒猶豫，馬上轉向一旁的爸爸，「爸爸，我要吃糖嘛……」

　　如果在教育孩子方面媽媽說不，孩子就去找爸爸，那麼孩子在很小的時候就學會了磨人，它會隨著年齡的增長而變本加厲，「我就知道，我早該去找爸爸。」

　　父母對待孩子的堅持不懈十分重要，間接默契配合、堅持到底同樣舉足輕重。若是爸爸很好說話媽媽卻很嚴格，那你的孩子很快就學會磨人了。你的限度是 40 分而孩子的爸爸限度卻是 65 分，孩子就會乘機而入，利用爸爸和媽媽之間的差距為自己開闢「天地」，這是最糟的事。孩子會

在長期的摸索中了解到什麼時候去找爸爸，什麼時候可以去找媽媽，比如多爭取一點看電視的時間，或要一些零用錢，去找爸爸，在這些事情上爸爸很好說話；而拖延一點時間做作業，在朋友那裡過一夜去求媽媽，媽媽對這些事看得輕一些。

父母應該在家規上達成一致，對孩子該做什麼，不該做什麼事先要取得一致的意見，規定在何時、採取怎樣的方式懲罰或是鼓勵孩子。如果妳不同意，那沒關係，妳可以與孩子的父親爭論；當著孩子的面爭論是極不明智的，要是妳表現出與孩子的父親持不同意見，妳則是在與孩子建立一條「統一的戰線」，有些時候妳就不得不做讓步，同時，孩子也會看出妳的薄弱之處。妳會聽到孩子講條件的抱怨，比如：「可是，爸爸說沒問題啊！」或「媽媽說我能去。」

與你的另一半好好談談管教孩子的問題。開誠布公地談談自己的感受和想法，定期地回味一下自己的觀點。列出孩子的錯誤行為，針對每一種錯誤的行為找出一種策略。經過這樣的默契配合，孩子的錯誤行為就會及時、澈底地得以更正，一旦意外出現沒有在計畫中的教育問題，你要等與另一半商量後再做決定，簡單地對孩子說句：「在做決定之前，我要跟你爸爸商量一下，這個問題等一下再說。」這樣孩子會了解到爸爸媽媽始終是合作的，他就無法有可乘之機利用父母的其中一方去反對另一方。

注意不要混淆了「與另一半商量一下」和「等你爸爸回家再說」，不要單單依靠其中一方去做決定。只有一些特殊的問題需要討論，而日常的紀律管束問題，做父母的任何一方都應隨時處理。要是媽媽在這方面過分依賴爸爸，孩子將漸漸地不再聽媽媽的話，做媽媽的必須要掌握與孩子在一起的時光。

## ● 小結

在漫長的時間推移中，經常把目前孩子的情況和幾個月前的情況加以比較是重要的。

—— 井深大

★ 對孩子的教育堅持到底不是件容易的事，但是在這方面付出是絕對有意義的，你是在為孩子的前途與未來著想。

★ 不要忽視孩子犯的小錯，不要讓小錯日積月累地滋生。

★ 立即處理孩子的錯誤行為，不要怕對孩子說：「不行！」

★ 與你的另一半一起探討教育孩子的問題，即使你們離了婚，也要共同對孩子負責。

★ 有計畫、堅持不懈地管理和教育孩子的錯誤行為。

# 第十三章
# 如何好上加好

*家庭最重要的地方，在於孩子從這裡走向生活。*

*—— 馬卡連柯*

愛麗斯夫人建議讓 10 歲的兒子每天早上起床後晨讀 10 分鐘，這個計畫在剛開始的兩個星期裡實施得還不錯，漸漸地就變成了三天打魚，兩天晒網的情形。愛麗斯說：「我知道我應該堅持下去，可現在我有點累了，我需要在堅持中給自己放一段假，之後我會繼續堅持下去的。」

做父母的不能這樣所謂的時斷時續地堅持，你必須一直堅持下去，直到孩子的表現達到了我們最初設立的目標，並形成一種良好的習慣才行。要做到這一切的確不易，它既耗神，又費力，還易造成神經衰弱。下面是七種讓你能較輕鬆地堅持下去的策略。

## ● 注重最初的鍛鍊行為

第一種能讓你堅持不懈的動力，來源於優先培養的行為。所謂優先培養的行為，就是你付以特別地辛苦與重視去鍛鍊的行為。一種優先被培養的行為，如果你想讓孩子與周圍的人合作，那麼合作就是優先行為；因此你要將精力放在合作上，時刻找一些機會培養孩子與他人的合作，這會教你的孩子逐步學會珍惜合作。

一種優先的行為也可能是一種錯誤的行為，是一些孩子長期養成的一種錯誤的行為方式。他們長期地重複犯同一種錯，比如吵架，耍賴，不聽話；孩子也可能同時犯幾種錯，形成幾種犯錯的方式。父母若是一次性針

對全部的錯誤行為方式去教育孩子，一方面這對父母來說耗神費力，另一方面也會讓孩子摸不著頭腦。你可以先對孩子的錯誤行為大概心中有數，但不要放棄，不要讓孩子覺出你有「姑息遷就」的想法，在你最想放棄，身心疲倦的時候堅持下去，你就度過了教育的「瓶頸」時期。否則，你將在孩子的教育問題上付出相當的代價。

優先培養的行為可以讓你集中精力。要對每一種錯誤行為都堅持不懈地實施教育相當困難，先確定一兩個優先行為，再集中精力去教育孩子，漸漸地就會取得明顯地進步。

記住要採用積極的方式，每一種錯誤的行為背後都有相反和積極的一面。在你培養優先行為的時候，盡量先找到其積極的一面。假設你選定孩子的優先行為是孩子愛耍小脾氣的毛病，就必須堅持下去，不能稍有進展就給予表揚；當孩子確實在脾氣方面大有長進時，你要適當地給予鼓勵，「我很高興看到在媽媽告訴你不能買棒棒糖時，你沒有哭，我很欣賞你的表現，謝謝你，我的孩子！」

當你對優先培養的行為堅持不懈時，它會對孩子的其他行為產生積極的影響，你的孩子會從一種行為推廣到另一種行為。從培養優先行為開始，又可在其他行為上取得一定進步，你怎麼願意拒絕這麼好的一椿「生意」呢？這可是一箭雙鵰啊！

## ● 給自己一種有形的提醒

採用有形的揭示方式是幫助你堅持不懈的第二種方法。在桌子上的桌曆寫著「別對孩子的發脾氣讓步」，「讓孩子玩的時候不要大吵大鬧」；在浴室的鏡子上貼著「尋求合作」；在冰箱上貼著「請安靜，別大吵大鬧」。這些標籤會幫你對孩子的教育堅持不懈，同時告訴你將重點放在何處。

肯尼與愛倫是同一個班的兩位好學生，他們 13 歲，長得很帥，做事又都具有創意且富於領導性，他們的風格很像，而這也恰恰是問題所在：他們彼此互相憎恨，互相干涉對方的工作，儘管老師積極地從中調解，也絲毫沒有太大的作用。到後來，老師幾乎堅持不下去，因為要讓這兩個孩子不要彼此對抗，實在太難了。

老師看到的就是兩個人不斷地爭執和較量，老師想著自己必須採取一些什麼方法改變這種狀況，想來想去，老師決定在教室後面貼上一個標籤，上面寫著：「盯住肯尼與愛倫。」、「要讓他們從現在起彼此友好相處！」

這簡直像變魔術一樣，這個標籤不僅提醒了肯尼和愛倫彼此友好相處，也幫助了老師積極地堅持下去。它讓這位老師將目光重點放在兩個孩子行為中的積極面上。

全班同學最初還認為這是個愚蠢的想法，一星期後，他們班裡的每個學生都想在牆上為自己貼上幾句提示性的標語。他們喜歡讓所有人的精力都集中在這些標語上，而老師則更高興地看到了孩子們之間的團結合作和良好表現。

## ● 耐心地實踐

第三條你需要掌握的策略是耐心，父母們急於求成 —— 而孩子卻不能隨著你個人的意志迅速地轉變，我們不可能迅速地改變孩子長時間以來形成的行事方式。既然你已經決定了要堅持不懈地教育孩子成材，那就不是一蹴而就的事，因此你必須有耐心。

讓你保持長期的耐心確實不易，因為你希望付出會即刻有回報。我們的建議是，你也應該站在孩子的角度上想想，在這之前，你也許一直在採用嚇唬或警告的方式教育孩子，孩子已經了解你的處事方式，現在可好，

你一下又轉變了過來。你毅力十足，堅持不懈，而你的孩子對這種做法會困惑不已 ——「爸爸，我不明白以前你在真正轉達意思之前總要喊上三、四次。」改變孩子的行為要耗費時間和精力。記住，孩子與我們是不同的，你必須要有相當的耐心。

## ● 選擇一個好時機

若是你決定就孩子的某種行為實施一項計畫，或開始一種新的管教措施，你要選擇一個好時機。這是位頗有經驗的母親告訴我的。她是一位稅務會計師。她說她漸漸了解到，不要在自己工作繁忙的時候實施新的方案，那個時期，她每星期要工作 60 多個小時，一回到家也無法進入個人的最佳狀態。她了解到這個時期不能節食，不能更改她的壞習慣，或是改正孩子某種錯誤行為，這一點是非常聰明的。

此外在假日去爺爺奶奶家等，這些對孩子們來說比較重要且有意思的活動開展之前，盡量不要實施教育計畫，而是應該選擇一個比較穩定和可以預測的時期，這種時期有助於你將計畫實施到底。

## ● 注意每天的「黃金」時段

一天中孩子有三個時段易犯錯。每天早晨慣常的那些活動讓人比較頭痛，因為大家都要面對出門去上班、上學的壓力，這種額外的壓力讓父母和孩子感到既緊張又緊迫，是讓大家容易發脾氣和不理智的時候。為了做好一天的準備工作，父母最好能提前 20 分鐘叫醒孩子，花 10 分鐘時間大家坐在一起吃早餐，然後說說笑，開心五分鐘，盡量讓孩子放鬆一下，這會無形中教會孩子該怎樣為自己在新的一天為身體上、情緒上都做好準備。

研究表明，一天之中對父母與孩子來說，最易發生衝突的時間是在每天的晚餐前，父母忙碌了一整天，身心疲倦，而孩子呢，恰好又需要釋放一整天在學校累積的全部能量。這個時候每個人的血糖濃度較低，容易使大家都覺得有些煩躁、心慌，所以回到家後，先吃些速食或點心會對家長和孩子都有幫助。為孩子制定一份計畫，讓他有事做，也非常有好處，他會自己既玩得有趣，學得認真，又不擾亂裡裡外外忙碌著的家長。

對一些孩子來講，上床睡覺也是個問題。不要讓孩子覺得每天早早上床睡覺，是對他的一種懲罰，而要讓孩子漸漸意識到，上床睡覺是去放鬆，是一種享受；同時養成一種睡前的好習慣：洗澡、講故事、擁抱與親吻，並畫張圖表或列個專案單幫助孩子調整自己的睡眠時間。

對上述這幾段比較容易出現問題的時段，父母若能好好掌握，將有助於幫你集中精力，並持之以恆地實施教育計畫。

## ● 面對孩子的挑戰

孩子會試探你，不論你在實施教育計畫的過程中怎樣謹慎而有力度，孩子仍會以各種方式抵抗這種改變。最初，他會對一種新的紀律方式表現良好，過一段時間，他又會退回到原先的做事方式上奮勇當先，錯誤反而有增無減；出現這種狀況時，別失望，這一切都很正常；一旦你意識到孩子偶爾會試探你，你就會減少挫折感和失落感，在這個階段正確地面對孩子的這種反應也有助於幫助你堅持到底。

對孩子說「NO」的技巧。

理查進幼兒園不久，很快就學會了一樣「嶄新」的說話方式。他媽媽喜憂參半地對人說：「無論什麼事，他都說『NO』，有時真拿他沒辦法⋯⋯」這位年輕的母親在聽到孩子的第一聲「NO」時，一定覺得

很有趣，開心得不得了，因為孩子開始有自己的「思想」。一個簡短的「NO」字，是小朋友開始對自己身為一個獨立個體的覺醒——那率直的「NO」，是他訴求「自治」的吶喊，要求解放的宣言。

不過，理查的母親不久便被孩子那一聲聲的「NO」弄煩了！因為孩子對她的命令，她的要求，一律說「NO」，哪怕有些是理查自己本來也想要的，也以「NO」作答，精靈的孩童在考驗著大人的權威，向他們挑戰。不過，幼兒專家認為，幼童這種反應是正常的，這是孩子成長中自然和健康發展的表現。關鍵在於，大人如何改變和防治孩童這種說「NO」的叛逆心理。

其實，孩子愛說「NO」，正是從大人那裡學來的。大人常脫口而出的「不要」、「不行」、「不可以」……讓孩子聽慣了——天性愛模仿的孩子能不跟著學嗎？所以，不願孩子老是說「NO」，首先要從自身做起：平時說話，對孩子盡量減少用「不要」、「不行」等否定性的字眼，孩子也會跟著減少重複它們，那麼我們也就會少聽到這句「NO」的反叛性詞語了。

但這不等於說，孩子總是要用「YES」（是的）作答，而是避免用「不」來對孩子直說，除避免直接衝突外，更可減少他們模仿的機會。那麼，如何運用「肯定語」來表達否定意？以下，是避免用「NO」的幾點技巧：

★ **技巧 1 —— 直接說出理由**：一個剛上幼兒園的孩子，吃完午餐想去公園玩。他指著外面說：「我想出去玩。」媽媽如果說：「不可以！現在你要去睡覺，不能出去玩。」孩子除了知道媽媽不同意外，也學了一次「不」的用法。所以，回答應是：「吃完飯後，就要準備睡覺。我們下午才能出去玩。」從這個沒有「不行」字眼的回答，孩子懂得了「我現在不可以出去玩」的意思。

★ **技巧2 —— 理解感受的表達**：午飯時間到了，形形玩得正高興，她央求道：「再玩五分鐘……」媽媽如果說：「不，現在就回家吃飯！」這不僅讓孩子失望，更讓她感到否定詞的「力量」，說不定回家後，很快就會用這個「不」來對付父母。所以媽媽順著她的感覺說：「我也不想打斷妳，因為妳玩得正高興。可是我們的午飯時間到了。」媽媽牽起形形的手，把她帶離現場。有人理解自己的感受時，抵抗情緒會因此降低。

★ **技巧3 —— 直接陳述問題**：布朗喜歡出去散步。一天，他要求：「我想去逛街。」當時，烏雲密布，看樣子快要下雨了。假如爸爸說：「不能出去！待在家裡玩吧！」孩子聽到的首先是「NO」，他以後自然會模仿的。所以爸爸最好說：「我也想帶你出去玩，但你看天黑黑的，要下雨了。等明天天氣好了再出去玩。」爸爸擺出困難所在，讓孩子意識到這時不能出去。

★ **技巧4 —— 同意口吻押後實行**：莎拉個性好動，也特別喜歡吃甜食，兩杯果汁喝完後，她要求道：「再一杯。」媽媽知道，孩子吃太多甜食不好。若是媽媽說：「不，妳喝太多了！」這會讓讓孩子直接體會一次被拒絕的感受。這時，媽媽應搖搖頭，告訴她：「好的，不過要等到下午吃點心時再喝。」孩子聽到的是同意式的回應，只是要耐心地等到下午點心時間。

★ **技巧5 —— 給自己時間考慮**：小志在捏泥土，但他很快就不喜歡這個活動了，向爸爸請求道：「我要玩水球。」爸爸一時拿不定主意，便婉轉地對孩子說：「你給我時間想想好嗎？」這樣既可避免直接衝突，又讓孩子知道，爸爸正嚴肅地考慮他提出的問題呢！

當孩子對你提出要求時，要先停一停，思考清楚再回答；一旦做了決定，就清楚地說出你的決定，不要再改變主意。倘若孩子還是纏著你，你

採用「疏忽」態度，以沉默作答，讓他知道你說過的話是不能再改變的。久而久之，孩子便會「知難而退」了。

孩子接受你的「NO」意，應該如何穩固其合作表現？

首先，馬上稱讚他的良好表現。列一個表，記錄下來，一天下來，讓孩子看看自己當天「可觀」的成績。然後，貼上「紅星」貼紙，孩子看了會很高興的，有時他表現得更好更順從的話，給他一個驚喜，貼上兩顆紅星。另外，如果孩子在家裡有如此良好紀錄，家長可以給他一個小禮品。

別忘了，這是避免直說「NO」，但同樣達到「不」的效果 —— 一個短短的「NO」字，與以上提的幾種避免辦法相比較，是顯得簡單得多了，家長都愛脫口而出，他們習慣這樣做了。可是，那隨之帶來的負面效果，卻會消耗大人多少的精力與體力啊！想想看，用哪一個辦法更划算呢？

## ● 為孩子做出恰當的評價

幫助你能持之以恆的第七種策略，也是身為成功父母所應具備的重要因素，那就是對持之以恆的了解。持之以恆可以教會你的孩子去期望、去預測他行為舉止的結果。一旦孩子能夠預測出他行為舉止的結果，他自己就能做出較好的選擇，而較好的選擇又恰恰是培養責任心重要的一環。

理解持之以恆的重要性，會使你更有意識地堅持到底。持之以恆對你教會孩子積極的表現非常重要。你越是持之以恆採用積極的回饋方式，孩子就會越快地學會正確的行為舉止，這一點當你在培養孩子優先行為時效果特別好。每次在你覺得孩子表現良好時，就要感謝他的積極配合。當你看見兒子特別賣力地打掃房間時，就告訴孩子你是多麼為他感到驕傲，告訴他已經長大了，而且越來越有責任心，知道要幫助家人了。

持之以恆對你採用懲罰方式教育孩子時更為重要。一旦你告訴孩子因為他的某種不良表現，將要受到懲罰時，你就要持之以恆地堅持下去，假

使你任其發展或只是隨自己的心願行事，你會使問題錯上加錯，你只會讓孩子知道你說話根本就不算數，而且你還會讓孩子在錯誤的路上越走越偏。孩子早晚都會為這種錯誤的行為付出慘重的代價。

持之以恆還是父母對孩子愛與關懷的一種表現。在你持之以恆之時，你的孩子會更好地自律。他會明白他對你來說是多麼重要：「我知道爸媽是怎樣地關懷我，又是怎樣地在關注著我，他們傾注了那麼多的時間和精力期待著我的進步。」當你堅持不懈時，你也正在告訴孩子，你在做一件很有價值的事。那是你應盡的職責，孩子很少在口頭上願意讓父母持之以恆地去執行一份培養、教育計畫，但事實上在他的心裡，卻希望父母能堅持到底，這一點對青少年來說更明顯一些。

半途而廢會讓孩子對自己沒有把握。它會讓孩子感覺被忽視、不安全及困惑，這種困惑會迫使孩子鑽父母的漏洞，或利用一些模糊的條件。一旦孩子意識到你說到做到並且能持之以恆，他將認真地對待你，他會仔細地想想自己的行為和選擇，想想父母的期望。

如果下次你在實施一個培養計畫時想中途「休息一下」，那就想想愛麗斯太太，想想你這樣做的後果是：孩子的錯誤不僅沒有得到糾正，反而愈演愈烈。半途而廢告訴了孩子你說話並不算數，而且孩子了解到這一點，他會接著再去犯新的錯：「我倒要看看晚回家了，爸媽能把我怎樣！」這樣會逐漸讓孩子在犯錯的路上形成一種負向循環，而唯有父母的持之以恆才能將這種循環打破。

對所有的孩子來說，犯些錯是正常的，當你持之以恆地針對孩子錯誤的行為做出相應的反應和採取措施時，孩子的錯誤就會減少；而當你時斷時續地實施措施時，孩子的錯誤行為反而會有增無減。

## ● 小結

家庭教育的指導思想和培養方法，決定於一定社會的生活方式。家庭教育只有與社會生活相連繫，才有真正的價值和生命力。

—— 馬克思

★ 持之以恆最為重要，也是最難估計的一點。

★ 在教育艱難期時，要鼓勵自己。

★ 聰明地利用你的能量，將其集中在培養孩子的優先行為上。

★ 使用標籤提醒自己。

★ 注意一天中易犯錯的時段。

★ 面對挑戰。

★ 記住持之以恆是愛與關懷孩子的一種表現，它會告知你的孩子他有多重要。

★ 耐心些，改變孩子需要時間。

第一部分　言傳身教
第十三章　如何好上加好

# 第二部分　有效的懲罰方式

## 第十四章
## 如何使用對孩子有教育意義的懲罰方式

家庭是父親的王國，母親的世界，兒童的樂園。

—— 愛默生

### ● 孩子是怎樣學會犯錯的

「保羅，幫我把盤子洗一洗。」

「我現在不想洗。」

「保羅，該你洗了。」

「我不能等一下再洗嗎？媽媽——」

「就現在洗，保羅。」

「今晚我不想洗盤子。」

「快點去洗，媽媽給你十塊錢。」

「二十塊吧！我們就可以成交！」

父母為本應是孩子該做的工作提供獎勵，而孩子卻還要討價還價，設法逃避自己該幫忙的事情。賄賂孩子是他犯錯的誘因，賄賂孩子會將錯誤行為和正確行為混為一談。

賄賂會讓孩子在自己的錯誤行為上占據主要地位，千萬不要使用這種方法讓孩子改變他的主意。在你這麼做的時候，你是在鼓勵孩子在今後的生活中與你對抗，「看吧，我拒絕洗盤子，反而得到了二十塊錢的獎賞！」如果孩子犯錯了，就立即處理它，不要用賄賂的方式。

米契爾與媽媽去超市購物時，一路抱怨煩人。媽媽用棒棒糖賄賂兒子，想讓他安靜下來，儘管孩子是安靜了下來，可是下次再與媽媽上街購

物時，小米契爾還會要媽媽買糖才肯乖些。透過一次抱怨，看到媽媽做出反應，小米契爾意識到抱怨可以得到他想要的東西。錯誤就是這樣逐漸地發展起來的。

許多通情達理、指示正確的父母，是偶然或無意地教會孩子犯錯，做媽媽的康妮並無意去培養小米契爾的錯誤行為，如果你去問她是不是她教壞了孩子，她會叫起來：「你開什麼玩笑？為了讓孩子聽話，我累得骨頭都要散了！」

一些父母在孩子還很小的時候，就開始對孩子一些本是錯誤的、不應被接受的行為施予獎勵。比如父母在孩子不高興時就額外關照一下，答應孩子一些非分的要求或是做了不應在當時做的事情，以驅走孩子的不快。這種特別關照是可以讓孩子暫時處於較好的狀態；而稍小一點的孩子就會在這一過程中，假裝不高興以騙得父母的特別關照，不快樂反而變成了一種獎賞，孩子常常將不快與食物連在一起，一旦他不高興了，一塊糖、一包炸薯條或是一頓肯德雞就會讓不高興煙消雲散。

生活中總會遇到一些不快，我們需要教會孩子不講任何條件地沉穩面對這樣的現實。如果在孩子的童年裡，家長經常把食品與不愉快連繫在一起，小恩小惠施予孩子，成年後，孩子將無法養成良好的飲食習慣。想想當孩子無事可做、待在家時，他會有多少次打開冰箱的門，隨意吃自己愛吃的零食？

## ● 不要在你生氣的時候懲罰孩子

一天琳達匆忙地趕回家，想取回該帶去上班卻忘在家裡的檔案。當她到家的時候，聽見屋裡有聲音，正當她想報警時，又聽到了一陣咯咯的笑聲。她大叫了起來，又是一陣咯咯笑的聲音。她循聲走進十三歲女兒的臥室，原來南茜和她的兩個朋友藏在衣櫃裡，她們蹺課了。琳達極為惱火，

無法平靜地思考。她所說的只能是：「南茜，這幾天我和妳爸爸要好好考慮一下，為此妳要受到什麼樣的懲罰。」琳達並沒有因為憤怒而喪失了理智，進而做出錯誤的決定。實際上，讓她女兒為這件事擔心好幾天，已經是一個很好的懲罰了。

當你在生氣時懲罰孩子，實際上你同時在做兩件事：你一邊懲罰孩子，一邊又做出憤怒的反應。如果你的孩子是故意讓你發脾氣的話該怎麼辦？如果是因為過去發生的某件事，孩子想要跟你扯平或報復又該怎麼辦？這樣的話，你的憤怒對他來說並不是一種懲罰，而是一種獎勵。當孩子的不良行為惹得你大發脾氣的時候，你以為自己正在教孩子，孩子卻反而控制了你，這是憤怒的代價。孩子的不良習慣不僅沒有被懲罰，反而更加頑固了。因此，壞習慣便越來越多。

懲罰的作用因為惹你發脾氣而相抵消了。有一些孩子，他們寧願以挨打作為代價，也要成功地惹惱你而獲得控制權，能夠打破這個報復惡性循環的唯一方法，就是停止在你發火的時候懲罰孩子，倘若你發現自己生氣了就走開，你得先消除憤怒，然後再面對孩子的不良行為，千萬不要讓孩子使你匆忙行事。

不要在你生氣的時候懲罰孩子。首先你要冷靜下來，因為你懲罰孩子的目的，是教導孩子如何在將來表現得更好，而不是和他扯平。有的時候，孩子可能會使你非常生氣，可這時絕對不是懲罰的最佳時機。我記得有這樣一個孩子，由於受到父親的嚴厲懲罰而一直鬱鬱寡歡。當我和他的父親談起這件事的時候，他說那是因為孩子弄丟了他的一些工具，他當時太生氣了，就告訴那孩子這輩子都別想再碰他的工具。顯然，他的反應有點過火了。

當你由於生氣而反應過於激烈的時候，你可能會說，那並不是你的本意，你不可能懲罰孩子一輩子。因此你不要在生氣的時候懲罰孩子，你這

樣做只會告訴孩子懲罰是報復的一種形式。

懲罰的目的是改變孩子的不良行為，教育孩子如何做出正確決定，只有根據事先制定好的規矩懲罰孩子，才能收到理想的效果。單憑一時衝動做出的懲罰決定肯定收效甚微。你在生氣的時候，樹立了一個反面的榜樣給孩子看，這樣你就無法教育孩子如何做出正確決定。

## ● 不要用令孩子尷尬的方式懲罰孩子

懲罰不應該讓孩子感到難堪，更不要羞辱和貶低孩子。因為懲罰孩子只不過是想告訴他什麼是對，什麼是錯，如果懲罰使孩子感到難堪，孩子的心裡就會滋生出不滿的情緒。這種難堪的感覺會使孩子認為你很討厭或者很不公平，這樣的話，孩子就不會做一些你認為是正確的事，他也不會學著與你合作。在生氣的時候，他會反過來也這樣對付你，由此，一場惡性循環就開始了。

不要在其他孩子面前懲罰你的孩子。把你的孩子帶到一邊，指出他的錯誤行為並告訴他得為此受罰，等過一陣子，你再和孩子單獨談談這件事。

## ● 要始終如一地執行懲罰

懲罰措施一定要始終如一地貫徹執行，一旦你決定懲罰孩子的某種錯誤行為，就要堅持到底。倘若你只是偶爾想起來懲罰一次，那麼情況就會更糟。只要你告訴孩子他得為自己的行為受懲罰，你就要一直堅持這樣做。不管你多累多煩，該懲罰孩子的時候還是得懲罰，絕不能讓他的錯誤行為從你的眼皮底下溜走，一次也不行。許多父母都會犯這樣的錯誤，孩子喜歡這樣，因為這使得他有機會試驗你，看你這次是不是會懲罰他。

安吉拉搞不懂，為什麼任何懲罰對她的獨生子布萊恩都發揮不了作用。她說：「我什麼都試過了，可對他都沒用。他從來不按照我說的去做。」經過幾番談話，我得知安吉拉在一週內偶爾懲罰布萊恩一兩次，其餘的時間，他就可以為所欲為了。由於安吉拉沒有堅持執行懲罰措施，因此布萊恩可以在一天內犯好幾次錯，而一週卻只被懲罰一兩次。

這對孩子來說，當然是最划算的交易了。這樣安吉拉和布萊恩都有了誤解，安吉拉認為懲罰並沒有作用，所以她就不堅持執行懲罰措施。布萊恩認為他大多數時間都可以逃脫懲罰，因此他就繼續犯錯。後來，安吉拉制定了一個使用積極回饋和懲罰措施的計畫；她開始重視父母與孩子的合作，並主動教育孩子如何做出正確決定。她也使用一些輕微的懲罰措施，並且能堅持始終一致地執行，結果，隨著安吉拉的轉變，布萊恩的行為也發生了變化。

## ● 懲罰措施要合情合理

懲罰措施一定要合情合理，短期且簡單的懲罰往往比嚴厲的措施更有效。父母對孩子的錯誤行為應做到反應適度，不要因為孩子沒吃完飯就限制他一個月的活動自由，只要取消他的甜食就足夠了。假使懲罰是合理的，孩子就會知道哪種行為是正確的。

父母應該在孩子犯錯之後立即懲罰。這個措施採取得越及時，效果就越顯著，這一點對小孩子來說尤為重要。不過當你正在氣頭上時，就另當別論了。千萬不要在你生氣的時候馬上懲罰孩子，首先你得冷靜下來，正如當琳達發現南茜蹺課時所做的那樣。同樣，你也可以說：「你會為此受到懲罰的，不過我得先冷靜一下。」

對待一些孩子經常犯的錯，父母應該先嘗試用一些積極方式，若實在不行，再採取懲罰措施。然而大多數成年人都首先想到用懲罰來對付孩子

的錯誤行為。其實你完全可以透過積極肯定他的優點從而改進他的缺點，例如，兩個孩子吵個不停，你可能會對他們說：「你們要是再繼續吵下去，這個週末就都不准出門。」

實際上，如果你不提懲罰這件事，相反，還能指出錯誤行為的反面，效果肯定不一樣。爭吵的反面是合作，當你看到他們正在合作、分享的時候，就應該用鼓勵的語言和積極的回饋。比如，你可以說：「很高興看到你們玩得這麼好，你們能一起用電腦，真是太棒了！你們應該為自己感到自豪。」大部分家長都首先想到用懲罰的方法解決麻煩，但卻沒有人喜歡那種感覺，它就像個陷阱，而唯一能夠擺脫這個陷阱的辦法，就是集中精力採取積極主動的措施。

## ● 請你給孩子一些建議，好嗎？

帕姆搞不懂為什麼斯蒂文表現得這麼差，她想採取積極的措施，但又總忘記。斯蒂文是一個非常好動的孩子，他總去動那些他不該碰的東西，每次看到斯蒂文一副滿不在乎的樣子，帕姆就又沮喪又傷心，她不是大吼大叫，就是打人。然而這些似乎都沒什麼作用。親愛的讀者，你能給帕姆什麼建議嗎？

孩子透過抱怨、耍賴和發脾氣得逞，他其實是個標準的能操縱父母的小專家。有些情況下，是孩子自然而然的一種能力，而有些時候，孩子的這種行為卻是我們教出來的。我們常常屈服於孩子的脾氣，滿足他們提出的種種要求，這些又恰恰在孩子以後的成長歲月裡，增加了孩子犯錯的機率。通常，在孩子兩歲的時候，這種狀況就時常發生。

每次你去買東西時，都會見到像小米契爾那樣的孩子。有好幾次你都會發愁，就像做家長之前發愁一樣，那時我總在想孩子怎麼會變成這個樣子？現在一切都清楚了，就是因為家長輕易地屈服於孩子不合理的要求。

當一個孩子透過大喊大叫得到了他想要的東西，他便懂得了犯錯還會有回報。一旦他知道了這些，孩子的行事方式就很難再被改變，而且還不僅僅是家長做出讓步就可以改變那麼簡單，所以請停止給孩子造成錯覺吧！

帕姆需要意識到她的懲罰方式不管用，斯蒂文對打罵已經司空見慣了，可他的錯誤還是照犯不誤。帕姆需要控制自己，生氣和惱怒只能使形勢更為惡化，搞不好她的憤怒正是對斯蒂文的鼓勵呢！總之，帕姆一定要牢記保持樂觀積極向上的態度，她所擁有的最強大的武器就是積極的回饋。

在布蘭特和奧德拉的家裡，他們得在上學前整理好床鋪，否則的話，他們就要提前三十分鐘上床睡覺。布蘭特最後一次沒有整理床鋪是在三個星期前，而奧德拉在一週之內幾乎有四天早上都沒有折被子，為此，她每次都要提前上床。

大多數父母都認為早上床睡覺是一種好的懲罰方式。這看起來似乎不錯，可實際上又怎麼樣呢？這種懲罰對布蘭特很有效，他總是記得整理床鋪以免受到懲罰。他現在認為晚一點睡覺對他來說很重要。

然而對於奧德拉，早些上床並不能算是懲罰。她不在乎這個，早點睡覺對她的壞習慣沒有任何影響，她還是不打算折被子，也許她喜歡早些上床睡覺呢？這種懲罰對布蘭特很有效，對奧德拉卻沒有任何作用，因此對奧德拉應該使用另外一種懲罰方式，一種能夠使她改掉壞習慣的方式。

懲罰是一種消極行為，當使用得當時，它可以消除或減少不良習慣。然而正確地實施懲罰是很難的，它需要始終如一的堅持。過多的懲罰是有害的，它不但會產生叛逆情緒，還會使人精疲力竭。懲罰確實有作用，不過有效地使用懲罰卻沒那麼簡單，大多數的父母認為，懲罰會使孩子不再重複那些不良行為，有的時候會這樣，但有時卻不會。

「你是怎麼懲罰你的孩子的？」

「我對他大吼大叫。」

「你的孩子對此有何反應？」

「他沒有任何反應，他通常是不會理我的。」

「然後呢？」

「然後我就生氣了，有時我會再一次大吼大叫。」

「他會停下來嗎？」

「可能會停一下。」

「接下來你會怎麼做？」

「有時我會打他的屁股。」

「你大約多長時間打一次他的屁股？」

「一天大約八至十次吧！」

任何一種懲罰方式用得如此頻繁都會失去作用的，不良習慣不會因此有所改變。孩子們不會去聽父母的吼叫，他們也不會在乎被打屁股。

## ● 如何鞏固和糾正孩子的各種行為

鞏固孩子的良好行為：

對孩子好的行為，你應該給予積極的回應。

舉例來說：

當孩子做了好事時，父母要感謝他，這是獎賞他的最好方式。

當你看見孩子與夥伴們共同分享他的快樂時，你應該告訴他，你為他所做的感到驕傲。

糾正孩子的不良行為：

★ 相反，對於孩子不好的行為，你應立即採取如下措施，讓它向相反方向轉化。

例如：如果你想減少兩個孩子的爭吵，可以在不吵架的時候讓他們意識到這點。

如果孩子有與你截然相反的觀點。

★ 你可以規定孩子若是做出一些不好的行為，作為懲罰，他就要被扣除一部分零用錢。

比如說：不要滿足孩子的過高要求。

當孩子試圖讓你去接受你並不同意的觀點時，不要理睬他。

★ 利用懲罰。

常見的例子有：

如果孩子晚回家，就以第二天不能出門作為懲罰。

如果孩子逃避做家事，就從他的零用錢中扣除一部分。

## ● 積極回應與懲罰的比較

| 積極的回應 | 懲罰只能造成雙方的不快 |
| --- | --- |
| 它能讓孩子明白良好行為的重要性，讓孩子學會如何去思考。 | 懲罰很有可能讓孩子對一些不良行為更感興趣。 |
| 回應能激發孩子做好事的熱情。 | 懲罰對提高孩子做好事的積極性只能起到相反的作用。 |
| 會讓孩子感到一種成就感。 | 會使孩子感到失敗的沮喪。 |
| 能增強孩子的自尊心。 | 懲罰對提高孩子的自尊心會產生反效果。 |
| 能讓孩子更加自信。 | 讓孩子對自己缺乏信心。 |
| 讓孩子對自己的決定充滿信心。 | 懲罰並不能為孩子帶來信心。相反，有時它只能給孩子帶來多餘的擔心和恐懼。 |
| 會激勵孩子去尋求新的目標。 | 懲罰會讓孩子感到絕望：「我為什麼要去試？算了，我總是遇到麻煩。」 |
| 能增強孩子的責任感。「當我做出一個正確的決定時，我感覺自己非常了不起。」 | 懲罰常常使孩子迴避他該負的責任。 |
| 能促進家庭氣氛的和諧與融洽。 | 造成家庭成員之間的疏遠。 |

| | |
|---|---|
| 讓孩子有勇氣對父母說真話。 | 懲罰會使孩子沒有勇氣與父母溝通。 |
| 能讓孩子相信別人，對人熱情。 | 使孩子具有攻擊性。 |
| 是一種行之有效、簡單可靠的教育方式。 | 懲罰這種方法很難運用得當。 |

### 選用容易堅持的懲罰方式

真正的懲罰是很少使用的，因為很少用得著這樣做，這是關於懲罰的金科玉律。懲罰是為了減少更多的懲罰，是為了減少不良習慣，倘若習慣沒有任何改變，那麼懲罰就是無效的。

不少父母都犯了這個錯，他們大多把精力放在懲罰上而不是壞習慣上，如果在一天裡，你要因為同一個壞習慣懲罰孩子五六次，那麼這種懲罰就不會有任何作用了。

若是你不斷地追加懲罰，而壞習慣依然不改，那麼這懲罰也不會再發揮作用。應該說，重要的不是懲罰，而是不良習慣。

因此，我們必須要改變它，如果不能，就試試別的方式，你可能認為大叫、嚇唬，責罵以及打屁股是好的懲罰方式。

這些確實可以緩解你的憤怒，但它們絕不是好的懲罰方式。它們對不良習慣沒有長期的作用，憤怒和懲罰不是一回事。

## ● 小結

家庭是社會的一個天然基層細胞，人類美好的生活在這裡實現，人類勝利的力量在這裡滋長，兒童在這裡生活著，成長著 —— 這是人生的主要快樂。

—— 馬卡連柯

懲罰確實有作用，但它不容易實施。相較而言，實施積極的回饋就容易得多，也有趣得多。積極的回饋會在孩子們的內心產生動力，它能教孩子自律，並促使家裡形成健康愉快的氣氛。在這方面很成功的父母都非常重視積極的回饋。實際上，不管你是否意識到它們，積極的回饋和懲罰都在產生作用，成功教育孩子的關鍵在於意識到它們，並根據情況正確地運用它們。

僅僅對取得控制權感興趣的家長會選擇懲罰。而希望孩子能夠合作的父母則會選擇積極的回饋並輔以少量的懲罰，假使你強調的是積極的措施，那麼適當的懲罰就足夠了。

當你懲罰孩子時，你最好能先問問自己這樣十個問題：

1. 懲罰能培養孩子的決策能力嗎？
2. 懲罰能不能糾正孩子的不良行為？
3. 這麼做能不能在今後產生減少懲罰必要性的作用？
4. 當我懲罰孩子時真的很生氣嗎？
5. 懲罰是不是教育計畫中的一部分，我今天這樣做究竟對計畫的進展有沒有推動作用？
6. 我這麼做對孩子來說是否公平？會不會讓孩子感到羞愧和不安？
7. 我能不能對孩子做到始終如一？
8. 如果不生氣的話，我能不能堅持懲罰的做法？
9. 我有足夠的理由去懲罰孩子嗎？今天的懲罰對孩子來說公平嗎？
10. 在懲罰孩子之前，我是否想過用其他方法去解決此事？

# 第十五章
# 如何去懲罰孩子而不是懲罰自己

在父母相親相愛的環境中長大的孩子，會是心地溫和、善良、心靈健康、真誠地相信人的美好，並關心別人的人。

—— 蘇霍姆林斯基

國慶日的那個下午，我們打算去看煙火。但孩子們卻在一旁不停地吵嚷，我板起臉來嚇唬他們，叫他們別再說話，「如果不馬上停止沒完沒了的嘮叨，我們就不帶你們去看煙火了。」這些話是多麼地愚蠢。因為他們不去的話，我們也將無法成行。要想在那天的下午 5 點 40 分，找到一個能幫我們顧孩子的人幾乎是不可能的，要知道大家都去看煙火了。不過他們仍不停地爭吵著，我們也不得不留了下來。我們和孩子們一起受到了懲罰。

其實，當他們開始爭吵時，我應該馬上將他們拉開，這才是一種比較好的方法，讓他們去各玩各的。但當時我並未意識到這點，相反，我發了脾氣，愚蠢地去恐嚇孩子。結果這一切以我比孩子付出更沉重的代價而告終。在開口之前，我們得先做到深思熟慮，生氣只會帶來麻煩。冷靜地想一想，懲罰究竟會給我和其他的家庭成員帶來怎樣的影響？我這樣做會不會造成自己思維的混亂？

若是你有一個總想讓你和家人對他唯命是從的孩子，我奉勸你還是謹慎地採取懲罰措施，你應做到的是只去懲罰犯錯的孩子，而不對其他人造成什麼不良的影響。所以永遠也不要說：「什麼時候收拾好玩具，我們就什麼時候再走！」之類的話。如果你們要去的地方他也想去，也許嚇唬孩子會有點作用；但要是他並不想去那個地方，那你所說的無疑給了他勇

氣。玩具沒收拾好的話誰也不能走，實際上是你在無形中給了孩子主宰整個家庭的權利。那樣的話，受懲罰的人究竟是誰呢？

要是你想禁止受懲罰的孩子和家人出去時該如何去做呢？你可以找一個照看孩子的人，然後好好出門玩一趟。你還可以讓孩子從自己的零用錢裡去付一些甚至全部的照看費用。你要選擇一種對孩子確實有正面效果的措施，而不能讓懲罰反過來落在你的頭上。其他的孩子也會從你的懲罰中學到一些東西：那就是做壞事的人，終究要為自己的行為付出代價。

父母們經常在想，怎樣才能不讓孩子沒完沒了地看電視，倘若他們不得不關掉電視的話，其他人也受到了懲罰，事實確實是這樣。不要僅僅為了約束一個孩子而關掉電視，那樣做會使每個人都受到懲罰的。你最好仍像平時一樣看電視，而讓受懲罰的孩子去另一間房間，這才是真正的懲罰。如果僅是因為他，其他人就看不成電視的話，實際上你又在無意中給了孩子主宰整個家庭的權利，這樣一來，受懲罰的人又是誰呢？

## ● 選擇易堅持到底的懲罰方式

選擇一種你方便使用的懲罰方式。這樣能讓懲罰堅持下去而不會半途而廢。如果懲罰措施在實行的時候有些困難或是比較費力，你就會陷入自相矛盾的尷尬之中。曾經有一個父親說，當孩子不聽話的時候，他想把遊戲機收起來，懲罰孩子三小時之內不准玩。

我們試著問這位父親：「你每隔多久會收起遊戲機？」

「每星期一次或兩次。」

「那麼你的兒子在其他時間也遵守這項規定嗎？」

「如果他真能這麼做的話，我還有必要找你談嗎？」

「為什麼你在孩子不聽話的時候不收起遊戲機？」

「要是我真的在他沒有做該做的事時收起遊戲機，那恐怕一天之內我就要收上十次了。」

「你為什麼不這樣做呢？」

「那樣的話，我就得成天和那些電線和插頭打交道了。」

這位父親是使用不易操作的懲罰方法，致使他沒有前後一致地堅持。想當然耳，他的兒子並沒有學會服從，他很清楚自己可以隨心所欲地違反爸爸的命令，因為失去的只不過是一星期少玩一兩次遊戲機而已。這位父親十分確定拿走孩子的遊戲機是一種行之有效的懲罰方法，只是他需要多一點恆心，在孩子每次犯錯的時候，他應立即把遊戲機收起來；如果僅僅因為遊戲機電線之類的東西，使這位父親覺得懲罰很麻煩，那麼他就應儘快找到一種更有效的方法，去堅決執行他的懲罰措施。

## ● 向孩子解釋清楚為什麼要懲罰他

你要向孩子解釋清楚懲罰的目的。當你向孩子說明為什麼這麼做時，孩子也會增加對你的理解，也會更加合作。向他解釋實際上你是支持他的，你不是孩子的敵人，你要不斷努力幫助孩子，讓他在將來能做出更好的決定。

「我並不想傷害你或是讓你生氣，你之所以受到懲罰，是因為你在行動的時候做出了一個並不正確的選擇。我希望你能從中吸取教訓，這樣在下次遇到同樣的情況時，你就會換一種方法去思考。我不想讓你覺得我是在難為你，我並沒有那樣想，我只是要幫助你。」

要讓孩子明白，你對於孩子有些過激的話語，像是：「你總想讓我相信這麼做是為了我好，但真的是這樣嗎？」你並沒有太放在心上，解釋一次就足夠了，不要為了一些無關緊要的話題跟孩子爭論不休。

## ● 採用實際的懲罰措施

要選擇懲治犯罪的措施，就要根據實際結果做出決定。同樣的，對於孩子來講，如果孩子把屋子弄得一團糟，就罰他來打掃；如果粗心的孩子弄壞了什麼東西，就讓他負責修好，或者做家事來補償；如果孩子晚回家，就罰他第二天不能出門；如果孩子隨手亂扔髒衣服，就懲罰他自己去洗這件衣服。以上介紹了一些與孩子不好行為相對應的懲罰措施。它們對孩子來說有著更深的意義，是這些懲罰給了孩子一個教訓。

一些孩子深得家長的信任，他們擁有選擇懲罰方式的權利。這種做法能更快地使孩子接受教訓。讓孩子自由選擇也是在向他表明，你想做到公正，它能使孩子更加成熟，更負有責任感。

「儘管你做了件錯事，但在此之前你一直表現得不錯，我相信你，所以給你一個機會，讓你自己去思考如何懲罰自己。我想你會做到公平與公正的。孩子，現在告訴我，你是怎樣決定的？」

## ● 數量並不等於品質

較為溫和的懲罰比粗暴的懲罰更有效果。正確簡短的、溫和的懲罰會發揮更好的教育作用，而過於嚴厲的懲罰只能讓孩子感到生氣並產生報復心理。在你的孩子生氣時懲罰他，就無法有什麼教育作用。若是孩子認為懲罰並不公平，他就會想辦法去報復你，或者與你當面頂嘴，這樣的話就會造成一種惡性循環，你越是懲罰孩子，他就越會做出一些壞事來報復你，或是以此發洩一下心中的不滿。

假如你再一次懲罰孩子，也許這一次比上次的更嚴厲，而目的只是為了讓孩子贊成你的觀點，其結果只能讓孩子繼續去做些不好的事情來發洩情緒。曾經聽說過一個因為一件小事被父母懲罰的孩子的故事。

「你被這樣懲罰多久了？」

「從上學期剛剛開學時開始的。」

「已經持續多長時間了？」

「大概五個月。」

「你被禁止做哪些事？」

「每件事。沒有約會，沒有朋友，沒有電視，沒有手機，沒有音樂——什麼都沒有。他們只想讓我悶在房間裡，一天到晚地念書。」

「他們為什麼要懲罰你？」

「我在晚上上床後又偷偷溜出去。」

「究竟是什麼讓你的父母這麼生氣，以至於持續了五個月？」

「一開始他們也並不是要關我五個月的。」

「什麼意思？」

「他們起初只是讓我一個月不許接電話。」

「然後呢？」

「我覺得這對我不公平，所以我在他們出門的時候偷偷打電話。」

「結果……」

「結果被他們發現了。」

「於是你的父母便延長了禁期。」

「延長到兩個月，還加了一條不許讓朋友來家裡玩。」

「你認為這麼做公平嗎？」

「我只不過是打一通電話而已！所有這一切對我來說根本就不公平。」

「我能猜到接下來發生什麼事了。」

「懲罰變得越來越重。」

「你認為在二年級這一年的大部分時間都要受罰值得嗎？」

「嗯——不，但我絕不會屈服的。」

## ● 建設性地採取約束行動

　　約束是一種對少年和青年都能有良好效果的懲罰措施。上面提到的懲罰就是約束的一種。所謂約束是指被約束的對象，在一段時間裡失去一項或幾項特權。你必須決定這失去的特權是什麼，比如減少看電視的時間，早點上床睡覺，減少和朋友聚會的次數，不許打手機，不許玩電子遊戲，不許玩玩具等等。你要努力找出一個既容易貫徹又不會對其他人造成影響的約束措施。

　　用約束的方法去懲罰犯錯的孩子是一種常見的方法。不幸的是，很少有家長能夠真正掌握這種方法，大部分家長在一開始就把約束的時間定得很長。身為成年人，我們並沒有注意到在我們眼裡看似很短的一兩個星期，對孩子而言卻意味著相當長的一段時間。長時間限制孩子只能導致爭吵、傷感情和發脾氣。長時間的約束孩子會令他產生叛逆心理，孩子會因此而覺得他受到了作弄和迫害，後果就是讓孩子開始反抗並不斷採取行動報復。

　　約束這一方法本身就有一個缺陷，許多孩子會感到自己已經毫無希望，既然沒有了希望，他就不願再去做什麼事。「我為什麼要去做？反正我一個星期出不了門。」為了解決這個問題，我們向你提供一個切實可行的辦法。

　　假如你要限制孩子，你應挑選偶數的天數。比如 4 天、6 天、8 天或是 12 天，這要根據孩子犯錯的嚴重程度和孩子的年齡而決定。12 天通常是最長的期限，超過 12 天就有讓孩子產生叛逆心理的危險。

　　接下來，你向孩子解釋清楚，如果他一天的表現非常好；限制期限就會縮短一天。現在讓我們假定你對孩子的約束期限是 6 天，從星期三到下星期一。

　　若是孩子在星期三表現得很好，那麼你就取消下星期一的懲罰；若是他星期四的表現也不錯，就取消星期天的禁令；若是星期五的表現也令人

滿意，那麼星期六的懲罰也免掉，這樣星期五便成了禁令的最後一天。

你可以畫一張表格或者是一張日曆，這樣孩子便會透過努力去縮短懲罰的時間，他就會親身感受到自己所取得的進步。

這種方法非常有效。它會讓你的孩子知道你是在公平地對待他，即使這看起來像一場交易，它也會讓孩子理解即便你在懲罰他，你仍非常希望他能做得很好。被懲罰並不意味著你們之間就不再合作，這種捷徑會給孩子馬上做好事的強烈動力，因為這麼做就不會一星期都被關在屋裡了。

縮短期限的原則：

★ 對父母的要求能立刻做到。

★ 用禮貌的語氣說話。

★ 對兄弟姐妹要謙恭禮讓。

你要弄清楚這一天孩子是否確實做得不錯，如果這一天孩子的表現並不能得到表揚時，就不要輕易地縮短限制期限，因為這麼做背離了此種方法的目的。孩子雖說在某方面的活動受到限制，但在其他方面，他仍是可以自由活動的。比如，孩子不准打電話，不過他仍可以接別人打過來的電話；當孩子糟蹋一件玩具時，他在十分鐘內不許再玩玩具，但如果他表現良好，那麼他就能在五分鐘後得到玩具。

## ● 小結

> 我們要知道，一個好的回憶，特別是童年，在父母家裡留下的回憶是世界上最高尚、最強烈、最健康，而且也是對未來生活最為有益的東西。
>
> —— 陀斯妥耶夫斯基

★ 選擇一種對孩子行之有效而不會給你帶來麻煩的懲罰方式。

★ 懲罰要容易執行，這會讓你更好地堅持懲罰措施。

★ 懲罰要做到對症下藥。

★ 溫和的懲戒會產生更好的效果。

★ 適當地採取限制措施。

★ 不能在你生氣的時候去懲罰孩子。

★ 懲罰的目的是為了教會孩子某種道理，而不是讓他錯上加錯。遵照這些原則好好練習一下，這樣你就能真正做到去懲罰孩子，而不是去懲罰你自己。

# 第十六章
## 體罰

> 孩子們不會因為父母的養育而感激，他們會因為你尊重他們的選擇而愛你。
>
> —— 佚名

「我的孩子從來不聽我的話。」

「你採取了什麼對策？」

「我打了他，即使我知道這並不對。我簡直快被他氣瘋了，我不能再這樣下去，一定得採取其他的措施。」

根據調查，大約有 10% 的父母體罰孩子，並認為這樣做沒什麼不對的地方，大約有 20% 的父母從不體罰孩子，另外有 70% 的父母曾經體罰孩子，但他們其實不願這樣做。我們本章開篇的這個例子中，最後一句話是很值得研究的，許多家長想要找到一個比較好的懲罰方法，他們的確希望透過不生氣、不體罰的方式懲罰孩子。

體罰管用嗎？它有沒有什麼不良的後果？這些問題並沒有明確的答案，甚至是專業教育家也否認體罰的價值。有人說體罰有用，也有人說體罰毫無效果，因此不少家長對體罰了解不清也就不足為奇了。體罰實際上也是懲罰的一種形式，可是它能被孩子接受嗎？這就要靠你來決定。

本章將會讓你了解到體罰的價值。本章的第一部分會告訴你體罰的風險和缺陷，其餘的章節將會向你介紹三種需要謹慎使用的體罰方式。

## ● 家長使用體罰的三種方式

　　體罰通常會糾正孩子的錯誤行為，當孩子改正過來時，家長就會感到體罰發揮了作用。體罰能使孩子的行為變好，就像你帶著孩子逛大賣場時，給孩子一顆糖，他就會不吵不鬧、安安靜靜的。為了讓孩子安靜下來，利用糖果來平息哭鬧只是暫時性的方案，因為以後你將不得不給他更多糖果吃，體罰就像它一樣，只是一種暫時性的方法。

　　一個被體罰過的孩子通常會安靜下來，表現也不錯，但過了一段時間之後，他就會再犯錯。於是家長又會去體罰孩子，因為他覺得第一次體罰很有效果。孩子又會老實一陣子，接著再犯錯。家長於是再去體罰，像這樣不斷地循環。之所以發生這種事，主要是因為體罰只會讓你在表面上管住了孩子，它不能鼓勵孩子做出負責任的決定，它並不會在本質上提高孩子的決策能力。相反，它會讓孩子有叛逆心理，一個經常被父母體罰的孩子永遠也學不會約束自己。曾經有一個八歲的孩子告訴我，他可以隨心所欲地做壞事。「因為我媽媽只在我停下來的時候打我。」

　　體罰並不是一個好的懲罰方式，它在偶爾發揮一兩次作用之後就再也不管用了，大部分孩子寧願挨打也不願失去幾天他們想做什麼就做什麼的權利。當體罰結束後，他們又可以繼續做他們想做的事了。許多孩子認為只要他們曾經被體罰過，那就沒什麼問題了。「我們扯平了！」體罰使得不少孩子只把注意力集中在懲罰上面，而不是他們的錯誤決定上。

　　在只有一個家長體罰孩子，而其他人並不這樣做的家庭裡，很容易會出現問題，這會使孩子疏遠懲罰他的家長，這種疏遠會阻礙長輩與晚輩之間關係的進展。孩子會覺得那些沒有體罰他的人對他無可奈何，他會因為有這樣的家長仍然去犯。孩子從心裡排斥體罰他的家長，而且他認為沒有體罰他的家長很軟弱，這樣每個家長都失敗了。

體罰只能產生間接的影響，並且很容易讓人陷入窘境。這是因為它會使孩子鬧情緒或者產生叛逆心理，它很少能教會孩子如何去做出正確的決定。體罰會影響孩子的人生觀，一個經常被父母打罵的孩子總會感到沒有安全感，他無法相信自己，「如果我做錯，又得挨打了。」常被體罰的孩子往往缺乏自信心。也許體罰之後，有一些孩子迫於威懾力會變得老實。不過其他的孩子卻會變得敏感、好動和具有攻擊性。

## ● 比較衝動的做法

家長體罰孩子一般有三種途徑：衝動的、生氣的和經過計劃的。較衝動的做法，也就是我們所知的「全天式」方法。一位母親曾說：「孩子一犯錯我就打他，打了好幾次，可他就是不聽話。」她的孩子之所以不聽話，是因為體罰對他已經毫無意義。

這種衝動的做法，一般常對年紀比較小的孩子使用。他們的家長對體罰從來都不是很在乎，這些家長們在體罰孩子時常常是一隻手一味地落下去，這樣的動作通常是家長無意識的、習慣的反應。這就是我們常說的「理髮廳綜合症」。

這就像你見到的家長，他們在三十分鐘裡就體罰孩子五次甚至更多次的原因，是因為年紀小的孩子喜歡每件事都去試一試，他們總想試著弄懂一件事是怎麼發生的，當他們接觸了不該接觸的事物時就會受到懲罰。

打罵不等於教育，你應向他解釋為什麼那樣的事物不應該嘗試，並且讓你的孩子離那東西遠一些。你的孩子總在模仿你，當你打他時，他所學到的唯一一件事情就是去打人。

只憑一時衝動去懲罰孩子，對糾正孩子的不良行為不會有持續性的效果，體罰進行過幾次後就不再發揮作用了。所以有些家長認為，懲罰是要

不斷進行的，他們並不懂得比較和選擇，他們認為當孩子犯錯的時候就得採取這種手段。「那是唯一能讓他好好表現的辦法。」他們堅信自己像個好家長一樣，在做著正確的事情。

　　難道孩子會從你的一時衝動中學到什麼嗎？這根本就不能教會孩子如何做出正確的選擇。體罰要看你在那時是一種什麼樣的心態，如果你脾氣火爆，孩子犯了一點小錯你就打他。那麼這種矛盾的做法就把孩子搞糊塗了：「昨天我這麼做還好好的，怎麼今天就被爸爸打了呢？」結果把孩子弄得做事鬼鬼祟祟，這麼做無法讓孩子認清什麼是對，什麼是錯。孩子也會因此受影響，在以後很難做出正確的決定。

　　動不動被家長體罰的孩子會認為打架也是生活的一部分。所以當其他孩子做了他不喜歡的事情時，他們就會打起來。這常常在親屬之間、同學之間和同伴之間造成麻煩，當孩子互相打架時，他們可能會陷入更大的麻煩，孩子會百思不得其解，為什麼大人打我就沒事，怎麼我們小孩一打架就有麻煩？

　　經常被父母體罰的孩子會認為他所做的每一件事情都是錯誤的。這會使孩子缺乏自信，產生自卑心理。懲罰的目的是為了讓孩子學會如何做出對自己負責的決定。體罰絕對無法做到這一點，它只能讓孩子缺乏自律，其結果就是孩子因為害怕挨打而不得不好好表現，畢竟他不這麼做就得挨打。要是家長不從外界施加壓力，這樣的孩子根本就管不好自己。

　　只憑一時頭腦發熱便去懲罰孩子不是好的方法，因為體罰不會減少以後懲罰孩子的次數，你會因為體罰孩子一次而在以後總這樣做。經常體罰會讓孩子去模仿使用暴力這種不好的行為，結果體罰產生了反作用。家長本身沒有任何計畫，總是體罰孩子的家長很少採用正面的、積極的方法去糾正孩子的錯誤行為。

## ● 生氣的做法

　　另一種體罰的方法，是家長由於一時壓制不住怒火而去打罵孩子。這種方法是很常見的，它也是最有害的。當你十分生氣並打了孩子之後，許許多多的麻煩就會因此而產生了。這讓孩子覺得因為發火而去體罰孩子是衝動的行為，它只能產生相反的效果。當你控制不住脾氣打了孩子時，你會失去自制力並有可能傷害了孩子。

　　當你生氣時，會產生一種強烈的、不理智的情緒，你會對自己、孩子甚至家裡的其他人感到生氣，這會傷害孩子的自尊心。不少孩子因為這樣而對自己的父母產生恐懼感，他們開始不信任使自己變得缺乏自信的家長。

　　體罰孩子會讓他們在生氣時，也隨意地讓自己的情緒爆發出來。這種做法讓孩子覺得他們在生氣時沒有必要去控制自己，因為在你生氣的時候，你也沒有控制住自己的情緒，生氣的體罰不會令孩子在今後遇到事情時做出好的選擇。

　　當你在發怒的狀態下體罰孩子時，經常是懷著一種復仇心理的，你一直在羞辱、刁難孩子，結果他們就覺得自己是你失敗的根源。

　　若是你陷入了這種懲罰模式，最好馬上下定決心停下來。也許你要花費很長的時間來自我約束和考慮，但這種做法確實需要轉變。

## ● 有計畫的做法

　　一些家長採用第三種方法，即有計畫性的做法。此法就是指在體罰之前，你要告訴孩子做壞事的結果就是挨打，「要是你再說髒話，你就會受到體罰。」假如孩子真的說了髒話，你就要在抑制住怒火的前提下體罰孩子。「抑制住自己的怒火」是一個關鍵環節。

　　如果你不能保持冷靜，那麼體罰就會變成憤怒的做法了。有計畫的方

法也就是我們所知的「傷害我的程度比傷害你的程度更深」的方法。

當你把體罰當作教育計畫中的一部分時，這會比你動輒只憑一時衝動便去打罵孩子更有成效。但不管怎樣，現在還沒有證據能夠表明有計畫的體罰能使孩子更有責任感，它仍是比較消極的做法。你會由著自己的心情去打孩子，因為當你在體罰的時候不可能不生氣。你會由於情緒或者是自覺有愧而反覆無常地懲罰孩子，這種自相矛盾的做法會把事情搞得更糟。

很多家長忘記了作為一個教育計畫，它應該包括行之有效的解決方法。他們把打孩子當作懲罰，卻沒有採用其他正面的措施，他們沒有意識到計畫應該強調正面的鼓勵而不是負面的誤導。

我從來沒有聽說過哪位教育專家贊成家長衝動的、粗暴的體罰。他們當中有一些人贊成有計畫體罰孩子的做法。若是你現在要花時間和精力去制定教育計畫的話，為什麼不採納幾條積極的建議呢？你可以使用其他的懲罰方式，比如說「約束法」或者「暫停法」。

## ● 小結

優秀的父母明瞭自己難以強迫孩子成功，而只能鼓勵他在力所能及的範圍內努力爭取達到目標。

—— 穆尼爾·納素夫

你可以採用除了體罰之外的方法讓孩子學會自律。體罰可能會讓你很好地發洩怒火和不滿，可是，它卻是一種對培養孩子責任感沒有任何好處的暫時性做法。在這章中，我主要闡述了體罰弊大於利的主要原因。要是你非要採取體罰，我在此奉勸你一定要採取有計畫的方法。你應馬上草擬出一份具有積極作用的計畫 —— 一份能讓你控制住自己的計畫，一份能真正發揮作用的計畫。

# 第十七章
# 禁閉法糾正孩子的錯誤行為

父親們最根本的缺點在於想要自己的孩子為自己爭光

—— 羅素

二十八歲的茱迪看起來要比實際年齡老許多，因為她四歲的兒子蘭迪快把她逼瘋了，她實在是管不了他。她一邊述說一邊流下絕望的眼淚：「我能做的只是對他大吵大嚷。不管我說什麼，他都不聽。他就是四處亂跑，弄得到處都亂七八糟的。就因為他，我都沒有時間去做別的事情了。因此我一定得採取什麼措施。」在學過「關禁閉」這個方法後，茱迪知道她已經掌握了一種有效的工具。

茱迪回家後先做了一些準備工作。第二天一早蘭迪又像往常一樣，拒絕坐到餐桌前吃飯。茱迪把他拉到另一個房間關禁閉，並告訴他在那裡安靜地坐五分鐘，然後才可以出來。蘭迪並沒有聽媽媽的話，他尖叫哭嚎，竭盡一個四歲孩子的力量大發脾氣。結果他被關了一個半小時的禁閉。茱迪沒有讓步，她很冷靜、一直堅持著不心軟。終於，蘭迪可以安靜地坐上五分鐘了。這樣他才可以出來吃早餐。那時已經是上午 10 點鐘了。

茱迪的第二場戰役發生在當天午後。蘭迪不聽她的話，故意把電視音量調大，茱迪又一次關他禁閉。這次他的抵抗沒那麼猛烈，態度也沒那麼強硬，發脾氣也不像原來那麼凶了。因此這次他只被關了二十分鐘。

在第一週，茱迪關了兒子好幾次禁閉，一次比一次容易一些。所以她信任這種方式，它給她信心。現在兒子不再那麼尋釁滋事了。第二週，兒子開始聽話了。現在茱迪再也不用追著罵著地教訓兒子了。

## ● 關禁閉是個有效的方法

關禁閉可以代替吵嚷責罵，嚇唬以及大打出手。關禁閉可以避免父母大發雷霆。關禁閉意味著把孩子放在一個索然無味的地方，待上幾分鐘；它意味著你得獨自度過一段沒有樂趣的時光，被剝奪活動的權利這本身就是一種懲罰。

三歲的蘿拉就是不願上床睡覺。只要唐娜提醒她去睡覺，她就開始尖叫耍賴。每天晚上她都要把睡衣褲扔到地上，緊接著，就不停地嘮嘮叨叨，「我能喝杯水嗎？」、「請妳唸個故事好嗎？」、「我的枕頭不舒服。」等等。唐娜認為蘿拉這麼做並不是出於害怕，而是她想得到權利、控制局面。

唐娜用關禁閉的方法讓蘿拉上床睡覺。如果蘿拉爭辯或開始嘀嘀咕咕，她就得被關禁閉。若是蘿拉以各種方式拒絕上床睡覺，她也同樣要被關禁閉。唐娜一直堅持使用這樣的方法，即使當蘿拉爭辯哀求的時候，唐娜還是要關她禁閉。然後每過五分鐘，唐娜就問蘿拉是否已經準備好上床睡覺了。一般在獨坐了15到20分鐘之後，蘿拉就會心甘情願地睡覺去了。

兩週後，唐娜說：「我最近正在考慮教育蘿拉的方法問題。關禁閉前和關禁閉後，孩子的表現簡直是判若兩人，現在讓她按時睡覺非常容易。她再也不和我頂嘴了。」

為什麼關禁閉會有效呢？那是因為它是一種工具，可以為你的命令做後盾。關禁閉是一種教育技巧，是一種簡單容易就能掌握的溫和的懲罰方式。它之所以有效是因為孩子們不喜歡它，他們會好好表現以躲開這種懲罰。

## ● 如何執行關禁閉

　　下面是對「關禁閉」的一個概述。首先,你要選擇一個適合關禁閉的環境。其次,挑出你最想讓孩子改掉的一種不良行為。最後,向孩子解釋一下這個新的懲罰措施,並告訴他哪種不良行為會導致他被關禁閉,你得準備一個帶響鈴或蜂鳴器的計時器。微波爐的計時器就可以,只要你的孩子在禁閉室裡能聽到就行。當然你要是有兩個計時器就更好了。一個給孩子,另一個給你,並告訴孩子,你的才是標準時間!上述的每一個步驟在這一章裡都會詳細地解釋。

　　你還需要了解關禁閉的其他幾個方面,以確保它能發揮最大作用。關禁閉對於兩歲和十二歲之間的孩子最為有效,當然你也可以用於兩歲以下的孩子,可是你得記住幾點注意事項;你同樣可以將它用於十四歲大的孩子,不過可能就不會像以前那麼有效了。對於十幾歲的孩子,應該有更適合他們的懲罰方式,我們會在這本書的其他章節討論這個問題。

　　你應該有決心、有計畫地執行「關禁閉」,不要只是出於一時衝動。你的孩子必須能夠預計到這件事,也就是必須讓他明白,你什麼時候會如何執行這項措施。如果你因為吵架關了孩子的禁閉,那你就不能再因為他把客廳弄得亂七八糟而關他的禁閉。你可以選擇一種更恰當的懲罰方式,比如像把客廳或其他房間打掃乾淨等等。在你第一次用這種方式懲罰孩子之前,他有必要知道關禁閉是怎麼回事,不要讓他對此毫無準備。

　　堅持如一地使用這種懲罰方式。一旦你說出關禁閉是為了懲罰某一種錯誤行為時,就要一直堅持下去,不能有一次例外和一點鬆懈,不能做出讓步,更不能找藉口。倘若你不能堅持,即使只有一次,也會使事情變得更糟。你會給自己在今後找不少麻煩。

　　在你使用這種懲罰方式的時候一定要保持冷靜。如果你被孩子惹火

了，關禁閉就失效了；如果你在關孩子禁閉的時候大吵大叫，關禁閉也同樣不會產生作用；如果你的孩子成功地惹惱了你，那麼關禁閉的效果也會被削弱。

當你感到心中忿悶，就先走開，冷靜一下，然後再回來。我了解一位父親，他用關禁閉的方法讓自己也冷靜下來，或者他散一會步，躺一會。總之他知道當自己生氣的時候教訓孩子不會帶來好的效果。

執行關禁閉的最初階段會很難。開始幾次有些孩子可能要被關上一個多小時，有一個孩子一天之內被關了兩個小時。因為他犯了錯，所以他需要安靜地坐上十分鐘。可他卻選擇了破口大罵長達兩個小時以上，然後才肯安靜地坐上十分鐘。我們當然不願看到這個孩子氣成這樣，可是他必須了解到發脾氣沒有任何作用，他還必須學會守規矩。

一些孩子會在初期令人頭痛，你要有這個心理準備，尤其是當你的孩子在最近四天，八天或十天已經開始有所好轉的時候。你一定要有信心度過最初的這個階段，一切都會變好的。終有一天你的孩子不會再因為關禁閉而發脾氣，終有一天你將不再需要關孩子禁閉了。

關禁閉必須是改善孩子行為計畫中的一部分，而且必須是一小部分，計畫的大部分應集中在肯定孩子的優點上，將90%的精力放在這樣的積極行為上，當孩子表現好時要大力表揚。如果你總把孩子的優點當作理所當然的話，孩子就永遠不會改善自我；如果你只記得用關禁閉來矯正孩子的不良行為，而忘記肯定孩子的良好行為，那麼關禁閉也不會收到好的效果。沒有積極的肯定，只靠關禁閉是發揮不了什麼作用的。假使沒有任何效果上持久的變化，關禁閉就會變為另一種孩子可以忍受的懲罰方式。

## ● 選擇最佳的禁閉環境

　　關禁閉的環境應該是令人乏味的。大部分家庭的臥室都像是一個遊樂場。因此要選擇一間浴室、一間雜物室或者是閒置不用的臥室，房間裡要有燈。不管你選擇哪個房間，都要把它弄得毫無生趣。當然你可以在裡面放一把椅子，不過你一定要把所有可以自娛自樂的東西拿走，把一切危險物品及易碎的東西拿走，還得把所有值錢的東西拿走。對於大多數的孩子，你只需這樣做上三週或更短的時間，一旦孩子了解了被關禁閉是怎麼回事，你就可以漸漸地放心了。

　　很多父母對於把孩子單獨關在一個房間裡心存疑慮。一般來說，這時父母比孩子更焦慮，要是你覺得關著門舒服的話，你不妨試著讓門虛掩著。這樣做的危險在於你的孩子可能會起來偷偷地向外張望，或者弄出聲響引起你的注意，要麼就是偷聽其他的孩子們玩等等。如果你的孩子願意在被關禁閉的時候讓門虛掩著，那就沒問題了。你要向孩子說明只要他能保持安靜並且合作，門就可以這樣半開著。若是他調皮的話，門就一定要關上。

　　關禁閉是需要詳細周密的計畫和安排的，它需要一個絕對安全的地方。你應該盡量使房間裡沒有可以供孩子搞破壞的地方，所有能夠造成傷害的東西都應該搬走。你的孩子在那裡必須安全，而且你也一定得讓他相信你本人確信房間裡是安全的。

　　另外，你要消除一切使你感到不安的疑慮，因為孩子可能會用這些疑慮反過來對付你。「我害怕，我怕一個人待在這裡。」千萬不要讓這些話影響了你，以致把孩子提前放出來。「浴室裡沒有任何東西可以傷害你。」或許你自己在禁閉室坐幾分鐘會比較有幫助。看看四周，假裝你是一個生氣的小孩，如果你再也不想讓父母關你的禁閉，你會怎麼說，怎麼做呢？

　　採用這種懲罰方式時，你還要抵住來自朋友親戚的壓力。對關禁閉不了解的成年人來講也許認為這太殘忍。最為可笑的是，很多父母以為關孩子禁閉很可恥，而對孩子體罰卻沒有什麼可指責的。你千萬不要這麼想。我還從來沒見過一個孩子因為單獨待上十分鐘情感就受到傷害的呢！

　　不少父母都使用浴室來關孩子禁閉。若是有多餘的一間浴室當然最好，因為浴室是很堅固的，裡面又很簡單、安全。你一定得把所有的藥品拿走，還要把像刮鬍刀和電器一類的危險物品拿走。

　　斯蒂文曾經讓五歲大的林恩在浴室裡關禁閉。他認為自己已經盡全力地把浴室變成了一個既安全又找不到什麼東西可玩的地方了，可是林恩卻一個人玩抽水馬桶裡的水玩得津津有味。斯蒂文的對策是在馬桶蓋上安裝一個夾子。這個小發明確實發揮了作用。斯蒂文找到了解決問題的方法，他並沒有因為一個小挫折而放棄實施整個計畫，他也沒說過那些很多父母都會說的話，「她玩得多開心呢！關禁閉根本沒用。」他成功地解決了這個問題，最終證明了關禁閉確實有效。

　　關於浴室要給你一個忠告，當你正在訓練孩子自己上廁所的時候，不要把浴室當成關禁閉的地方，這樣會給孩子留下負面影響。這時你可以把雜物室或客房當作關禁閉的地方，而如果實在不能用這些房間，才可以考慮用你的臥室。

　　不要使用將一把椅子放在牆角或放客大廳的做法。你的孩子會知道在椅子上扭來扭去、做鬼臉、前後搖晃、唱歌以及踢椅子都是惹你發火的絕佳辦法。關禁閉需要找一個無人打擾的地方，因此最好是另找一個房間。基姆用睡椅來當作關禁閉的地方。當女兒不願坐著的時候，他就坐在女兒旁邊用手把她按下去，這樣的布置給了女兒很大的權利，因此是她女兒在控制著全域。

## ● 掌握好關禁閉的時間

確定關禁閉時間的長短，主要要看三個因素：

第一個是孩子的年齡。對兩至三歲的孩子一、兩分鐘的禁閉就足夠了；三至五歲的孩子就需要兩、三分鐘；對於五歲和五歲以上的孩子，五分鐘比較合適。即便小孩子還不太理解時間的概念，但你也要注意保持禁閉時間的一致。你可以用一個計時器來提醒時間，他的注意力能很容易地被吸引過來。長時間的禁閉並不比短暫的效果好，時間的長短不能改正孩子的錯誤。保持增長時間的一貫性，這樣才能糾正孩子的不良行為。

決定禁閉時間的第二個要素，是錯誤的嚴重程度。公正的處理孩子的過失。對於一些錯誤，像與別人爭吵、不聽從父母的吩咐、說髒話或是不懂禮貌，五分鐘的禁閉是比較妥當的。如果你覺得打架更嚴重的話，那麼就把懲罰時間規定為十分鐘。盡量使禁閉時間的確定變得簡單。對於大多數錯誤五分鐘禁閉就夠了。對於個別一次兩次的嚴重錯誤，把禁閉時間定為八分鐘或十分鐘效果較佳。

第三點是看孩子的合作態度。要是他不合作，就將禁閉時間適當延長，盡可能使禁閉時間平穩地度過，如果禁閉的標準時間是五分鐘，那麼必須是孩子在這五分鐘內安靜地心甘情願地接受禁閉。若是孩子在禁閉的過程中有所反抗，那麼就將禁閉時間加倍，但記住，僅僅加倍一次。在下一章裡，我將系統闡述如何處理拒絕接受禁閉的孩子。

倘若孩子在禁閉期間大發脾氣、大喊大叫，不要理睬。直到他安靜下來再開始計時。你只需簡簡單單地告訴他，禁閉時間只有五分鐘（或者是十分鐘），如果他不安靜下來就不開始計時。我告訴孩子如果準備好了，不再吵鬧了就敲敲門，孩子發火胡鬧的時間不在計時範圍之內。這就是為什麼有的孩子被關一個小時甚至更長時間的禁閉。

當孩子不高興的時候，他們通常會又哭又喊。若是孩子在禁閉室裡小聲哭泣，不必理睬，一切照常進行。對於孩子的一些行為諸如唱歌、哼曲子、講故事或者是背誦詩歌，你都無需理會。要是孩子發出的聲音還沒有停止的話就不要計時。原則就是這樣。如果孩子並沒有反抗禁閉計畫，只是抽泣、唱歌或發出聲響自娛自樂的話，你可以開始計時。反之，若他想打亂禁閉計畫，你就不要計時。等著他安靜下來，告訴他：「什麼時候想計時，請馬上通知我。」

## ● 需要「優先」解決的錯誤行為

需要「優先」解決的錯誤行為，是一種你認為不正當而且會惹麻煩的具體行為。它之所以要優先處理，是因為你現在就想解決它，這是一種你想要孩子馬上停止的行為。你選定的這種錯誤必須十分明確。比如說打架、爭吵、頂嘴和說髒話等等。可是像可惡、自私和粗魯等就不能算作是這樣的行為，因為它們不太明確，我們都知道通常這些詞代表著什麼。

但問題是，它們很容易被人曲解並由此而產生爭論，要知道你討厭的東西可能會被你的孩子所接受。

你需要學會具體地看問題，假使你的孩子犯了很多錯，你可能很容易找不到主要的問題所在。反而你會說：「我的孩子總是惹麻煩。」、「他從來不聽我的話。」、「她一天到晚都不老實。」、「他真是太煩人了，我真想大喊幾聲。」、「這孩子的表現從來都不怎麼樣。」如果你覺得自己有這樣的想法的話，靜下心來，弄清楚孩子究竟做錯了什麼，究竟是卡門不聽話，還是法蘭西斯打了他的妹妹，還是克林特沒有按時做家事。

當孩子犯了錯，告訴孩子他做錯了什麼並關他的禁閉。你要冷靜、堅定並且自信。

母親：小傑，幫忙倒一下垃圾好嗎？

小傑：我不想去，等一下再說。

母親：小傑，你怎麼這麼不聽話。去，關五分鐘禁閉。

一旦告訴孩子他被關禁閉了，你就不要輕易改變主意。一些孩子會突然變得很順從、很合作，以求博得你的寬大處理。你不要被這欺騙了。

母親：小傑，你怎麼這麼不聽話。去，關五分鐘禁閉。

小傑：好、好、好，我馬上去倒垃圾。

母親：不，你先去關禁閉。等禁閉結束了再去倒垃圾。

小傑在媽媽讓他倒垃圾時不去做，這位母親恰當地實行了禁閉。小傑想以倒垃圾來討好媽媽，這時他已意識到倒垃圾要比關禁閉好得多，但這已經晚了，長輩不能在這時心軟。否則你會愈加縱容孩子的討好、詭辯和爭論。所以孩子一旦犯了錯 —— 不要猶豫，關禁閉。

當你第一次實施關禁閉時，從孩子的一件錯誤開始。選擇那種想讓他改正的錯誤，而不要選那些你最討厭的錯誤作為關禁閉的開始。這會讓你和孩子在你處理重大問題之前，對禁閉的程序都十分熟悉，這樣你就成功地立下了一個示範。

當第一次的錯誤已被你控制住了，就用禁閉來改正孩子的第二個錯誤。謹慎些，你希望孩子能成功，循序漸進要比急於求成安全得多，慢慢地補充上新的處罰條例，並把它系統化以確保成功。

## ● 如何對孩子解釋「禁閉」

坐下來，分別與孩子談「禁閉」。準確的時機和良好的判斷是十分重要的。選一個一切都很正常的時候，不要在一次訓斥不久之後又來談它；不要在你或孩子生氣的時候談論這件事。要向孩子說明「禁閉」對他有幫助，並能讓他更好地做出決定。

說明所謂「禁閉」就是要一個人在浴室（或者是其他房間）坐一段時

間，告訴他確定禁閉時間的原則：如果合作，只關五分鐘，否則會被關得
更久，計時器會告訴孩子結束的時間。要是孩子不合作，就將計時方式規
定得更細些。最後，向孩子解釋什麼是需要優先解決的錯誤行為。深入地
討論並舉些例子，要保證他明白什麼是錯誤。

在解釋「禁閉」時，駁回孩子的反對是很重要的，不要期望他會很熱
情。你只需盡可能明確、明晰地解釋它，下面是一對父母向他們七歲的孩
子解釋「禁閉」的例子。

父親：小傑，過來一下好嗎？我跟你媽媽要和你談些事情。

小傑：你們要談什麼？

母親：你最近表現很好，但有些時候還是不聽話。

父親：我們想告訴你一些事情，它將有助於你的行為，並能讓你對自
己的所作所為做出更好的決定。

小傑：是什麼呢？

母親：關禁閉。

父親：也就是說，在你犯錯時，你會受到懲罰，在浴室裡一個人待五
分鐘。如果你不反抗，不做任何辯解的話，只需五分鐘。

小傑：要是我不去呢？

母親：你反抗或不馬上去的話，那你就得坐上十分鐘。

父親：若是你大吵大鬧或者踢浴室門，那你就會被加罰五分鐘。

小傑：好啦！反正等我長大，我就再也不會在這裡待著了。

父親：就這樣還有什麼問題嗎？

小傑：多麼愚蠢的主意，它永遠都不會對我有什麼作用，我真傻，這
不正是你剛剛告訴我的嗎？

父親：當你關禁閉時，我們將為你計時，當你聽見計時器響時，你就
可以出來了。

母親：如果你大聲吵鬧，或者是大發脾氣，我們不會開始計時，直到你安靜為止。

父親：所以，你安靜得越快出來得也越快。

母親：這樣你理解計時器的作用了嗎？

小傑：當然，但我還是認為禁閉沒什麼用。

母親：如果弄髒浴室，你就會被加罰五分鐘並且要立刻收拾乾淨。在你出來之前要是弄壞了浴室任何物品，我們就會從你的零用錢中扣除。

父親：當你不聽我們的吩咐，不聽我們的話時，就要被關禁閉。

母親：從現在起，若是你不按照我們說的去做，你就會被關禁閉。

父親：我們也不想讓你總被關禁閉。但是，選擇權在你的手裡，如果你聽話，你就無需去那裡，一切都在於你。

寫下你將要和孩子說的話，在此之前，列一個表以明確你的想法，下面這些提綱會幫助你在向孩子解釋「禁閉」時，讓自己的話更有道理、更有邏輯性。

★ 解釋以下幾點：

．關禁閉有助於糾正不良行為；

．關禁閉究竟是什麼；

．禁閉時間如何計算；

．計時器的使用；

．對孩子舉例說明，什麼是最需要優先解決的錯誤行為；

★ 你必須牢記：

．找一個好的時機去談；

．不要顧及孩子的反對意見；

．無論發生了什麼，都要保持冷靜。

## ● 當禁閉結束時，我們該對孩子說什麼？

在關禁閉結束後，對於大多數的錯誤就不要再重提它。如果你的女兒由於說話無禮而被你關了禁閉，她出來之後你一定要轉換話題，不要再去教訓她，不要再去說她怎麼不對，這樣下去她會對你的話置若罔聞。當女兒願意接受意見時，再去對她講什麼是對、什麼是錯。這裡有一個例子。

薩拉：（說了一句髒話）

母親：薩拉，你在說髒話，去關禁閉。

（五分鐘後，禁閉結束。）

母親：你看到我的計時器了嗎？

（媽媽換了一個話題）

下面是一個反例：

（薩拉禁閉結束）

母親：現在你該對自己說過的話有所醒悟了吧？

薩拉：沒有！

母親：那好，馬上再去關禁閉，直到你了解到自己錯了再出來！

假使你的孩子因為拒絕做某事而被關了禁閉，那麼他出來後一定會主動做這件事。比如，兒子因為不幫忙端飯菜而被關禁閉，那他出來後，他一定會幫忙的。如果他仍然不幫忙，只好再關他的禁閉，關禁閉與幫忙不是一種互換。不要因為他不幫忙就推延吃飯的時間，這樣他會更加任性。

要是你認為兒子可能不會合作，那麼就讓他在吃飯前一個小時端飯菜，這樣就會給他足夠的機會去幫忙。因為如果他不合作，你就會有整整一小時的時間關他的禁閉（每次五分鐘），所以這樣會促使他更為合作一些。

但針對關禁閉與做家事，我們有一個警告，做家事可以讓孩子具有責任感，它可以使孩子有機會去完成一些事情並為之感到驕傲。（可參考第

298

25 章）我就認識一些希望孩子每天都能做幾小時家事的父母。如果家事非常繁重，孩子就會產生厭煩情緒。孩子們確實需要責任感，但同時，他們也只是孩子，他們不應該每天都花大量時間去做家事，不要由於孩子不願當個「僕人」而關孩子的禁閉。

## ● 如果不做紀錄，你就不會成功

我們需要用做紀錄或製圖表的方法來統計孩子的禁閉。製圖表可以幫助你保持禁閉的一貫性，一般來說，人們對於一個新事物是很容易堅持一貫的，就像人們都可以很輕易節食三天一樣。當新鮮的事物逐漸被人們所熟悉了，我們也就會懶惰下來，製表可使你始終如一。

圖表可以告訴你，孩子被關禁閉的次數在逐漸減少。看著圖表，你和孩子都會感到一種成功的喜悅。這對於你和孩子是一種鼓勵，你們將很快地完成你的目標。在本章結尾就有一個表格的例子，可供大家參考。

數一數每天或每週禁閉的次數，如果禁閉的次數逐漸變少，那麼說明一切正常，如果圖表沒有顯示出孩子的表現有明顯地進步，你也不要失望，一些孩子需要更多的時間。有些孩子很固執，他們抵制改變；一些孩子的表現時好時壞；一些孩子的表現甚至會比以前更糟。他們想讓你認為，無論你怎麼做都沒有用，「我只是做給你看的！」

正是因為每個孩子在進步速度上有所差別，因此繪製圖表就很重要。有些孩子在不到一週的時間裡，就有了明顯的改善。如果你的孩子屬於這種情況，那麼你就該相信關禁閉的效果很好。有的孩子的錯誤舉止有較強的持續性，那麼改善的進程就會慢得多。

可能在短短幾天的時間裡很難發現有什麼進展，或許幾週之後你才能發現孩子的進步。你也許會因此停止使用關禁閉，並把所有進展都寫到「我們什麼都嘗試過了」一欄中。你的孩子可能在第一週每天關四次禁

閉。兩週後，可能會變為每天三次，這就是一個小小的進步。圖表將會顯示這些進展，倘若大的進展沒有立刻出現，那麼這樣的圖表將使你不至於太失望，從中你能得到你所需要的鼓舞。

有許多天在沒有關禁閉的情況下過去了，之後的幾天還要出現幾次禁閉。有些孩子比其他孩子更會考驗人。偶爾，你的孩子會考驗你，看看是否有什麼變化。他需要確信你仍然沒有改變主意，圖表將使你知道這種情況是否發生在你的孩子身上。

有時關禁閉次數的增長完全是由於你的緣故。也許是你使孩子在犯了嚴重錯誤之後還能僥倖逃脫懲罰。你沒有像你本應該的那樣保持始終如一，也許你把注意力都集中在孩子的錯誤上，卻忘記了去尋找孩子做得好的地方。

## ●「來吧！我喜歡關禁閉。」

如果你的孩子說：「來吧！我喜歡關禁閉，它給了我一個可以離開這個瘋狂家庭的機會。」這時該怎麼辦？許多聰明的孩子都說這樣的話。也許這是真的，特別是與家庭其他成員不和的那些孩子。不要理睬這些話，儘管這並不容易。不要訓斥和說教，也不要這樣回答：「要是你真的喜歡關禁閉的話，你一定是有什麼問題。」這只能使孩子更確信你正被他控制著。你不要輕易上當去相信孩子所說的一切。若是你想堅定不移地關禁閉，就不要問你的孩子。看一看關禁閉的圖表，你會知道如何去做。

## ● 如果毫無進展怎麼辦？

這只是說還沒有進展 —— 注意，是還沒有。對於大多數父母來說，關禁閉沒有作用的原因是他們缺乏耐心。我們努力去做，因此就想快點得

到結果。孩子們學得比他們的父母更能堅持，孩子們知道如果他們長時間的固執下去，爸爸媽媽一定會先屈服，就像平常一樣。

關禁閉圖表的繪製要堅持幾週，對於有些孩子來說，一點點的進展便是你首先得到的一切。你可以問問自己以下的問題：

我是堅持始終如一的嗎？每次當孩子需要優先解決的問題出現時，我都始終如一地實施懲罰了嗎？你不能只是偶爾堅持一下，假使你只在想要懲罰的時候才懲罰，那麼情況就會變得更糟，你等於在教孩子如何消極抵抗。

當我關孩子的禁閉時，我生氣了嗎？有些孩子希望你生氣。這就是他們的目的，如果他們能每次都讓你難堪，他們將很高興多接受幾次關禁閉，好使你生氣，對他們來說，這是價值超過關禁閉的一個更大的獎勵。換句話說，由關禁閉帶來的代價，遠遠趕不上因為惹你發火而帶來的喜悅。

當我使用關禁閉時，我給孩子很多關注了嗎？不要做太長的討論和解釋，不要因為長時間的解釋而疏遠了其他孩子，對於有些父母，對禁閉五分鐘的關注時間就足夠了。如果關禁閉看起來更像是遊戲而不是處罰，那麼你就付出太多的關注了。

我是不是忘了幫助孩子明確什麼是好的行為舉止了？你不能僅僅依靠關禁閉，並期待光用它就能發揮作用。關禁閉只是總計畫的一部分。把注意力多投向孩子好的一面，而不要老盯著孩子不好的一面。如果你過於專注孩子的錯誤，那麼關禁閉是不會有作用的。

## ● 小結

孩子孤僻、冷淡的性格，通常產生於成年人沒有分寸、沒有輕重地干預孩子的生活世界。

—— 蘇霍姆林斯基

一位家長說他們的「關禁閉」改變了她整個家庭。許多年來，她和丈夫都是採取打罵的方式，孩子也以大喊大叫以示反對。她七歲的兒子做出了最好的總結：「我喜歡關禁閉，媽媽，它比我們以前經常做的要好。」

關禁閉是作為一種輕微的懲罰方法來產生作用的。要有決心並有計畫地使用，事先安排好。這將教會你的孩子如何預測自己所作所為的結果，並做出好的決定。始終如一地使用這種方法：每次在孩子錯誤發生之前就要使用關禁閉。當你關孩子禁閉時要保持冷靜並控制形勢。如果你發火，你就沒有正確使用關禁閉。現在你可以嘗試一下：

當你思考以前孩子所犯的一些錯時要具體一些。它可以幫助你找到問題所在並採取相應的措施。下面這個練習將幫你做到這點。請在你認為屬於錯誤行為的句子前打上「×」。

1. 馬克打了妹妹。

2. 薩拉拒絕洗碗。

3. 艾德很討厭。

4. 喬過分活潑。

5. 比爾在屋子裡亂跑。

6. 蘇罵她的弟弟。

7. 當你讓瑪麗做什麼時，她總是爭論不休。

答案：1. 2. 5. 6 和 7 是比較具體的。第 3 個句子中，「討厭」這個詞不算具體。這句話沒有明確地描述艾德究竟有什麼錯誤，第 4 個句子也是這樣，「過分活潑」也沒有明確告訴我們喬做錯了什麼。

假設你要對馬克、薩拉、比爾、蘇和瑪麗關禁閉，你將怎樣做才能使每個孩子都能改正自己錯誤的行為呢？

馬克：當馬克和他的妹妹玩得很好的時候，可以誇獎他。

薩拉：找一個由她完成的工作，並感謝她。

比爾：當他安靜地從屋子裡走過時，誇獎他。

蘇：記住蘇向弟弟說過的一些令他高興的話。

瑪麗：當瑪麗沒有怨言地做什麼事，用這樣的話，諸如：「謝謝妳沒有怨言地擺好了碗盤」來吸引她的注意。

以下附上禁閉表。

孩子的名字：

| 日期 | 起始時間 | 終止時間 | 反抗行為 | 備註 |
|------|---------|---------|---------|------|
|      |         |         |         |      |
|      |         |         |         |      |
|      |         |         |         |      |

用這個圖表來記錄孩子的禁閉。每一次他被關禁閉時，你都要記下日期、開始的時間（起始時間）、終止的時間（終止時間）、以及不當行為和一些評語。例如：

| 日期 | 起始時間 | 終止時間 | 反抗行為 | 備註 |
|------|---------|---------|---------|------|
| 6/20 | 12：35 | 12：40 | 不聽話 | 一切正常 |
| 6/20 | 5：45 | 5：55 | 不聽話 | 爭論 5 分鐘 |
| 6/21 | 10：25 | 10：30 | 不聽話 | 立刻走掉 |

## 第十八章
## 如何應付拒絕關禁閉的孩子

教育技巧的全部訣竅就在於抓住兒童的這種上進心，這種道德上的自勉。

—— 蘇霍姆林斯基

應付不想關禁閉的孩子的方法，取決於孩子的年齡及他的類型，對於 5～6 歲的孩子來說，把他們叫過來關禁閉是一種可以接受的方式。注意不要傷害孩子或你自己，如果你的孩子不想被關禁閉，就從外面把門鎖上。對於一些家長來說，開始時必須這樣做。

看門可是一項體力活，你可能會覺得那樣做很不舒服，因為家長們必須輪流看門。更明智的做法是將門關上幾分鐘之後放手。當你將門關著時，最重要的是你自己要保持冷靜。控制住自己和當時的形勢。不時地用平靜的語調來提醒孩子：「只要你能安靜坐著，我就讓你出去。」若是你覺得這種方式不適合你，不妨試試下面這種方法。

對於比 5～6 歲大或者小的，無法進行身體控制的孩子，你需要用不同的方式。當他們拒絕關禁閉時，等一分鐘以後再問一次。假使你發現自己有些生氣，走開冷靜幾分鐘。不要與孩子爭吵或者對孩子吼叫。

### ● 給孩子一分鐘思考的時間

給孩子一分鐘時間思考下一步將會發生什麼，是一種比較明智的做法。「你繼續這樣做之前，想一想那將意味著什麼，你會失去你的自行車，你將繼續關禁閉，我不想和你爭吵，一切取決於你。為什麼不馬上開

始禁閉並讓它快點結束呢？」有時，孩子會做出錯誤的決定。給他們一分鐘思考的時間，他們會發現十分鐘的禁閉比起長時間的爭吵要好得多。

## ● 拿走孩子喜歡的東西

如果孩子在你的第二次要求下仍不想關禁閉，那麼你就該去找一些他們喜歡的東西。取消他們的特權以及一些活動，拿走他們喜歡的玩具。可能的話，找一些你能鎖起來或藏起來的東西。像自行車、手機、電腦、電子遊戲機、電視、音響都很有效。我不知道你的孩子喜歡玩的東西是什麼，但你知道，不管它是什麼，那就是你應該鎖起來的東西，你孩子的玩具也要被關禁閉了。要是你兒子很喜歡騎自行車，而他拒絕關禁閉，那麼你就鎖起他的自行車，一直鎖 10 分鐘，（因為他不合作，所以在原有的 5 分鐘上再加 5 分鐘。）

一些孩子每次都將你逼到極限，希望你能屈服，除非你想鎖他們的車，否則他們永遠都不想去閉門思過。當你鎖上車子時，他們會執行 10 分鐘的禁閉，若你立刻打開車鎖，那麼你就會被這種程序操縱。如果你的計畫中有漏洞的話，你的孩子便能發現它。

你可以在孩子執行禁閉後，再將車子鎖 24 小時來改善這種局面。倘若孩子在你鎖車時開始禁閉，那麼你應在 24 小時零 10 分鐘後歸還車子，如果你的孩子在兩小時後才開始禁閉，你要在 24 小時後才歸還車子。你必須這樣，只有這樣他才會在得到自行車之前感到自己確實受到了約束。

這個後備策略很有效。盡你所能（除了爭吵和生氣）來說服你的孩子關 5 ～ 10 分鐘的禁閉要比一整天沒有自行車好得多。一旦你開始取消他的特權，反抗行為也會開始，因為你的孩子也想得到平等。

假使你預料到孩子不想被關禁閉，那麼當你準備關孩子的禁閉時，就向孩子說明後果。

小傑：如果我不去關禁閉的話會怎樣？

父親：我們會將你的自行車上鎖。在你完成禁閉時再歸還。

母親：要是那樣無法說服你，我們會採取一些其他措施，比方說將自行車鎖一整天。

小傑：但那不公平！

父親：但是，小傑，像我們所說，一切取決於你，我們希望我們永遠不用鎖你的自行車。我希望那永遠不會發生，但如果有必要我們會那麼做的，說到做到。

不管你有何種善後措施，要確定孩子拒絕關禁閉會給他們自己帶來麻煩，而不是你。不要用一些給你們帶來更大麻煩的懲罰嚇唬孩子。不要說：「要是你不去關禁閉，我們就不出去吃飯。」這會讓孩子控制你們全家。

以剝奪孩子特權作為關禁閉的善後措施，許多父母對這一做法感到疑惑，為什麼不乾脆鎖上車子而取消禁閉呢？禁閉是一種簡短而又容易控制的方式。長遠打算，那是一種讓你的懲罰變得容易的措施，禁閉比起一週鎖幾次自行車要容易得多了。倘若你剝奪了孩子太多的特權，他就會變得失去信心，逐漸放棄努力改善自我行為的念頭。

## ● 小結

禮貌是孩子應該特別小心養成習慣的第一件大事。

—— 洛克

當小小孩拒絕關禁閉時，你可以抱起他，把他放在關禁閉的地方。當一個大一點的孩子拒絕關禁閉時，給他一分鐘考慮時間，然後拿走他喜歡的東西。你一定要做到讓孩子認為他的拒絕所吃的苦頭要比你讓他吃的苦頭多。

## 第十九章
## 在實施禁閉中如何具有創造性

沒有無私的、自我犧牲的母愛的幫助，孩子的心靈將是一片荒漠。

—— 狄更斯

你有沒有這樣開始過一天？你忘記設定鬧鐘；早晨還有衣服得熨，一照鏡子，發現自己面容憔悴；大家都已經坐在餐桌前了，烤箱裡的麵包還遲遲不好；你低聲祈禱今天車子能不出狀況。

為什麼孩子會挑這樣的早晨調皮搗蛋呢？因為孩子們都是機會主義分子，他們喜歡利用緊張的環境；他們喜歡在你手忙腳亂的時候試驗你；他們喜歡在你講電話、做家事或串門子時試驗你；他們還喜歡在你和朋友聊天時試驗你。

孩子們知道什麼時候關禁閉很難實施，他們對此有敏銳的第六感。如果你告訴孩子，他必須在下午關上一段時間的禁閉，那麼你一定得記著實施，你不妨把這件事記在今天要做的事情單上，在任何不方便的時候，你都可以使用延遲關禁閉的方法。

同樣的方法也適用於下面這種情況：你告訴孩子做什麼事，到後來發現他根本沒做。這時，孩子就應該先關禁閉，然後再完成你交給他的任務。你的孩子肯定會反抗，「我現在去吸地毯不就好了？」你可能會心軟，讓他先完成任務，而關禁閉就免了。這樣做就失去了懲罰的一致性。

## ● 在家以外的地方實施禁閉

　　紀律約束開始於家庭教育。若是你能積極地、堅持不懈地實施懲罰，你的孩子一定會有所改進，不單在家裡，而且在其他地方也一樣。你應該對孩子的錯誤行為在當天做出懲罰，千萬不要隔夜，這樣情況就會逐漸地變好。教育孩子你說的話是認真的。如果你在家裡沒有這樣教育過孩子，就不要試著在其他場合這麼做。

　　倘若孩子在超市裡犯錯怎麼辦呢？一種方法是馬上停止購物，立刻回家，把孩子送回家關禁閉。然後父母再自己回到超市繼續購物。一些父母已經試過這種方法，它聽起來有多麼不可思議。有可能你只需做一次就足夠了，它確實浪費時間，不過它也確實有效，特別是對於小孩子來說。

　　另外一種方法是利用公共場所的座位。喬希今年三歲了，那一天是星期五，媽媽帶他去銀行。銀行裡排隊人潮多，一切都進行得極為緩慢，喬希開始待不住，媽媽走出長隊，把他帶到了旁邊的座位上。他在那裡坐了兩分鐘，媽媽就站在孩子正前方看著他，很快他就平靜了下來，他們又回到了排隊人潮中。這是一個能夠堅持一貫性的典範。媽媽知道，為了讓喬希明白錯誤是不允許的，這樣做很值得，她考慮的是孩子的未來。

　　在你經常去的地方設立幾個關禁閉的地點。比如說，你可以用爺爺、奶奶的浴室，或者你朋友家裡的一間小屋。另一種辦法是向孩子保證等到家時再關禁閉。不要用關禁閉來嚇唬孩子，那毫無意義，而保證則意味著一項必須完成的任務。因此，當你回到家時，一定要記得實施禁閉。不論是在家中還是在公共場所，若你都能堅持這種措施，孩子一定會逐漸改正他們的壞毛病。

## ● 將兩個孩子同時關禁閉

假如你面對兩個（甚至更多）孩子同時犯錯怎麼辦？你最好避免和孩子討論是誰挑起事端的。因為這通常會導致更多的爭吵。只要兩個孩子都犯了錯，就都得被關禁閉。可是不要把他們關在一起。當一個關禁閉的時候，另外一個可以坐著等，然後再兩人交換。你也可以用擲硬幣的方法決定誰先誰後。

## ● 將小一點的孩子關禁閉

莉莉第一次被關禁閉，是在她差不多一歲的時候。莉莉晃晃搖搖地走去玩電視機，媽媽把她抱起來，然後放到嬰兒護欄裡。護欄是在另一個房間裡。媽媽對她說：「不要玩電視。」媽媽在那裡站了大約半分鐘，然後把她抱出護欄。媽媽又對她說：「不要玩電視。」接著把她放在地板上。

很自然地，她又撲向電視，因此媽媽又重複了一次上述行動。把她放在護欄裡，她說：「不要玩電視。」可是當孩子出來的時候，又一次爬向電視。媽媽這樣重複了五次，最終她停下來了。但這不是她最後一次玩電視，不過每次當她企圖這樣的時候，她都發現自己被放進了護欄裡，她的父母對這件事一直堅持不懈。

他們是在教莉莉不要玩電視機。同時也是在教她一些更重要的東西，他們在教她「不」字的含義。他們在為樹立家長的威信打基礎。

對一至兩歲這個年齡層的孩子來說，他們還不太明白大人說的話。他們天生好奇，精力充沛，不喜歡待在一個地方太久；注意力只能集中幾秒鐘；他們極易傷心，經常大哭；他們還總是惹麻煩；他們不知道把叉子塞進插座有多危險。這個年齡的孩子不知道對錯。因此不能把他們的行為理解成故意搗亂。

使用關禁閉的方法，可以教育孩子什麼是可以接受的行為，什麼是不可以接受的行為；什麼是安全的，什麼是不安全的。使用關禁閉教育蹣跚學步的孩子，尖叫著要東西是不好的行為，你還可以用這一個方法教育孩子有哪些是不可以做的，比如玩電視機等等。

一些父母問，是否可以用嬰兒床關孩子的禁閉。嬰兒床本來是一個用來舒適睡覺的地方，用它作為關禁閉的地方，會使嬰兒把床與不愉快的事情連繫在一起。所以盡可能不要用嬰兒床來關孩子的禁閉。

要將小小孩關禁閉，使用嬰兒護欄就可以了。因此，即便在孩子用不著護欄時也不要扔掉它，它現在另有用途了。有許多父母買兩組嬰兒護欄，一個當玩具室 —— 一個可以用來關禁閉。你可能想把這個護欄放在一間閒置的房間裡，那麼在把孩子放在裡面關禁閉時，你應始終站在旁邊。禁閉應持續半分鐘到一分鐘。你還要反覆地告訴孩子，你想要他做的事情，一定要簡單明瞭，例如：「不玩電視」、　「不玩插座」或者「不准用蠟筆在牆上畫畫」等等。

處理孩子發脾氣這件事可以採取不同的方法，如果孩子因為想要餅乾而大發脾氣，你可以把他放在護欄裡，直到他停止尖叫為止。你最好走開，走到他看不見你的地方。每隔幾秒鐘，悄悄地看看他，等他不再尖叫了，就把他抱出來，對他說：「你不叫了，這很好。」然後再引導他：「我最不喜歡聽你哭哭啼啼的了，你想想應該怎麼要餅乾？」倘若他過了兩三分鐘還不停下來，就把他抱出來，以其他方式教訓他。

## ● 面對拒絕關禁閉的孩子

★ 把他們的心愛之物拿走，直到禁閉結束後再加 24 小時（或者是一個合理的附加時間）。

★ 當孩子結束禁閉，就開始教育引導（如果這個錯誤已經得到糾正）。
　　或者，讓他去完成他未做的任務（如果他是因為拒絕執行父母的命令
　　而被關禁閉的）。

★ 使用延遲禁閉，在不方便的時候，或在離開家的時候。

★ 將兩個孩子關禁閉 —— 用擲硬幣的方法決定先後。


## ● 小結

孩子是創造產業的人，不是繼承產業的人。

—— 陶行知


在你實施禁閉時應具有創造性。孩子們知道你什麼時候很難關他們禁
閉，而這些時候也正是對你的考驗。

保證在以後的某個時間實施禁閉，然後一定別忘了執行。你可以把它
寫在你的「今日要做的事情」單上。堅持一致地實施禁閉，你的孩子一定
會改正錯誤。

對不同的小孩實施不同的禁閉。不要把禁閉看成是對小小孩的懲罰，
而要當成是一種教育技巧。


### 關禁閉的時間限制

首先，關禁閉的時間限制：如果合作就五分鐘，否則就十分鐘。在孩
子安靜地坐好之後開始計時（有一點點的哭泣也是可以的）。


### 關禁閉原則

★ 禁閉方針、禁閉地點和安排，安全第一，盡量無趣。

★ 選定一個需要」優先」糾正的錯誤行為。

★ 使用計時器。

★ 對孩子解釋「關禁閉」，關禁閉有助於改善錯誤，關禁閉是怎麼回事，時間如何計算，怎樣使用計時器，舉例說明什麼是需要「優先」糾正的行為。

★ 將關禁閉作為計畫中的一部分。

★ 一定要堅持執行禁閉措施。

★ 在關孩子禁閉時你要冷靜。

★ 用圖表記錄孩子的進步。

★ 最初的階段可能會很困難。

## 第二十章
## 如何處理孩子的爭辯和權力爭奪

尊重是一道柵欄,既保護著父母,也保護著子女,使父母不用憂
思,使子女不用悔恨。

—— 巴爾札克

「我可以在凱麗家過夜嗎?」

「今晚不行,我希望你待在家裡和我們在一起。」

「我已經一個多月沒去凱麗家了。」

「聽話,今晚不能去。」

「在家也沒事做,好無聊啊!」

「別跟我理論。」

「我不明白。我為什麼不能去,你能給我一個恰當的理由嗎?」

「因為我說不准去。如果你再和我爭辯,那我就要懲罰你了。」

「那又怎樣?好啊!把我關起來懲罰我吧!那有什麼區別?反正我也
無事可做。」

「好的,整個週末你哪裡也不准去。回你自己的房間。」

「我恨不得趕快長大離開這個家。」

孩子們喜歡爭辯。他們想要把自己的想法強加給別人。他們喜歡證明
自己是對的,而你及其他人都是錯的。孩子喜歡控制形勢,他們喜歡越權
於父母。

孩子也有權欲,而這種權欲實屬正常。孩子看到大人們有權,並且可
以做他們想做的事,至少我們的孩子那麼認為。我們看起來獨立又無所畏
懼。我們完全長大了,並擁有權力,孩子們也想和我們一樣,他們也想擁

有權力。

　　權欲並非壞事。只有當孩子消極地使用權力時，權力才可能成為一個問題。尋求權力的孩子試圖做自己想做的事，並拒絕做你讓他們做的事。尋求權力的孩子不願照別人的話去做，他們抵抗權威，喜歡制定規則並決定怎樣去做。

## ● 你為什麼無法獲勝

　　多數父母透過反控制來對付權力，可這並不奏效。尋求控制權的孩子往往導致僵局或者你和孩子間的鬥爭。最後的勝利不可能屬於你。一旦你發現自己處於權力爭奪中，你便已經失去了權力。

　　如果孩子在權力爭奪中獲勝，那麼他會認為是權力使他獲勝，他的權力擊敗了你；如果你贏了，孩子會認為那全是因為你的權力，是你的權力擊敗了他，他會更加相信權力的價值。這便導致了孩子們接二連三地反擊，手段一次比一次強硬。實際上是你拾了芝麻丟了西瓜。

　　每個孩子表現權力的方式不同。多數權力爭奪是積極的，爭辯就是好例子。有的孩子已學會消極抵抗的價值更甚於爭辯，有的孩子拒絕你讓他做的事，他們點頭答應卻坐著不動，有的還朝你淺淺笑一下。這種權力有著明確的目的：讓你心煩意亂。

## ● 如何運用為人父母的權力

　　不要成為權力爭奪的一方。兩個人才有權力之爭，才會爭辯。對自己堅決許諾你不再參與爭辯或做冗長的解釋。清楚而堅定地聲明你的期望，然後走開。明確地告訴孩子你想讓他做的事，何時去做，以及不做的後果，然後離開。

「該關電視了。」

「我要看下一個節目。」

「抱歉,該準備睡覺了。」

「難道我不能再多看一個節目嗎?」

「今晚不行。我們得早起。」

「把電視關了,洗個澡然後上床睡覺。現在就去,否則明晚不准你看電視。」

別處在這種情形中繼續爭辯,回你自己的房間,有必要的話再把門關上,別讓孩子搞得你心煩意亂。要是你生氣的話,那你就在獎勵孩子,你的惱怒會讓孩子得到他所尋求的可以駕馭你的權力。當你對付權力時可以使用懲罰,告訴孩子該做什麼,如果孩子不合作的話就準備接受懲罰,若是你因為權力爭奪而懲罰孩子,切記兩件事:不要在生氣的時候懲罰。這只會鼓勵孩子用權力回擊你;輕罰比重罰更有效。假使孩子認為你的懲罰過於嚴酷,他將用權力進行報復。

當孩子沒有爭辯便做了你讓他做的事,就感謝他吧!並引起注意。「謝謝你,你沒有爭辯就做了我讓你做的事,我很欣賞這種做法,這表明你很合作。」作為長期解決辦法,記住,孩子的權欲也可能是積極的。當孩子表現出想要尋找獨立、領導能力和自己做決定時,你應當引起注意。

## ● 如何區分權力與權威之間的差別

權力和權威之間的差別存在於你身上。當你必須與孩子對質時,把重點放在合作上,而不是控制上。在這種情形下,你也要保持儀表和理性,千萬別生氣,停下來想一想,不要衝動地做出反應。告訴孩子詳細而明確的希望,並向他們解釋,如果他選擇不合作將會怎樣。不要發出最後通牒,把精力集中在影響孩子的動機上。

下面是一個家長運用權力的例子：

「我為什麼不能去？」

「因為我說不能去你就不能去，我是你父親。」

「那又能說明什麼？」

「一切。」

「可我還是要去。」

（父親生氣了）「我警告你，要是你參加那個派對，你以後不會好過的。」

「哦，當然了，你打算怎麼做呢？」

「你就等著瞧吧！」

下面是一個家長使用權威的例子：

「我為什麼不能去？」

「我認為那不安全。」

「我沒問題的。」

「派對上你們會喝很多酒，還可能打架也說不定，我不想讓你去。」

「我不會有事的，你不必為我擔心。」

「你沒搞清楚，我信任你，可那不是問題所在，我不信任其他孩子，你無法控制他們要做什麼。」

「可別人都去。」

「我知道你非常想去，我也知道你會很失望。」

「我要去嘛！」

「很抱歉，不准去，你可以做點別的，比如讓朋友到家裡來玩。」

## ● 如何不爭辯就能懲罰孩子

　　口頭懲罰會比較困難，因為它可能轉變成爭辯，尤其是你生氣的時候。呼喊、訓斥、威脅有助於發洩憤怒，可這些並不能懲罰孩子的錯誤。有時甚至會使事情錯上加錯。

　　保持冷靜。告訴孩子不要爭辨，如果有必要，你得準備實施懲罰。別陷入呼喊和威脅的漩渦中，你也不想以那種方式度過餘生吧？生氣和呼喊只會使爭辨愈演愈烈。若孩子的目的是惹你生氣的話，大喊大叫是最不可取的，它可能導致意想不到的結果。

　　怎樣才能既懲罰孩子又能避免爭辯呢？口頭懲罰是約束孩子的一個好方法，它的目的是教會孩子做出更好的決定。下面有一些建議：

1. 從你們的關係開始。「你是我兒子，而且我愛你。無論你做什麼，這一點永遠不會改變。」

2. 聲明你對他的關心。「你在商店的行為讓人無法接受，我感到很尷尬。」

3. 提醒孩子以前他表現好的時候。「那不像你，我們上街購物時你總是表現得很好。」

4. 將你的孩子和他的行為區別開來，說：「我無法接受你的行為。」而不要說：「那麼做的人很愚蠢。」

5. 根據問題的大小採取恰當的措施，倘若孩子在上街購物時犯了錯，就限制他購物。「兩星期內你不能和我出門，而且必須待在家裡。我希望下次出門時你能聽話。」

　　不要問為什麼。因為孩子選擇犯錯所以他們犯錯，當你問他們原因時，那你便在提醒他們一定會有個藉口。「你為什麼那麼做？」他便告訴你為何那麼做。聰明的孩子總會找到一個令你滿意的藉口。如果你無法接

受這個藉口，那麼你們之間又會有一場權力之爭。

你應該意識到使人討厭的孩子不是個好聽眾，這也不是建設性交流的適當時機，應該等到他冷靜下來以後再說。

教你的孩子從錯誤中吸取經驗，而不是受折磨。透過教他們更好的方式從而指出他們做錯的事。「記得倒垃圾，很好，下次把袋口綁緊一點，我會教你怎麼做。」

承認你也曾經犯過錯，這並非易事。「對不起，我錯了，是我弄錯了。」你的孩子會以你為榜樣的，當你開誠布公地承認你的弱點及缺點時，你便在告訴孩子們，大人也並不完善。

不要連續犯小錯誤。解決它，然後順其自然。口頭懲罰的目的是擁有更多合作的年輕人，錯誤和錯誤的行為是很正常的，大事化小是你幫助孩子的最好方式。不要過於糾結地想這些錯誤，也別在孩子面前講你和伴侶之間的問題，這並不利於他們的成長，相反孩子們更希望看到你們堅強的一面。

當孩子們爭吵時，這些觀點也會適用。保持冷靜，而不要威脅他們，假使你有能力就幫孩子們和解。布萊頓和瑪麗吵了十分鐘。父親受夠了，終於發起火來，喊道：「別吵了，不然你們都給我睡覺去。」

大多數的孩子被威脅時都能安靜一會。不幸的是，父親以為他的喊叫奏效了，其實不然，喊叫只是暫時有效，這種安靜也不會持續多久。喊叫和威脅都不能對錯誤行為有長期效果。孩子們爭吵，大人們大喊，他們靜下來片刻，很快他們又吵起來，然後父親又大喊，他們又靜下來，就這樣循環下去。這些孩子知道他們可以一直吵，直到父親喊著制止他們，而他們也無法學會解決問題。

一點幽默也許會有所幫助。在旅行中無論何時孩子吵了起來，制止他們。要是他們不吵了，父母便把話題轉到旅行上，「這說明為什麼那麼多

父母把孩子留在家裡，我看下次我們應該單獨去一些浪漫的地方。」孩子們聽到這些話時，就明白你們的意思了。

## ● 孩子為什麼要報復我們

當一個孩子感到受傷害或生氣時，他可能會報復你、他要傷害你。報復使孩子忘掉傷害和惱怒，報復使孩子感到公平。由於孩子們對公平有著強烈的欲望，所以報復對他們很重要。

報復可能會破壞父母和孩子之間的關係。對十幾歲的孩子來說，這點尤為正確。一些孩子在別人面前使你尷尬；一些孩子摔壞對你而言很特別的東西；一些孩子傷害小弟小妹；一些孩子離家出走；而另一些孩子打破玻璃或其他值錢的東西。我曾經和一位十幾歲男孩的母親一起工作，她兒子報復心很強。一天，她回家後發現那孩子把漂亮的瓷器和水晶杯都扔出家門外。

當你因為某事而懲罰孩子時，他卻認為那不公平，於是典型的報復便開始了，他決定用做錯事來報復你。他惹你生氣，你惱羞成怒，於是再懲罰他，他再反擊，報復就會惡性循環下去。

## ● 如何打破報復的惡性循環

孩子報復的目標是你的感覺。一個想要報復的孩子要使你受到傷害，如果他那樣做，就達到他的目的了。有的家長對於為人父母的方法缺乏自信，聰明的孩子能意識到這點，並從父母的弱點中取得完全優勢。

尋找報復機會的孩子完全清楚在何處回擊。他們會這樣說：「我恨你，你是個糟糕的母親。」而講這一句話的目的就是要傷害你，你會覺得自己讓孩子傷了心，他們要讓你感到不稱職又有種負罪感。

當你覺得不稱職或有負罪感時，你便開始對自己的判斷表示懷疑，甚至開始屈服報復，報復心強的孩子就是要讓你變得矛盾，這就是他們想要的。

相信自己的能力，你便不會成為孩子報復的對象；支持你自己，當孩子攻擊你時，仍要保持堅強，並告訴自己我是個好家長，我正在盡全力做到最好。

讓孩子守紀律時要積極一些，不要吹毛求疵。減少一些懲罰是公正的，而且這對孩子不無裨益。懲罰不應羞辱孩子或使他們感到尷尬；懲罰應當溫和些，教孩子做出更好的決定。用懲罰來報復他，只是因為孩子曾做過的讓你受傷或使你生氣的事情。

控制自己，別讓他觸到你憤怒的敏感神經。相信你的判斷，不要屈服於孩子所說的：「泰勒的媽媽讓他看電影。」不要鼓勵孩子報復，你越自信，對你來說就越容易贏得孩子的合作。

許多家長以孩子的成功來衡量自己的價值，「如果我是好家長，那為什麼孩子這麼糟？」他們感到若是孩子不完美，身為家長的他們就是不稱職。要是相信這個觀點，你就易受孩子的傷害，你就很容易成為孩子攻擊的對象。

想想你會這麼想的原因。你沒有安全感嗎？問題出在配偶身上嗎？多想想自己的長處而不是憂慮。你越注視自己的長處，就越自信。孩子說「我恨你」時，請保持冷靜，對他勇敢地說：「很抱歉讓你那麼想，但我不得不按原則辦事。」

## ● 提出你的建議

羅伯特是個活潑好動的十歲孩子。他不壞，但總惹出這樣或那樣的麻煩。他的父母很愛他，不過他們受夠了他所惹的那些麻煩。他們試著用積極的辦法，可有時卻忘記了。父親懲罰孩子，而且他說「什麼辦法」都試

了，甚至試過幾次關他的禁閉。

　　當人們談起羅伯特的時候，都說羅伯特總惹麻煩。「他那麼可惡，氣得我大叫。我用盡了辦法，可我們全家亂成一團，吵成一片，你真應該看看他是如何對待他母親的。唯一能讓他住嘴的是那支船槳。我用半輩子的時間來打那孩子，你認為他會懂嗎？好像每次我考慮到這點時，他總是做些讓我失望的事。我不會放棄的，我會讓他照我的話去做。」親愛的讀者，你認為這樣家長還能有別的辦法嗎？把你的觀點及建議寫下來。

　　下面有五種觀點：

1. 羅伯特的父母需要先改變他們自己的行為。他們陷入了羅伯特的錯誤當中，而且那是他們看到的全部：他「總是」惹麻煩，他變得那麼「可惡」。可是他們應該就事論事，他們需要尋找相反的、積極的行為，例如他有時也會不頂嘴，聽大人的話。

2. 「爸爸懲罰孩子」。爸媽要一起行動，否則羅伯特會控制局面或繼續對母親不敬。

3. 他們「什麼方法」都試了。羅伯特是個倔強的孩子，他已學會了對付父母的辦法。父母需要更耐心一些，還必須堅持一項戰略，那就是你不能只是偶爾使用關禁閉這個辦法，一旦用了就應堅持使用。

4. 父母要停止與羅伯特的爭辯。父親應放棄「照我的話去做」的想法，因為這會引起羅伯特更強烈的反抗。父母需要告訴羅伯特他必須做的事，什麼時候去做，做事會如何，不做又如何，然後靜靜地看他的反應。

5. 父親相信打屁股能阻止羅伯特。但事實並非如此，羅伯特並沒有為避免挨打而少惹麻煩。打屁股並沒有改正他的行為。因此應該嘗試另一種不會激起報復的懲罰。下面這個圖表總結了權力和權威之間的區別：

| 權力 | 權威 |
|------|------|
| 強調合作 | 非控制 |
| 合情合理 | 非感性 |
| 自我控制 | 不要生氣 |
| 停下來思考 | 不要衝動行事 |
| 主動 | 非被動的 |
| 把後果與行為和選擇連繫起來 | 不要發最後通牒 |
| 以孩子為中心 | 不要以自身為中心 |

## ● 小結

對孩子來說，有如營養般重要的是雙親的愛。有時，若是良藥的嚴格和無限寬宏的理解都能有利於孩子的成長。

—— 池田大作

小孩子喜歡和父母爭辯或爭奪權力。他們希望你生氣，而當你真的生氣時，他們便贏了。保持冷靜，尤其當你懲罰孩子時。

成為一個好家長並不意味著你是孩子最好的朋友。有許多次孩子對我生氣，我不喜歡那種感受，但我並不打算屈服來滿足他們的要求，也不打算批評自己。從今以後十年，他們不會記得我不允許他們看電影的那一次，不過他們會記住我對他們的許諾。我會一直支持自己，因為我知道自己做的是對孩子的成長最有益的。

# 第三部分　培養與成長

# 第二十一章
# 如何培養孩子的獨立性

父母的愛應當是這樣：它能激起孩子對周圍世界，對人所創造的一切的關心，激起他為人服務的熱情。

—— 蘇霍姆林斯基

## ● 減少孩子對父母注意力的過多需求

「媽媽，過來看我畫畫。」

「好的，薩拉。」

「我找不到藍色蠟筆，媽媽。」

「在這裡嗎？」

「我找不到綠色的了。」

「在這邊。」

「我不想用彩色筆了，我想用水彩塗。」

「我把顏料盤拿過來了。」

「妳可以幫我畫這朵花嗎？媽媽！」

孩子們需要被注意和贊同，這很正常。但這種需求也可能變成一種問題，當孩子總想被別人注意時，就不妙了，因為強烈地去尋找注意可能變成控制欲。許多孩子製造一些小災難以博得你的同情。過分渴望被注意會導致這種情形：你的孩子控制了你的生活。

許多孩子用犯錯引起大人的注意。這是小孩子犯錯最顯著的原因，也可能會為他的童年以及少年時期紀律問題埋下隱患。

你的目標並非除去孩子們被注意和被贊同的需求。當你正確處理時，孩子渴望被注意的需求會對改正孩子的行為有所幫助。不要消除孩子對被注意的需求，而應消除那些過分的或無法接受的行為。「薩拉，我知道妳想讓我停下來和妳一起畫畫，可我現在很忙。你耐心等十分鐘，然後我和你一起畫。」母親給薩拉一個她想要並且她也需要的被注意的機會，但並沒有對孩子不停地嘮叨讓步。

## ● 如何注意才不為過

　　那取決於你。你能忍受到什麼程度？原則是孩子想得到的注意和你能給予的一樣多。你必須在兩者中尋找平衡點。也許有一天正常渴望被注意的行為也會讓你發瘋。別讓孩子的渴望變成要求，當孩子沒得到足夠的關懷時，他們會勃然大怒、發脾氣、嘮嘮叨叨、取笑或採取其他惱人的做法，他們會想：如果我不能以優秀的表現得到關注，那我就犯錯引起媽媽的注意。

　　俄國教育家烏申斯基說過：「注意是心靈的天窗。」只有打開注意力這扇窗戶，智慧的陽光才能撒滿心田。

　　注意力是孩子學習和生活的基本能力，注意力的好壞直接影響孩子的認知和社會性情感等身心各方面的發展及其入學後學業成績的高低。

　　孩子注意力的形成雖然與先天的遺傳有一定關係，但後天的環境與教育的影響更為重要。家長應當根據孩子的身心發展規律與特點，為他創造良好的教育環境，從孩子出生起就刻意地培養孩子的注意力，幫助孩子養成良好的注意特質與能力。

### （一）營造安靜、簡單的環境

孩子注意力穩定性差，容易因新異刺激而轉移，這是學齡前幼兒的普遍特點。因此，父母應根據這一特點，排除各種可能分散孩子注意力的因素，為孩子創造安靜、簡樸的物質環境。

例如，孩子玩安靜遊戲或看圖書的地方應遠離過道，避免他人的來回走動影響孩子的活動；牆面布置不應過於花俏；電視、糖果等可能吸引孩子注意力的物品也應擺放在較遠的位置。

父母還要注意調整自己的言行舉止，適時地對孩子提出適當的要求，與孩子形成良好的互動模式。

例如，當孩子全神貫注地做某件事時，成人不應隨意地去打擾孩子。我們經常會看到，孩子正聚精會神地玩玩具或積木，爸爸走過來問吃飽了嗎，一會，奶奶又走過來讓孩子去喝果汁，又一會，媽媽又叫他幫忙去拿樣東西。孩子短短幾分鐘的活動被大人們打斷數次，時間一長，自然無法集中注意力。所以，在孩子專心做事時，家長最好也坐下來做些安靜的活動，切忌在旁邊走來走去，打擾孩子。

### （二）有規律的生活

孩子一日生活的節奏以及各種活動的時間長短，都會影響他的注意力。因此，家長應當注意安排好孩子的生活作息。

讓孩子的生活有張有弛、動靜交替。不同性質活動之間的轉換要平和，給孩子一個過渡準備。

例如，孩子在戶外跑來跑去，心跳加速，全身的每一個細胞都處於一種興奮狀態。進到室內後，很難立刻進入到繪畫或讀書等安靜活動中。有一些家長卻要求孩子馬上安靜下來，集中注意力。這種要求本身就是不合理的，是違背孩子的身體器官運作規律的。

要求孩子集中注意力的時間不宜太長。研究表明，大班末期的幼兒能夠集中注意力的時間為 15 分鐘左右。因此，家長在安排孩子的活動時，應當注意調整時間，切忌一天到晚強迫孩子坐著一動不動。

### （三）培養孩子的自我約束力

孩子的自控能力較差，是注意力容易分散的另一個重要原因。當有新異刺激出現時，成人可以約束自己不去關注它，孩子卻很難做到。因此，為培養孩子的注意力，成人可以刻意地創設情景，逐漸提高孩子的自我約束能力。

像是採用遊戲的方式，將持久注意的要求變為遊戲角色本身的行為規則。

例如，與孩子一起玩「指揮交通」的遊戲，讓孩子扮演交通警察，事先約定每班交通警察要站 3 分鐘的崗，時間到後才能換崗。在遊戲中，對注意力持續時間的要求可以循序漸進地提高。透過不同的遊戲活動，幼兒可以慢慢地將外在的遊戲規則，內化為內在的自我約束。

刻意地增加干擾因素，來增強孩子的自我控制能力。

比如，家長可以偶爾在孩子做事時，假裝無意地把他感興趣的玩具、圖書或糖果等放在他旁邊。當孩子表現出要放棄當前的活動去選擇新的誘惑時，家長應及時地明確提出要求，讓孩子集中注意力。

### （四）培養孩子注意事物的廣度

幼兒注意力差的另一表現，是不能同時注意多個事物。為此，家長應當刻意地設計一些活動來培養孩子的注意廣度。

比如，「猜物遊戲」。先在孩子面前放上汽車、小球、鉛筆等多種物品，讓孩子觀察幾秒種，然後讓他閉上眼睛，趁機悄悄拿走幾樣物品，然

後讓他說出哪些東西不見了。這個遊戲要求孩子在觀察時，能快速地注意到有幾個物品，從而鍛鍊孩子的注意廣度。

家長應當注意幼兒的年齡和個體之間的差異，呈現的物品數量多少、拿走的物品多少以及觀察時間的長短等都應當適當。對於年齡大的孩子，呈現的物品可以多一些，觀察的時間可以短一些。

### （五）激發孩子對活動的興趣與需求

興趣與需求是孩子活動的內在推動力，是直接影響孩子注意力的情感系統。為維持孩子對某一活動的持續興趣，父母應當注意活動內容的難度要適合孩子的水準，既要讓孩子感受到成功的快樂，同時又能有一定的挑戰性。

倘若活動內容與孩子的先前經驗無關，孩子沒有充分的經驗和能力，活動任務超出了其駕馭的範圍，即使形式再活潑有趣，也不能吸引他們的注意；倘若任務難度過低，對孩子來說沒有一點挑戰性，孩子也不會感興趣，不能集中注意力。

### （六）明確活動的目的和要求

任務越明確，完成任務的願望越迫切，注意力就越能集中和持久。要想使孩子的注意力持久，成人不能強迫他做什麼，而要讓他知道為什麼要這樣做，激發他做好這件事的願望。

因此，在活動之前，家長應當幫助孩子明確活動的目的和要求。在活動過程中，家長要及時提醒孩子，使其注意力始終指向某個方向。

例如，家長和孩子種一顆綠豆放在窗臺上。最初幾天，孩子可能出於好奇而經常來看一看。但時間久了，興趣淡化，自然就不會來光顧了。

如果家長能在種豆之前對孩子說：「這顆綠豆不久會長出綠色的葉

子，你要是看到它發芽了，就趕快來告訴媽媽。」這樣就交給孩子一個任務，為了完成媽媽交代的任務，他就必須經常注意它。

家長向孩子提出活動目的和要求時，應當注意要求一定要具體，要有明確的指向性。籠統模糊的要求對於孩子維持注意力並沒有太多的積極作用，因為孩子並不明白該如何去關注，什麼時候去關注以及去關注什麼。

如在上述例子中，家長僅僅說：「你要注意它的變化。」孩子可能會感到無所適從，從而失去對觀察的興趣，不能持久注意。這時家長就要明確地提出具體要求，將孩子的注意力指向具體的某物。所以，若是家長能說出：「有沒有長出綠色的葉子？」或「看一看它的葉子有什麼變化。」效果會更好一些。

## ● 三種注意的方法

成年人的注意和贊同是對孩子最好的獎勵。不幸的是，家長們很少明智地使用注意的方法。這裡有三種注意：積極的注意，消極的注意和不注意。

當你注意並贊同孩子的好行為時，他們便獲得了積極的注意，那是指你了解孩子做得很好，把精力集中在他積極的行為上。積極的注意可以是表揚或鼓勵的話語、親近、擁抱或拍一下後背；在孩子的便當盒上留一張令人愉快的紙條，也不失為一種好辦法，積極的注意會增加孩子的好行為。

在孩子犯錯時，對他的注意是消極注意。典型的消極注意發生於你沮喪的時候。接下來你開始威脅、質問和訓話。消極注意並非懲罰孩子的錯誤，它會增加錯誤發生的次數。

什麼是獲取你注意的最簡單的途徑呢？靜靜地坐著或犯錯？當孩子沒

有以積極方式接受到注意時，他們會使出渾身解數引起你的注意，因此不要注意錯誤而應多注意好的行為。

　　吉姆和多明尼克靜靜地看了三十分鐘的卡通，一切都很正常；父親在打電腦，突然，發生了爭吵：「該我選臺了」爸爸衝進客廳關掉電視，訓斥兩個孩子並把他們趕回房間裡。

　　整整三十分鐘，這兩個孩子都相安無事。爸爸對他們剛才那麼好的表現隻字未提。發生矛盾時，爸爸立即被惹惱了。當他們做得好時，爸爸沒給他們積極的注意，而當他們開始犯錯時，爸爸卻投入了大量的消極注意。

　　消極注意能教會孩子怎樣操縱控制形勢。他們變得到處惹麻煩，他們學會了怎樣打擾你，怎樣控制你；消極注意還教孩子如何取笑、挑剔和討人厭；它教孩子激怒別人、使人惱火。這一切都是源於當孩子們行為正確恰當時，我們用不予理睬的方式教他們，而當他們犯錯時我們用注意的方式教他們。

　　我們也許從未遇到一位故意這麼教孩子的家長。當你注意孩子的消極行為而忽視他的積極行為時，你就會教孩子以消極的方式處事。你同時在教孩子用犯錯來獲得關注，你的孩子將來就會逐漸增加犯錯率以引起你的注意。

　　不要等到錯誤發生。不要把孩子的好行為認為是理所當然的，我們就是這樣對待十幾歲的孩子的。我們總是期待好行為，卻忽略了他們的努力。當孩子做得好時，父母就應該注意到，並積極去尋找。你注意得越多，找到的也就越多，你今後會看到更多的好行為。要知道任何人都能注意到孩子犯錯；反過來，卻不是每個人都能注意到孩子好的行為。

　　有統計數字顯示，平均每個家長一週內和每個孩子相處的時間僅為六分鐘。你應該高於這個平均值，你對他愛得還遠遠不夠。透過各種方式告

訴他你愛他，保證每天都能與孩子相處十分鐘以上。不要找任何藉口，像什麼我今天太忙或沒時間等等。我們都太忙了，以致忽視了很多生活中寶貴的東西。

在不少家庭中，雙親都工作，一些父母甚至做兩份工作。其實，你最重要的工作是成為一名好家長。你下班回家最初的三十分鐘應該和孩子一起度過。別成為那樣的家長，他們一週內和兒女在一起僅有的時間，是在校長辦公室或在警察局裡度過的。把你的孩子寫入備忘錄中，每天都和孩子有個小約會。出去散散步，聽聽他們的生活中發生什麼事；把電視關掉一小時來和孩子談談心。

## ● 怎樣學會忽略孩子

當你忽略錯誤時，同時也在忽略孩子。因為注意孩子是對他的獎勵。故意不注意可能是有效的懲罰方法，它能削弱錯誤。當孩子以犯錯來引起注意時，你應該忽略錯誤，忽略孩子對注意的不正當要求。這樣你會削弱這些要求，消滅錯誤。

一些父母覺得這令人難以置信。一些家長認為如果孩子犯了錯，他必須受懲罰。這種想法並不對。忽視孩子對注意的要求是最好的改正辦法。當你不斷忽視時，孩子就會知道這些錯誤並未引起注意。每個人發脾氣的時候都需要有聽眾，沒有聽眾也就沒有脾氣可發。不要忘記指導孩子，教孩子引人注意的正當方法，「我的耳朵不願聽到哭訴聲。但如果你能好好說，我還是願意聽的。」

學會忽略 ——

癩蝦蟆見千足蟲走路又順又快，問：「能告訴我，你走路的時候，是先移動哪一條腿，再移動哪條腿，然後再怎樣依次移動其他九百九十九條腿的呢？」

　　之前，千足蟲從來沒有想過自己是怎麼用那麼多的腿來走路的，經癩蝦蟆這麼一問，牠便開始認真地思考並觀察自己的腳步。於是，牠一邊思考一邊觀察，還一邊試圖控制自己的腳步。結果，糟糕的事情發生了，牠不只完全搞不清楚自己是怎樣控制長在身上的那一千條腿，而且，沒一會，牠變得連路都不會走了。

　　孩子從出生到成人，好多事情自然會發生，好事會發生，壞事也會發生；優秀的言行會發生，拙劣的問題也會出現。這些成長過程中自然發生的事情，倘若父母不去過於關注，就會自然地過去。好事會自然地過去，壞事也會自然地過去；優秀的言行會自然地過去，拙劣的問題也會自然地過去。

　　不過，好多父母因為愛子心切，孩子一有動靜，就呵護備至，關注萬分，結果，好多本來可以自然過去的問題，甚至於根本就不是問題的問題，正因為父母的關注，真的成了問題；更要命的是，父母愈是關注這些問題，這些問題非但不能緩解，反而會變得愈來愈嚴重。

　　比如，孩子寫作業不能像媽媽期待的那樣快，媽媽就會不停地催促，不停地跟孩子說要怎樣抓緊時間，甚至會坐在孩子的身邊。結果呢？一星期下來，一個月下來，一年下來，孩子寫作業不僅沒有加快，反而越來越慢。

　　再如，孩子有點口吃，爸爸媽媽就會很著急，孩子只要一開口，就會成為全家人注意的中心。結果呢？孩子的口吃愈來愈嚴重了。

　　本來處在自然狀態下的許多言行，一旦加以有意的控制，其結果只能是妨礙了這些言行的正常進行。兒童期的許多正常問題，倘若父母動不動就大驚小怪，只會變得更糟糕。

　　所以，除非問題的強度很大，或者持續的時間較長，一般情況下，對孩子成長過程中的問題，通常不宜採取過於關注的態度，更不必因為擔心甚至恐慌而採取過於強烈刻意的矯正性措施。

兒童期的孩子出現下面的問題都屬於「正常問題」，父母最好有意地忽視，裝傻，假裝沒發現，不在意：

1. 睡不著覺，想要跟爸爸媽媽一起睡。
2. 怕黑，怕小動物，怕進某間屋子，怕某個人，怕上學。
3. 害羞，容忍別人欺負自己。
4. 短時間的不高興，怎麼哄都沒用。
5. 無端地發脾氣，拒絕所有父母長輩的要求。
6. 纏人，不肯離開媽媽，要父母陪。
7. 退行，做出比實際年齡要小得多的孩子才會做的事情來。
8. 公然反抗父母，做出大人禁止孩子做的事情，甚至大吵大鬧，摔東西。

　　這些行為只要不過分，父母不必採取嚴厲的措施 —— 當然，與此同時，還是要耐心觀察，看看會怎樣發展、怎樣變化。

## ● 何時該忽視孩子

　　忽視並不意味著忽視問題，它是指忽視對消極注意的要求。有許多你不該忽視的錯誤，有的錯誤應當得到懲罰。決定何時忽視或何時懲罰並不容易，這裡沒有明確的規則，但它需要恰當地計時和準確地判斷。當孩子以犯錯引起注意時，忽略它；如果二三分鐘之內他未停止，就提醒他一下，告訴孩子：「你這樣做我是不會理你的，等你停下來我們再談談。」等一兩分鐘。若是他仍不停止，那麼告訴他停下來，否則將會受到懲罰。「現在就停，否則你就得被關禁閉。」

　　假使你生氣或讓孩子觸動了惱怒的神經，那你就輸了；如果你一定要懲罰，不要在生氣時實施懲罰；如果你生氣了，那孩子就成功地得到了他

想要的消極注意；如果你覺得自己開始生氣了，就走開，冷靜下來；如果你屈服了開始注意他，你就在鼓勵他的錯誤行為。

## ● 小結

> 與其把注意放在消滅孩子的缺陷方面，不如把注意放在用生氣蓬勃的愛來感染他們的方面。有了愛，缺陷就不會存在。
>
> —— 別林斯基

當孩子們表現好時，給予他們積極的關注。不要把好行為認為是理所當然的，不要理會孩子對注意的過分要求，如取笑或哭訴，這反而會鼓勵孩子用犯錯的方式引起他人的注意。了解這些觀點是很容易的，實踐才是困難所在。因此，父母應該勇敢地承擔起這項任務，因為孩子值得你這樣做。

# 第二十二章
# 如何解決兄弟姐妹間的衝突

尊重是一道柵欄，既保護著父母，也保護著子女，使父母不用憂思，使子女不用悔恨。

—— 巴爾札克

## ● 如何解決兄弟姐妹的衝突？

家長們經常詢問兄弟姐妹間的競爭問題。其實他們間的大多數問題不是競爭，而是衝突。自從亞當和夏娃決定該隱需要一個弟弟起，孩子們的衝突就已經出現了。

導致孩子們衝突的許多原因，是和導致大人們發生衝突的原因一樣的。孩子們想要生活中的環境適合自己，甚至希望規則合乎自己的行為，而不是行為合乎規則，孩子們看待問題很片面，他們想要一切都按他們的意願發展，當他們得不到想要的就會生氣。

任何時候，當你將兩三個持有上述想法的孩子置於同一個狹窄空間，讓他們嬉戲玩耍，你都很可能會見到衝突，這是不足為奇的。家長們如何做才能減少孩子間衝突的次數呢？首先，應把衝突看成是一次學習的機會，教導孩子表達失望與不滿情緒的可行辦法，教他如何控制自己的情緒而不侵犯到他人。

「阿莉莎，我知道，妳對哥哥發脾氣，是因為他作弄妳，這沒有錯。可是，妳打他就不對了，妳還可以做些什麼別的事！讓我們想一想，當妳生氣時還可以做些什麼事？」

若是孩子仍然對爭吵耿耿於懷，這種方法就不會奏效。等每個人都冷靜下來以後，再進行交談，效果會比較好，或者在爭吵爆發之前調停也會很有幫助。

「聽起來你們兩個好像正在討論什麼。我相信你們可以自己解決，我希望如此；如果需要我的幫助，就告訴我；若是你們不能自己解決，你們就需要先彼此分開一段時間，冷靜一下。」

這樣說會使孩子們相信，他們可以解決衝突。如果你相信他們可以，他們就會相信自己。然而這也有限定，這要掌握好火候，你應懂得何時插手，何時撤出，一條規則是：鼓勵孩子們先自己解決衝突，給他們時間。然後觀察，要是衝突繼續激化而不是逐漸被化解，你便需要引導他們想出一條解決的辦法。很簡單，分開他們幾分鐘，讓他們有時間思考。

教育你的孩子即使在意見不一致的時候，也要尊重別人。這一點會使他們終生受用。「你不必非得同意你哥哥的話，你有你的想法，他有他的想法；對事情持有不同觀點是正常的，但為此打架是不對的。」在一些情況下，如果你還能教育孩子從對方的觀點看待這次衝突，那就更好了。「你們每個人都有理由證明自己的觀點是正確的。」讓孩子交換他們的理由以達到和解。每個孩子都得做一些讓步，這樣雙方才會感到滿意。

一種長期預防衝突的途徑，是強調孩子積極的一面，要表揚孩子能夠與別人相處得融洽。而家長總是忘記這一點，他們認為孩子們表現好是理所當然的。這是一個錯誤。你應該尋找與孩子們合作與分享的機會，然後加以強調：「真高興你們在一起玩得這麼好，你們真該為自己感到自豪。」

## ● 小結

孩子有孩子識別事物的原則。我認為大人應該很好地理解孩子的心
理，做一個聰明的船夫，順著孩子的心流，巧妙地駕駛和引導航船
前進。

—— 池田大作

　　家長們在教導孩子更好的解決衝突的辦法時，能做的最重要的事就是
樹立一個好榜樣。和你的妻子或丈夫、你的老闆、你的鄰居，甚至氣人的
店員一起示範解決生活中衝突的正確方法。不要儲存憤怒，將它建設性地
表達出來：「如果你繼續吵下去，我會生氣的，因為這樣繞來繞去太煩人
了！」讓孩子學會表達反對意見較為謹慎的辦法，是向他展示你對其他人
的平靜、禮貌和尊重。記住要有耐心。假使孩子已經習慣爭吵和打鬥，你
要花時間去改變它，堅持做，因為他值得你去付出。

# 第二十三章
# 責任、工作和零用錢

責任、工作和零用錢，孩子對活動的需求幾乎比對實物的需求更為強烈。

—— 蒙特梭利

孩子們需要知道工作的價值。當他們學著做家事時，事實上，他們正在掌握基本的獨立生活的技能、責任，並建立起自信和自尊。而工作則能教會人們合作與團結。

不要交給孩子太多的工作和職責，這會帶來不滿。即使孩子完成的效果沒達到你的標準，也要接受孩子最大的努力。好的態度遠比一張鋪得完美無瑕的床重要得多，幫助孩子遠比自己把一切都安排妥當重要得多。要花上比自己做事更多的時間來教孩子工作，對孩子的努力和工作要積極地表揚。

為孩子示範對待工作的正確態度。孩子們需要懂得做家事和繁雜瑣事是生活的一部分。說出當你完成一項艱苦工作後的成就感。與孩子一起肩並肩地工作和娛樂，比如說工作時吹口哨的感覺，讓孩子對一些令人厭煩的工作有發言權，給孩子選擇的機會可以減少他的不滿。讓小孩子先承擔一些小責任，然後隨著年齡的增長，增加相應難度，責任隨著孩子的成長而增大，在本章的結尾有一些這樣的例子。

示範承擔責任給孩子看，抱怨家事的人只能教會孩子抱怨。現在的家長們經常抱怨孩子缺乏責任感，可是為時已晚，你已經錯過了給孩子下命令的時間，但不要緊，你現在還可以教給孩子這些技巧：將要做的事列個清單，檢查總結、評價列個清單，再對將來的計畫列個清單。

隨著孩子年齡的不斷增長，他們對待遇的要求也越來越高，你可以將他們的待遇直接與他們應盡的職責連繫起來。付出的越多得到的也就越多，孩子們不斷地長大，父母對他們的期望也越來越高，作為回報，家長給他更多的自由和更多的選擇，他們也會與孩子談論責任感的問題：「你們考慮一下怎樣做才公平，然後我們再來共同討論。」一些家長發現，每一次孩子過生日的時候，給他們增加一些特殊待遇和應盡的職責是個好主意──這就好比是一年一次的提升。

　　你應該與他們談論有關目標的問題，儘早地教育孩子人生目標的觀念，這樣他們在十歲以前，腦子裡就會有志願的概念，最初是學騎自行車、游泳等等，隨著他們不斷成熟，人生的目標範圍也會不斷地擴展，他們開始考慮一些其他問題。例如，他們在運動方面的發展，今後理想的職業，以及上大學的好處等等。

## ● 如何讓孩子靠自己的工作賺錢

　　如果孩子沒有做完他所承擔的家事，許多家長就不給他們零用錢，我們可以把這種戰略確定下來。用列圖表的方法來賺錢，它適合於任何一個孩子，尤其適合十幾歲的孩子。把家事列在單子上，把這個單子的標題取名為「賺錢的人」。每一份工作都有標價，做這份工作的孩子就可以得到那筆錢，作為零用錢的一部分，將這些工作公平地分配給孩子們，不要承諾讓孩子賺錢後又把錢拿走或不兌現。開始不發零用錢後，讓他們靠自己的工作來賺錢。孩子們比我們想像中要能幹得多，有許多家事都很適合孩子來做，工作使孩子知道他們每個人都能投入去做一件事，都能成為家裡的好幫手。

賺錢表

| | 星期一 | 星期二 | 星期三 | 星期四 | 星期五 |
|---|---|---|---|---|---|
| 米藍 | 倒垃圾<br>7:00-7:10<br>十元 | | 整理桌子<br>4:30-4:45<br>二十元 | | 清理浴室<br>4:00-4:30<br>四十元 |
| 安迪 | | 整理桌子<br>4:30-4:45<br>二十元 | | 倒垃圾<br>7:00-7:10<br>十元 | 擦拭家具<br>4:00-4:30<br>三十元 |
| 簡 | 洗衣服<br>4:00-4:15<br>五十元 | | | 整理桌子<br>4:30-4:45<br>二十元 | 吸地板<br>4:00-4:30<br>四十元 |

　　你可以用一個表列出孩子的工作，設定開始時間、結束時間，以及每份工作所占的分數，利用分配工作促使孩子們賺更多地錢，這些可以告訴孩子們，一個人的責任和一些特殊待遇是隨著年齡的增長而不斷增加的。必要時，輪換工作，每一個工作分數都相當於五元的零用錢。

　　這種安排能幫助孩子們記住，在什麼時候做什麼工作，如果孩子忘記了在規定的時間開始工作，另一個孩子就可以做這份工作，然後得到那些錢。比如安迪到 4：30 分還沒整理桌子，簡就可以代替他，然後她就能得到那二十元；安迪或許會爭辯說那是屬於他的工作，你只需告訴他，在 4：30 之前是這樣的，一旦到了那個時候，那個工作誰願意做就屬於誰。

　　假使工作沒有在規定的時間內結束，孩子就不能得到那份錢，如果他願意可以讓他做完，但沒有報酬；如果他不想做完，可以讓另一個孩子來完成，獎勵這個孩子應得的報酬。

　　執行這項措施時，你一定要堅決，同時也要做到公正，若是孩子在規定的時間內做得很努力，但沒有做完，這就證明你沒有給他足夠的時間。在這種情況下，就要合理一些，主動讓孩子完成工作，並給予相應的報酬。然後，適當地調整表上的時間，或者把開始的時間提前，或者用更多

的時間來完成。不合理的時候做一些調整，千萬不要因為孩子的固執或懶惰，而調整工作表。

一位家長採用了這種技巧而改變了他們的生活，孩子們不會再為家事而發生爭執，他們意識到如果沒有按要求去工作，零用錢就會給他們的哥哥或姐姐，要是你只有一個孩子，可以讓鄰居的孩子來參與做這些事情，然後再給他應該給你孩子的那些錢。你就既不必經常地做家事，同時又可教育孩子了解金錢的價值：

★ **解釋錢的用途**：儘早在三歲開始就告訴孩子，為什麼並且怎樣在商店購物。錢是必需的，它源自於勞動，它不是從自動提款機裡像變魔術一樣變出來的。我的孩子在三歲時懂得了錢的用途。他知道他能用一個硬幣來做一種叫「星球大戰」的遊戲。

★ **不要每件事都給報酬**：不應該在他們做每一件事情時都給錢，最好無償分配一些工作，作為孩子應負的責任，這樣做是為了向孩子灌輸一個觀念：我們每一個人都應該為了家庭的幸福做出自己的貢獻。當孩子完成分配的事情後，可以允許他從賺錢表做些家事，這樣家裡就有一些工作是身為家庭成員必須完成的，還有一些工作是能賺到零用錢的。

你也可以列一些額外的家事，以便讓孩子賺到額外的錢，當孩子因為特殊原因需要一些額外的錢時，你就可以讓他們靠那些額外的家事來賺錢，例如，打掃院子或幫汽車打蠟等等。

★ **介紹開銷**：隨著孩子不斷地長大和零用錢不斷地增加，父母就該告訴他有一些東西應該用自己的錢，比如說：約會啦、看電影啦、買 3D 用品啦和其他的娛樂活動等。如果孩子想要名牌商品，就得自己支付額外的錢。安東尼在念書的時候，想要一雙一萬多塊的名牌網球鞋，我只給他四千塊，這筆錢足夠買一雙相當不錯的網球鞋，當然不是名

牌，其餘的錢由他自己支付，他跑去打工，這樣不到一個月，他就賺到了足夠的錢。他感到很自豪，甚至每天都穿著那雙鞋，而且非常細心地呵護著它，甚至一年之後，它們看起來仍然很新，他之所以如此愛護它，就是因為買這雙鞋大部分的錢都是他自己賺來的。

★ **教孩子怎樣保護消費利益**：讓孩子比較不同商品的價格，多大包裝的商品最物有所值，告訴孩子為什麼你選這種商品，透過去圖書館教孩子什麼是通貨膨脹，找一些舊報紙上的廣告。知道什麼時候一個書包只賣一千元嗎？其實安東尼買那雙鞋並沒有花一萬多塊，他走遍了許多商家，直到他最後發現在一家商場，那雙鞋只賣九千多塊，孩子才買了它。他是一個非常聰明的消費者，尤其是花他自己的錢的時候。

★ **向孩子說明家庭預算內容**：向他解釋這筆有限的錢是如何支付房租、伙食費、衣服及交通費等，應該讓孩子了解這些內容。讓較大的孩子也參加家庭財政計畫的制定，讓他每月都寫出當月的支出。

★ **教育孩子儲蓄**：大多數孩子到了十歲就懂得了儲蓄的含義，孩子們是很衝動的消費者。因此，鼓勵孩子節省一部分收入作為存款，一些家長讓孩子們相互競爭看誰的存款較多。

★ **開始給孩子開個戶頭**：大多數 16 歲的孩子就可以有自己的戶頭和提款卡了，教會他們如何使用這些理財工具。

★ **確定財政目標**：和孩子們討論學校的收費專案。研究一下，是否有可能獲得大學的獎學金及資助項目，讓孩子們計算一下學費及生活開支。

★ **讓孩子靠自己賺錢**：要想讓孩子真正理解錢的含義，最好的方法就是當他們到法定年齡時，去找一份屬於他們自己的工作，父母應該幫助他們找到這樣一份工作，有既安全又合理的工作時間，而且同事還很和善。擁有自己的一份收入可以極大增加孩子的自尊感。

★ **不要做得過火**：孩子們有必要了解金錢的價值，有必要了解怎樣賺錢、怎樣花錢，但不能崇拜金錢，不過偶爾花錢買一些不切實際的東西也是在所難免的。

## ● 家務與孩子的零用錢

許多家長每週都給孩子一些零用錢，而當他們沒有做完家務時又把錢拿走，請改變這種做法 —— 制定出一個積極的策略：

★ 每個星期最初都不提零用錢，並建立起做家事賺零用錢的制度。

★ 每做一份家事就可以賺到相應的一筆錢。

★ 工作一定要適合孩子的年齡層。

★ 孩子做的每一件事不需要都付錢。

★ 一些家事是被要求去做的，以盡到家庭成員的義務；一些家事是為了賺到零用錢，被要求去做的家事必須先做完。

★ 當孩子需要額外的錢時，父母可提供一些額外的家事讓他們去做。

## ● 如何教你的孩子承擔責任

和你的孩子坐下來談一談，並且把行為和責任分成一個部分：有些事是必須要做的，有些是可以透過協商來決定可做還是不可做的，而有些事則完全由孩子自己決定。把每一個部分的事情都列成一張表，隨著孩子的成長並越來越多地顯示出責任心的時候，你就可以把表中更多的條款移到最下面的一項裡。

例如：一開始你可以把「穿著打扮」這一條列在「協商」部分裡，你為女兒在化妝品使用方法上提供一些選擇，但一定要經過你的准許。當她越來越成熟並對使用化妝品有些品味時，你就可以把這一條移到底下來，

「可以看出妳已經會正確使用化妝品了，我相信在這方面妳用不著我操心了。」這種策略有助於孩子了解到對其行為負責的意義。

★ 要求 —— 你的孩子必須做的事：

・通過考試

・幫忙做家事

・協商 —— 你的孩子可以選擇但仍需要你的批准

・晚上按時回家

・看電視節目

・使用化妝品

・吃零食

・自我約束 —— 你的孩子可以完全自主的行為

・體育

・音樂

・學校活動

★ 各種年齡層的責任

・3～4歲 ——

刷牙

在別人的幫助下摺疊乾淨的衣服

送髒衣服去洗

幫助收拾房間和玩具

把襪子配成對

・4～5歲 ——

幫助擺放或清潔桌子上不易打碎的東西

給植物澆水

餵寵物

在父母注視下收取信箱信件

擦洗塑膠盤子

幫助大人往洗衣機裡放衣服

· 6～8 歲 ——

整理自己的房間

布置並收拾桌子

大部分的個人衛生

擦洗盤子（不銳利的東西）

幫助把洗好的衣服疊好並分類

倒垃圾

整理床鋪

掃地

整理雜物

· 9～12 歲 ——

所有的個人衛生

擦地板

擦家具

準備部分飯菜

幫助購買衣服

洗一些衣服

幫助購買一些雜物

幫助做庭院工作

清理垃圾

幫助清潔水池

洗車

吸地毯

· 13 ～ 15 歲 ——

照顧弟妹

自己洗衣服

修整草地

做熨燙工作

擦玻璃

管理自己的錢

幫助做繁重的清洗工作

購買自己的衣服

準備部分飯菜

做簡單的修理工作

· 16 歲以上 ——

做戶外工作賺錢

自己打理所有的衣物

## ● 小結

使孩子從善的最好方法，是使他們快樂。

—— 王爾德

如果家長像他們經常批評孩子一樣，經常使用一些鼓勵的話語，孩子們做事就會更有責任感，不要替孩子們做所有的決定，他們需要自己摸索，一些孩子只有在經歷失敗的痛苦之後才能感受到成功的喜悅。

青春期是人的一生中極為不穩定的一個階段，因此父母要經常和十幾歲的孩子多溝通，但又要做到不侵犯人身自由，不要以為人一到了十六歲就會一下子有了責任感。青春期的孩子自然需要父母的照顧，而且像小孩子一樣，十幾歲的孩子也同樣需要愛、支援、鼓勵與時間。

## 第二十四章
## 面對家庭作業

只有孩子本人有興趣和意願獲得的那些知識，才會鞏固而長久地保持在他的記憶中。

—— 盧梭

若是孩子沒有內在動力來完成功課，那麼圖表和約定則可以提供一些外部動力，促使事情往正確的方向發展；若是孩子並沒有受到鼓勵，而老師也沒有這種激發性的活動，那麼你可以在家中進行這種活動。

## ● 如何促使孩子更好地完成家庭作業

在家長想透過制定某些計畫來促使孩子更好地完成作業之前，有幾點需要考慮。拜訪或打電話給孩子的老師，詢問孩子有關家庭作業的問題：多長時間留一次作業？每次留多少？什麼科目？還要告訴老師如果學校要開設一些特殊課程，一定要提前通知你；另外還要問一問有沒有參考書等等。所有這些資訊會幫助你制定一個更好的家庭作業計畫。

孩子們應該知道做家庭作業是他們自己的事，而不是父母的。許多父母每晚總是陪著孩子一起做作業，每一次的家庭作業就是孩子與老師之間的一場戰鬥，而父母是唯一的溝通者，你的工作是幫助孩子而不是替他們做，一定不可以犯這種錯。假使你已經陷入了這種狀況，那麼今晚就停下來，告訴孩子你的職責只是幫助他，而完成家庭作業是他的責任，你所能做的就是這些。

保證你的孩子有足夠的時間去做家庭作業。孩子們總是需要參加許多

活動：體育運動、音樂課、舞蹈課、童子軍活動、義務勞動等等。儘管這些活動非常好，但參加這些活動的先決條件是提前完成了家庭作業。每天要有一段固定的時間做家庭作業，如果可能的話，可以和你的孩子共同商討這一點。僅在需要做其他一些活動時，再重新安排這個時間。與孩子的老師共同討論並決定做家庭作業所需的時間。要是孩子沒有作業，或是他「忘記」有家庭作業時，他會在他最喜愛的書上消磨 30 分鐘的時間。因此上述這些方法會使孩子們知道作業的重要性。

要有一個特定的地點給孩子做作業。這個地方要能讓孩子注意力集中。當孩子做作業時，父母應關掉電視，並以閱讀的方式做榜樣給孩子們看。保證你的孩子有一張桌子和一把椅子，只要廚房安靜，餐桌也很適合。要保證做作業地方的光亮度，而且附近要常備一些孩子在寫作業時必需的東西，例如，膠水、橡皮擦或紙張等等。孩子的老師會給你一份關於必需品的清單，稍大的孩子或許還會需要一臺電腦。

有一些孩子會抵制做家庭作業。首先應做的是確信你的孩子有能力完成，這可以與老師進行溝通；如果不是能力問題，那麼也許是因為孩子把作業看成是繁重的負擔。父母可以幫助孩子把作業分成幾個較易完成的部分，這樣會有助於孩子改變對作業的看法。和你的孩子一起提前流覽一遍家庭作業，邊讀參考書邊對照著理解；和他一起解答第一道題，這會使他明白作業並不是那麼難。在做每一道題時都鼓勵他，「你自己做下面三道題，等一下我會回來檢查。」各訴孩子你充分相信他有能力完成作業，而且能夠做得很好。「第一道題你做對了，我敢打賭你還會做下面三道題，而且都能做對。」當然你要隨時準備回答孩子的問題。

一些孩子抵制做家庭作業，是因為他們懷疑作業的重要性：「為什麼非要做作業？太無聊了！這個我去年就做過了，今年我不做了。」很可惜的是，並非每項作業對孩子們都有同等的意義，一些作業也許是不切實際

而令人厭煩的，但是這些作業卻必須得完成。你不需要去喜歡它，可是你必須完成它，這就是現實世界的運行原則。我們的工作中也有與我們本身關聯不大和令人厭煩的一面，大家都得適應它。

先教孩子做最差的一科，如果你的孩子在數學方面有困難，那就先做數學，解決了數學問題就會減輕很大的壓力。對剩下的學科也就不會有過多的擔心。先做最差的一科，因為此時孩子的注意力會更集中。

四年級的學生更需要一個做家庭作業的同伴，讓孩子記住同班同學的電話號碼。若是他有困難，忘記作業或在哪天生病了，他就能打電話給同學，從他那裡得到一些資訊與幫助。

一些孩子做作業速度很快。唯一的問題就是作業是否字跡潦草或答案錯誤。要是作業整潔而且答案正確的話，就不要因為他做得快而懲罰他；要是字跡潦草而且答案錯誤，就讓孩子再重做一遍。如果你想讓孩子快點完成作業，那麼提前定下一些規矩給他。

## ● 對孩子做作業應給予的鼓勵

對於大多數孩子來說，我們前面提到的那些策略再加上一些鼓勵的話語，就足以使他們養成做家庭作業的好習慣了。但對另一些孩子而言僅僅這些還不夠，有些孩子更被動、更懶惰，所以這些孩子需要更有力的措施。

家長指導孩子做作業的方法：

★ **方法一**：平時和孩子多看多說，在一起討論，累積一些好的題材以備用。

・平時的家庭作業堅決要求孩子獨立完成。

・按規定的時間完成作業，自己檢查。

・做好預習工作。

・經常把目前的作業和以前的作業做比較，不斷地使自己進步。

・多鼓勵孩子，不要經常把孩子學習的成績和別的同學做比較，不說一些挖苦孩子的話。

★ **方法二**：每週一次坐下來跟孩子一起總結上週作業完成情況，並制定下週計畫。計畫應包括孩子參加戶外活動的時間，允許他們觀看一些動畫片。在完成作業之前，不許看電視或玩耍。

每天孩子放學回家後，利用幾分鐘時間看聯絡簿，了解一下老師所布置的作業和孩子的表現。鼓勵孩子把家庭作業分成「我可以獨立完成的」和「我需要幫助的」。家長應該只幫助做好孩子不能獨立做的那部分（例如聽寫等）。這是在培養孩子的責任心和獨立性。

鼓勵孩子自己檢查作業，並讓孩子說錯在哪裡，為什麼會錯，這樣可使孩子注意改正錯誤，不再重犯。每天檢查孩子的作業，看看是否全部完成了，有能力的話可以直接幫助孩子改功課，及時發現漏洞及時補習。對孩子完成作業好的表現及時表揚，注意表揚要具體、直接。比如說：「聽寫 20 個生詞，你答對了 19 個，比昨天進步呢！」倘若孩子做功課總是有困難，父母應該及時與老師取得連繫，找出其中的原因和解決辦法。

要經常看看老師改過的作業本，幫孩子分析出錯的原因。對於孩子在學習上取得的點滴進步都要給予表揚鼓勵。孩子會很喜歡你抽出 20 分鐘和他一起讀故事書，或者花上一個小時做手工，你也可以藉機了解孩子在學校的生活以及老師的教學風格。

孩子遇上難題，家長指導要注意分寸。應採取啟發方式，給孩子提示一下，讓孩子自己思考解決。

對於小學階段的兒童，關鍵是需要家長的正確引導和耐心幫助，讓他

們養成一個愛學習的良好習慣，這樣，隨著孩子年齡的增長，家長也就自然地感到孩子逐漸走上了「正軌」。

對孩子的行為中哪怕一點細小的進步也要說：「你每天都有進步！」

株株放學回家後，書包一扔就打開電視，因為有他最喜歡看的動畫。正在準備晚餐的媽媽見孩子回來就顧著看電視，有點生氣，忍不住數落起來：「你就知道看電視！作業做了沒有？你看弟弟多聽話，一回來就做功課，做完了還幫我出去買東西。你跟他比比，還像個哥哥的樣子嗎？」「是啊，是啊，什麼都是弟弟好，那妳當初幹麼要生我？」株株生氣地喊起來。他就是不明白，為什麼同樣是媽媽的孩子，弟弟老是受到表揚，而自己總是挨罵呢？難道自己就真的一無是處，真的這麼多餘嗎？媽媽的話真的很傷他的心。

幾天後的一個下午，株株放學回家後，一進門不是看電視，而是忙著做作業。媽媽發現這個小小的變化，高興地對株株說：「孩子，你這幾天表現得不錯，媽媽很高興。」可株株知道這是因為最近提早放學，還不到看動畫的時間，所以先做作業。但聽媽媽這樣讚揚，他還是有些不好意思。不過此後，株株還真的很少看電視了，有時還會幫媽媽吸地板呢！

其實，不管你是父親還是母親，不要老是羨慕別的孩子怎樣進步，只要細緻地去觀察，也能發現孩子每天都在進步。每個孩子都是一塊尚未雕琢的璞玉，都有成為人才的可能性。而這塊玉是放出光芒，還是失去光彩，就看父母如何教育了。

人與人是不一樣的，哪怕是親兄弟姐妹，也會存在性格、能力、天賦等許多方面的差異。你的孩子可能在這個方面比不上人家的孩子，但是在另外一個方面卻遠遠強於別人的孩子。而你，發現孩子比別人強的地方了嗎？比如，你的孩子雖然愛玩一點，不過天性善良，富有愛心，懂禮貌；也許腦子沒那麼靈活，可是很上進，很努力，很正直；也許不善於交際，

但是很細心，很獨立。既然如此，為什麼要抓住孩子的缺點不放，而不對他的優點加以讚揚和鼓勵呢？

而且，大人眼中的好與壞，是比較主觀和簡單的。孩子的能力會以很多種方式表現出來，做父母的可否明白這之間的差別呢？對孩子沒有全面而準確地了解就下結論，這是非常愚蠢的。對於孩子來說，也是不公正的。

「你每天都有進步」，這句話對成長中的孩子來說，尤其對看起來沒什麼進步的頑童來說，是一種積極的鞭策。孩子受到什麼樣的對待，就會變成什麼樣的人。一旦受到的是能喚起孩子積極情緒的鞭策語言，孩子會感到一種寬容和推助，就會出現意想不到的進步。所以，要想改變孩子，父母就應當按自己的願望，時時給予孩子適當地鼓勵。

你也可以用電腦和教育軟體督促你的孩子。上百種的軟體程式都是用來增強孩子的閱讀拼寫和數學能力的。而網路教育服務等等這些學習工具，也都是非常有趣和令人興奮的。

制訂清單、圖表甚至合約都是很好的激勵手段，並且你最好還設有一些每天每週或長期的獎勵。為了提高孩子做作業的能力，你要列一個明確的行動目錄表。

這種紀錄表強調責任的重要性。孩子必須意識到他做作業和在學校取得好成績都是為了他自己，而不是為了父母。孩子所受的教育也是為了他自己，他在學校所取得的成績是為了使自己開心，給自己回報。

懲罰不會激勵孩子在學校做得更好，同樣，懲罰也不會使孩子的作業做到最好。只有不懂得教孩子學習方法的父母才會使用懲罰。唯一能夠激勵孩子學習和做好工作的，是來自父母的鼓勵和孩子的自覺，盡量避免由於做功課而產生爭吵。

| 星期<br>項目 | 星期一 | 星期二 | 星期三 | 星期四 |
|---|---|---|---|---|
| 記錄作業<br>帶材料回家<br>按時開始寫作<br>獨立完成功課<br>是否整潔、正確<br>檢查<br>按時完成作業<br>交作業 | | | | |

## ● 小結

在達到理智的年齡以前，孩子不能接受觀念，而只能接受形象。

—— 盧梭

★ 父母、教師和孩子必須齊心協力改正學習和做家庭作業的態度。

★ 父母應該與孩子的教師探討一下有關家庭作業方面的問題。

★ 為孩子提供足夠的時間和一個安靜的地方做作業，保持做家庭作業的
一致慣例。

★ 要讓孩子知道上學和做家庭作業是非常重要的，用列清單、圖表或條
約的方式作為激勵孩子做作業的推動力量，教會孩子珍惜他的教育，
那是他的未來。

## 第二十五章
## 如何讓孩子更集中精力

你以為令孩子喜歡或不喜歡的事物，絕不是孩子真正喜歡或不喜歡
的。

—— 羅曼·羅蘭

### ● 注意力缺陷過動症和行為舉止

所有的兒童可被分為兩種：難培養的和更難培養的，家長們總是要問
為什麼他們所有的孩子中，只有一個表現得不好，僅僅這麼一個孩子就使
他們感到極大的悲哀。有個少年14歲，他父親是個頗有成就的高中校長，
母親是一名教師，在這個大家庭中有九個孩子，其中的八個在方方面面都
很成功。而他卻是個罪犯。我想誰也沒辦法解釋這種現象。

兒童過動症又名注意力缺陷障礙，多見於小學年齡的男孩。由於該病
對兒童的發育、學習和心理等方面都有很大的影響，因此引起了社會上許
多人士的廣泛注意。

過動症，顧名思義，似乎此病的關鍵是過動。有些老師和家長也將一
些淘氣愛動的孩子懷疑為過動症。其實，過動症的主要特徵是注意障礙，
而不是表現在活動水準上。當然，患童大多有過動的表現，但有的則無。
西元 1980 年美國精神醫學學會在《精神障礙診斷和統計手冊》一書中，
將過動症稱為「注意障礙缺陷」，認為該病的特點有三：

① 注意渙散　② 衝動　③ 活動過多。注意渙散的主要表現是做事往
往有始無終，上課時不能注意集中聽講，有時連遊戲和玩耍也難有始有
終。衝動主要是指其行動經常是未經思考而突然發生，患童在集體活動中

很難服從調派，很容易在一種活動尚未完成時又突然去做另一種活動，常在教室中大喊大叫，在排隊遊戲尚未輪到時就要搶先等。活動過多則表現為不能靜坐，喜歡到處奔跑或爬上爬下，上課時不能安心就坐，睡覺時也過多翻身，終日忙碌不停。

雖然有少數患童無活動過多的表現，但只要注意渙散和衝動行為很典型，也可診斷為兒童過動症。

過動症的病因，世界各國的學者進行了大量研究，也提出了一些假說，不過迄今尚不清楚。我們曾對 100 名 8 ～ 13 歲的過動症兒童，和 100 名在年齡、性別和上學年級上相匹配的正常兒童做調查。調查目的是想了解過動症的發病和家庭環境的關係。

調查內容包括家庭結構，家庭經濟狀況，學習環境，每週看電視次數，父母教育程度及其是否飲酒，兒童對家庭的關係（對父母是否懼怕或喜歡，是否聽父母的話，做了錯事父母是打罵還是說服教育，是否無緣無故受父母打罵，學習成績好時父母是否鼓勵，學習成績差時父母是否懲罰，父母間的關係如何等）。

調查結果，在家庭結構、家庭經濟狀況、學習環境和看電視次數等方面，過動症兒童與正常兒童並無明顯差別，說明這些因素對過動症的發病無明顯影響。而過動症兒童的父母平均教育程度明顯低於正常兒童的父母；過動症兒童父親抽菸和飲酒的，則明顯多於正常兒童的父親。從兒童對家庭關係的感受來看，過動症兒童的感受普遍不如正常兒童，他們普遍懼怕父母，經常被父母打罵，不願聽父母的話。可見，這些家庭因素對過動症兒童的發病是有關係的。

那麼，為什麼對家庭關係感受不好的兒童容易有過動症呢？分析一下，這裡至少有兩種可能性：一是父母教育的方式有問題，令孩子對父母不親近，懼怕父母等，從而促使孩子有過動症。另一是由於過動症孩子淘

氣、難以管教，使得父母缺乏耐心而常打罵孩子，以致影響了父母與孩子間的關係。

但從我們的調查結果來看，又以第一種可能性為大些。如過動症孩子的父母教育程度較低，父親有抽菸飲酒習慣的較多，這說明了父母教育程度較低和父親的不良行為習慣對兒童的行為發展是有影響的。

又如調查發現，父母教育程度與打罵孩子明顯相關，程度越低，打罵孩子越多，進而造成孩子對家庭的感受差，有一個過動症女孩，父親是職員，母親是工人。她自幼在外寄養，3 歲時回到親生父母處，母親偏愛姐姐，而她也不願接近母親，於是母親更不喜歡她，母親脾氣急躁，稍不順眼就打罵她，她非常懼怕母親，認為媽媽對她像敵人，一回家就緊張。這個女孩有典型過動症表現，上課不能集中注意力聽講，聽故事也坐不了十分鐘，注意力測驗錯誤明顯多於正常兒童。

過動症的病因是複雜的，但從我們的調查結果來看，家庭環境是有一定作用的。為此，父母的行為舉止，應給孩子一個良好的榜樣，要講究教育方式，不要隨便打罵孩子，讓孩子充分感受到父母的愛。不過也不能溺愛孩子，有少數過動症孩子，其家長是過分溺愛的。

## ● 這個孩子為什麼讓人這麼為難

我聽許多家長告訴我說，他們的孩子從一生下來就很「難為人」。孩子們有不同的性格、技能、興趣和才智，孩子們的一舉一動也有所不同。了解某個孩子之所以和其他孩子有如此多不同點的原因並不重要，重要的是如何應付這種情況。難為人的孩子需要你更多的付出，他們需要你更多的時間和精力。如果你想要所有的孩子都能有所成就，而你又恰好有那麼一個孩子很難培養，那僅僅意味著你將必須更加積極主動地去從事為人父母的工作。

有注意力缺失（英文縮寫 ADD）的兒童對於老師和家長來說無疑是一種挑戰。有注意力缺失的兒童，他們的注意廣度很差，也比平均同齡兒童更易衝動。許多有注意力缺失的兒童還有過動症的症狀，也就是注意力不足過動症（英文縮寫 ADHD）。有注意力缺失和注意力不足過動症的兒童，其典型治療方法有四個方面：醫療處理，通常用藥理治療；制定教育計畫；個人和家庭計畫和行為舉止計畫。這裡有一個行為舉止計畫的例子，可用來應付有注意力缺失、注意力不足過動症或任何有特殊需求的兒童。

## ● 給難以應付的孩子制定的培養計畫

注意力缺失和注意力不足過動症會使某些孩子產生衝動的舉止。而行為舉止不正確很可能會增加孩子們受挫的機率，有些孩子對藥物敏感，藥服治療會影響他們的情緒並擾亂他們的活動程度，正是由於這些因素，嚴格要求他們也就顯得更加困難。你得仔細地思考並判斷什麼是不正確的行為舉止、什麼是病症。在這一階段，父母一定要確保思想行為的明確性和一致性。

湯米今天比平常還要活潑，他不停地跑來跑去。媽媽不知怎麼辦才好，以前湯米也曾這樣過，她常常找一些藉口讓湯米像今天一樣隨心所欲，但她已經知道找藉口並不能幫助湯米學會控制自己，因此她想出了一個辦法，媽媽一發現湯米有些過度興奮或精力過於旺盛時，就帶他到一邊並告訴他：「湯米，你有些過於活潑了，你得安靜下來，你今天一天表現得都不錯，我可不想看到你再惹什麼麻煩，我們坐一下，我講個故事給你聽，你做幾次深呼吸，放鬆一下。」

這就是媽媽的方法。（這種方法對任何孩子效果都很好）她知道早些採取措施的重要性，她注意到湯米有些過於活潑，馬上就採取措施，若是

等到湯米無法控制自己的時候，再讓他安靜下來就會更加困難。媽媽也學會了保持鎮靜，她的鎮靜影響著湯米，使他也能夠鎮靜；相反，如果媽媽變得惱火並對湯米大吼大叫的話，湯米將變得更糟。

媽媽和湯米在一起，並不是僅僅告訴他安靜下來，就完全任其自己去想辦法鎮靜，媽媽使湯米的精力集中到一種安靜的活動中 —— 聽故事。她讓他深呼吸來幫他放鬆，這可以轉移湯米的注意力。有些孩子透過聽輕音樂、聽廣播、聽故事或看電視的方式來轉移注意力。

過了一段時間，湯米也許只需要一些提示就可以了。提示是父母給孩子的一種特殊信號，它可以提醒孩子控制自己，倘若每次湯米變得過度興奮的時候，媽媽和湯米都能堅持採取這種方法，那麼，他們一定會樹立起一個好榜樣給我們看。湯米將學會為自己的活動程度做出資訊回饋，最後，他將學會控制自己。

我以前的一位同事給她兒子的提示語是：「你得去海灘了。」她的兒子喜歡到海邊去放鬆，當他接到母親的信號時，他就會在他的床上鋪一條毛巾，躺在上面幻想自己在海邊的情景。

## ● 家庭療法

和湯米一樣，孩子需要的是行為的連貫性。他們希望有一些規章制度可以遵循。因此，你不妨設一個時間表，規定起床時間、吃飯時間、工作時間、作業時間、看電視和玩耍的時間等，用時鐘或計時器來加深孩子的印象，並進一步促動他們。除非事先通知孩子，否則就不要改變這個時間表。

把具體的條例寫下來，可以採用圖表或合約的方式。事先也要把具體的後果寫下來，有獎勵也有懲罰。

在說明的時候要使用明確的語言，如果可能的話可以加以示範。盡量

簡單一些，每次最多只能給一到兩個指令，並在孩子開始做事之前，要求他重複你的指令。

給孩子提供一個安靜的地方，讓他可以在這裡讀書或做功課，盡量使這個地方不受其他人的干擾。

父母保持鎮靜，就會使像湯米一樣的孩子也能恢復鎮靜；而父母發火，則常使情況更加惡化。

對於許多像湯米一樣的孩子來說，只有堅持不懈地努力，才能讓他們擺脫不良習慣。而用來教育有特殊問題的孩子，關禁閉已經被證明為是一種極佳方式。

## ● 小結

> 對孩子的第一任務是令他們快樂，如果你沒有令他們這樣，你便虧待了他們。沒有其他的好處能抵償這一點。
>
> —— 巴克斯特

當然，本章所指出的方法，可適用於任何兒童和所有有特殊問題的兒童。不要把能力有限當作是不正確的行為舉止的藉口和理由，因為這就好像你在告訴孩子，他的弱點可以成為他今後一切錯誤行為的藉口。湯米有注意力缺失，他說：「我今天表現不好是因為我沒有吃藥。」很明顯，他的父母告訴過他，藥丸可以控制他的行動。

正確的做法是教育有缺陷的兒童，使他們知道勤奮努力才是戰勝自己弱點的唯一途徑。找理由只能對他們更加不利。有特殊問題的孩子們需要的是特殊的方法，而不是找理由。把你的時間、精力和毅力傾注在那些難應付的孩子們身上，那些不太難應付的孩子，會在你的愛心與嚴格要求下逐漸長大。

## 第二十六章
## 如何解決單親家庭中孩子面臨的問題

教導孩子的主要技巧，是把孩子應做的事也都變成一種遊戲似的。

—— 洛克

### ● 父母離異與孩子的反應

每當老師們想要一些具有豐富想像力答案的時候，他們肯定會叫麗莎來回答。她是被大家公認的活潑、友善的女孩子。她聰明、有個性、還很自信。她的學習成績好，是同儕中的佼佼者。在麗莎眼中，世界是那麼讓人興奮，她樂觀向上，對生活和未來充滿了熱情。

然而她的生活改變了 —— 那麼突然和澈底。她從一個優等生變為劣等生，由歡樂變得孤僻，由勝利者淪為失敗者，她自卑、精神恍忽、健忘、消沉，學校對她來說已不再重要。

是什麼引起她這麼可怕的轉變？麗莎被一種無名的痛苦煎熬著，在一些學校有5%像麗莎這樣的孩子，他們的父母離婚了。

父母離異不要傷孩子心靈！

紅杏出牆也好，移情別戀也罷，總之如今夫妻離異似乎已成時尚。可你們在把一棵家庭之樹一分為二時，有沒有想過如何保護好樹上的花果。以下的做法，也許能讓無辜的兒女受到最小的傷害。

和風細雨的拜拜。

一旦你們已經做出離婚的決定，就應該早一點告訴孩子，儘管這不是一件容易的事。孩子最怕突如其來的打擊。父母雙方應該一起向孩子心平氣和地講述，暫且把彼此的憤怒和愧疚放在一邊。儘管對於不同年齡層的

孩子，談話的內容不會一樣，但都應包括一些基本的內容：「爸爸媽媽過去很相愛，在一起很幸福，不過現在我們認為兩個人分開更幸福。不管我們之間發生什麼，我們都會永遠愛你、照顧你。」談話時，感情要溫和，不兜圈子，盡量接近事實，讓孩子對未來的變化做一點心理準備，不要讓這即將來臨的變化嚇壞了他。記住孩子並不需要對細節知道得很詳細，重要的是讓他知道，只是父母分開了，可是誰也不會在孩子的世界裡消失。

還有一點很重要，要強調你們的不愉快、離異和他沒有任何關係。不要造成一些懂事的孩子內疚，進而去責備自己。

孩子最怕家庭暴力戰爭。父母的爭吵、充滿敵意，不只會使孩子產生恐懼和不安，造成孩子的心理負擔，還會樹立反面的榜樣給他看。要和風細雨，好聚好散，任何一方都不要用孩子做要脅，更不能教唆孩子參與戰爭。不要把你們的恩怨強加在孩子身上，煽動他們做出傷害親情的舉動。要知道在家庭暴力衝突環境下成長的孩子，將來也很難處理好自己的家庭婚姻問題。

撫平心理的創傷。

不同年齡的孩子，其反應是不同的，了解他們的心理狀態，才有可能去對症處理：

★ 2 歲以內的孩子需要穩定的生活。如果過去主要照顧他們的人換了，他們會有種被拋棄的感覺，且難以對更換後的角色產生信任。表現哭鬧增多、吃的習慣改變、睡眠不安易驚醒、離不開唯一的單親。這時需要用雙倍的愛去撫平幼小心靈的創傷。

★ 3 ～ 5 歲的孩子需要來自父母持續地照顧。任何一方消失都會令其不安、誠惶誠恐，甚至改掉的不良習慣又復發，像吮大拇指、尿床、撕碎自己心愛的書畫等。這時你千萬不要用教訓的方式去管教，那樣會加重他的失落感。這時孩子最需要的是不間斷地語言交流，千萬不能

冷落了孩子。

★ 6～8 歲的孩子已經需要屬於自己的時間，但同時還需要一定的和父母相處的時間，以便確認他們是被父母喜愛的。失掉任何一方的愛，對他們都是劣性刺激，會使他們變得自卑、憂傷、孤獨，在學校不願交友、易怒、富於攻擊性、學習成績下降。不要忘記，這時可是塑造孩子人格和性格的最佳時期，不要把大人情感的波瀾，帶進孩子的心靈，把可塑性極強的孩子捏造成脾氣古怪、不合群、不友善、焦慮多疑的孤僻者。

★ 9～12 歲的孩子，他們從事更多與父母分離的活動。這時的孩子已試圖發現父母雙方誰對誰錯，對一方更親近，對另一方疏遠。如果是這樣的話，你應該早有預料並表示理解。並要用善意和適當的事例，糾正孩子對任何一方的偏見。孩子失去任何一方，都會使他們的感情發育失去平衡，以致給他們未來感情生活罩上陰影。

★ 12～15 歲的孩子已經有了獨立意識，有了自己決定生活方式的需求。他可能會拒絕自己歸屬某一方的監護，或對於住處的決定會有自己的意見。若是和大人的決定不一致，先不要勉強，要給他足夠的轉變時間。強扭的瓜不僅不甜，反而會使他們情緒低落、學習成績下降，甚至會促使他嘗試酒精、毒品或性行為來作為發洩。

★ 15～18 歲快步入青年的孩子們，更重視自己在社會和學校的獨立，他對父母離異的糾纏不休會厭煩和反感，有時他們也會對父母不再寬容。他們不能接受父母新的約會對象，認為原諒這個行為就是對另一方父母的不忠誠。這時他們會表現出情緒低落、離家出走、對家庭新成員不禮貌、不接受、甚至做出違法的行動。這是最易出現偏差的年齡層。這時最需要父母雙方的耐心，任何一方都不可有惡意的挑唆，要知道那不是對孩子的愛，而是有可能把他推向犯罪。

## ● 孩子們的想法

　　當老師見到麗莎時，她想方設法向老師證明她沒有任何問題，麗莎的反應是很典型的。像大多數遭受過父母離異痛苦的孩子一樣，她不能解釋為什麼她在學校表現得那麼差，她也不想讓別人了解她內心的創傷，她再也不想談論什麼家庭中的不幸。孩子們了解他們父母所受的痛苦，他們害怕說出自己的感受只會增加每個人的痛苦。

　　這就是為什麼大多數孩子從來不與父母談論，他們對離婚感受的原因。被埋藏在心底的種種想法，使他們更加焦躁不安，在學校裡的表現越來越差。而正是這無可宣洩的感情，為以後生活中出現的更大隱患埋下了禍根。

　　「妳對父母離異是怎麼想的？」

　　「我不喜歡他們這樣。」

　　「妳是指什麼？」

　　「我媽媽哭得很傷心」

　　「對此妳怎麼想？」

　　「我很難過，我希望她別再哭了。」

　　「妳知道他們為什麼離婚嗎？」

　　「他們過去經常打架。」

　　「他們有沒有因為妳打過架？」

　　「有的。」

　　「妳認為他們離婚是妳的錯？」

　　「是的，這全是我的錯。」

　　說到這裡，淚水盈滿麗莎的眼睛。老師遞給她一盒面紙，告訴她想哭就哭吧！她痛哭了好長時間，幾個月以來被壓抑的情感全部傾洩了出來。

等到緩和一些了，她解釋道：「有一次我站在電視機前面，我爸爸吼著讓我離開，媽媽就生氣地對爸爸大聲說話，不讓他那樣吼我，就這樣他們打了一架，爸爸離家出走了，兩個星期後他們告訴我，他們正在辦離婚手續。所以我想他們是因為我離婚的。」

麗莎有種負罪感。她認為父母離異自己要負全部責任。與我談話的過半數的孩子，認為自己是造成離婚的主要原因。他們想：「要是表現得好一些，多做些力所能及的事；要是我能把房間打掃得乾乾淨淨或考個好成績，爸爸媽媽就不會分開。如果我是個乖孩子，這一切就不會發生。」孩子都在自責，這樣會導致極度的自卑、失落和不安全感。當一個孩子產生失落或者負罪感時，學校對他們來說就已經不再重要了。

## ● 在學校中的表現

25 年前，離婚並沒有引起足夠的重視，因為那時離婚率不高。然而現今就不同了，它產生了極大的影響，父母的離異傷害了孩子，這些孩子就開始對社會報復，甚至有時報復在他們自己身上。困惑、被拋棄、自暴自棄、孤獨、恐懼、負罪感、壓力和憤怒，所有這些都沉重地打擊了孩子們幼小的心靈。許多觀察家發現，隨著離婚率的上升，集團犯罪、吸毒和退學的比率也在上升。

因為老師有機會來進一步接觸那些父母離異的孩子，所以從中了解了這些孩子在學校裡的表現，進而老師學會了一些預防和治療這些情況的辦法。下面是他們的一些體會：

父母是孩子的精神支柱。父母一離婚，孩子就會感覺自己也不完整了，他們覺得失掉了半個「自我」。這種困惑感和被拋棄感，使孩子無法專心他們的學業。

　　尤其是當父母不尊重對方，互相攻擊時，這種不健康的感覺就更加重了。如果一方家長在孩子面前出言不遜攻擊另一方，孩子會擔心他提到那些不好的品格存在於自己身上。「假如爸爸是個壞人，那我不也是個壞人？畢竟我很像爸爸。」

　　當父母都企圖壓制對方時，孩子會很為難，我曾經採訪過一家人，媽媽堅持讓孩子遠離暴力，這是很合理的要求；可是爸爸最喜愛的週末活動，就是看史特龍的電影後，下午去靶場練槍。當父母因為以什麼方式教育孩子最好而產生爭執時，孩子往往不知聽從哪一方為好，而造成情緒不穩。

　　一些父母離異的孩子與一方家長失去了連繫。南森的父母已經離婚5年了，他的爸爸已經再婚並有了孩子。幾年後，南森與父親的關係漸漸疏遠了。

　　「我覺得沒有人喜歡我。」

　　「是因為你爸爸不來看望你，你才這麼想的嗎？」

　　「是的。」

　　「一定是因為我。可能出於一些原因他不喜歡我。」

　　「你認為你做錯什麼事了嗎？」

　　「一定做過，也許我是個壞孩子。」

　　「是嗎？」

　　「是的。」

　　「每隔多久你會有這種想法？」

　　「我一直都有。」

　　「每隔多久你會想起你爸爸？」

　　「每天都想！」

　　被拋棄和困惑的陰影重重籠罩在南森的心頭。他確信他是個沒有價值

的人；他確信他缺乏父親的關懷，是因為他根本不配擁有父親的愛，他也不值得讓父親為他浪費時間。他每天都這麼想，正是由於他錯誤的自我價值觀，導致了生活方方面面都改變了。他害怕交朋友，害怕在學校裡表現良好，甚至害怕與媽媽走得太近。如果親生爸爸都不關心他，都會離他而去，那麼其他人也會這樣做。

一些孩子擔心被父母拋棄。心想要是父母一方離開了我，我怎麼知道另一個會不會也離開我？那麼誰將照顧我？這就是為什麼孩子不告訴父母，他們心中想法的另一個原因。一個七歲的孩子曾解釋說：「我媽媽很生爸爸的氣，如果我告訴她我多麼傷心，她會瘋的，那樣她也會離開我。」孩子們害怕說任何一句、做任何一件會疏遠或激怒他們父母的話或事情，因為他們害怕父母兩個都會離他而去。

孩子對離婚的典型反應是生氣和攻擊，特別是父母相互憎恨的時候表現得更明顯。史蒂文的父母離婚已經好幾個月了。在那期間，史蒂文在學校和在家越來越好鬥。是什麼使他變成這樣呢？史蒂文是生他父親的氣，氣他離家出走，氣他沒有經常陪伴他，氣他有了個新女朋友。史蒂文沒有直接把氣發洩在他爸爸身上，因為這樣很可能會加速他爸爸的離開。所以史蒂文把氣發洩在同學身上，這樣會比較安全。他也把氣發洩在妹妹身上，因為她喜歡爸爸的新女朋友。

史蒂文生他爸爸的氣，還因為家裡的收入減少了。「我要發瘋了，因為我們現在變窮了，我們不能像以前那樣生活，爸爸帶走了所有的錢。」孩子們很快便懂得，離婚隨即帶來經濟上的困難，擔心最基本的生活開銷。我們用什麼買食物？是不是要搬到便宜的房子裡住？我什麼時候才能買新衣服和我盼望已久的自行車？我還能繼續留在籃球隊嗎？孩子們擔心收入的減少而帶來的可怕變化。若是沒有錢，就沒辦法上學，不上學，還怎麼考慮我將來會成為一名優秀工程師這樣的問題呢？」

變化使孩子們害怕。離婚後，經常會有單方父母帶著孩子離開家，他們住在親戚家或便宜一些的公寓裡。對許多孩子來說，這意味著面對新的家，新的學校，新的朋友和新的壓力，加上失去父親（母親）和生活方式的根本改變，這些混雜在一起，給孩子帶來了嚴重的精神創傷。這些改變使他們無法在學校裡表現良好。

一些孩子害怕被憤怒和懷有報復心理的一方父母「偷走」。當他們威脅或惡意恐嚇對方時，這種恐懼就更加深了。「我要把孩子從你身邊帶走，讓你永遠也見不到他。」一想到永遠見不到爸爸或媽媽是非常可怕的，當一方父母失去孩子撫養權時，這種情況經常發生。結果，孩子們害怕自己走路上學、回家，害怕陷於被綁架的險境。

與我談話的多半孩子都希望，他們的父母能重新在一起，這是可以理解的。孩子們希望可以過從前的家庭生活。這是絕大多數孩子不顧現實竭力希望實現的幻想。一個大一的學生曾經說，他經常想讓父母破鏡重圓，在他 6 歲時他們就離婚了，而且都已經再婚許多年了，但他始終抱有幻想。

## ● 延續性的影響

離婚對孩子的影響會延續好幾年。一位母親曾講述關於她 17 歲女兒的一些事情。她是一個品行良好、讓人信賴的女孩，然而僅在兩個月的時間裡，一切都改變了。麥洛蒂輟學了，生活變得一團糟，還染上了毒癮。當我和麥洛蒂談話時，她自己清楚地知道她心裡在想什麼，她對父親的行為感到憤慨。在麥洛蒂 7 歲時，他離開了她們母女。麥洛蒂一直期望著有朝一日他會回來，如果他回來了，她想讓他為自己感到自豪，所以她總是為了父親而努力學習。然而最近，她意識到他將永遠不會回來。「所以為

什麼要做好學生呢？我決定不再用功讀書了，我要痛痛快快地活著。」

麥洛蒂的父親離開家已經十年了，在她心裡累積了十年的痛苦和失落終於爆發了。這個影響在十年後才開始顯露出來。由於週期長，所以很容易被忽視。我現在才了解到離婚的影響可能會立刻顯現，也可能會隱藏好多年。當與受到父母離婚困擾的孩子們共處時，老師一定會察覺由此給孩子帶來的影響。不要因為離婚是幾年前發生的事，就忽略了它會對孩子在行為和情緒上的影響。它在小孩子的頭腦中一直是記憶猶新的。

## ● 痛苦的週一早晨

離婚所帶來的最令人傷心的結果之一，就是在和爸爸（或媽媽）共同度過一個週末後，週一早晨再次回到自己家。許多離婚家庭的孩子只能在週末看到他們失去監護權的父親（母親），一般來說一個月兩次。一旦從週末相聚中回來，許多孩子就會經歷一個持續幾天的調整階段。一些孩子變得孤僻，做白日夢而且缺乏活力；一些孩子變得情緒化，脾氣急躁，好戰而且叛逆；一些孩子則變得仇視別人，喜歡與人爭鬥。

之前，當離婚還不是很普遍的時候，老師和家長們認為週一早上回家後的反常行為，是由整個週末無約束、無紀律的自由渙散引起的。最常見的結論就是，孩子們應該減少與他們另一方家長見面的次數。週末家長們放縱他們的孩子是確有其事，然而週一早上回家後的異常行為，則是由另一些原因引起的。

這種反常行為很可能是由於和另一方見面太少引起的。這至少有兩個原因：

其一，一個週末的時間太短了，僅僅夠兩人相互熟悉，並開始彼此親近的程度。當家長和孩子之間剛剛感到親切時，一個週末就過去了。孩子

們只有再過一個星期才能見到他的父親（母親）。由於要花許多天才能彌補上這種失落的感覺，上述的那些反常行為便產生了。

其二，失去監護權的家長，在孩子的生活中好像是個局外人。這樣的家長和孩子都無法完全了解對方，或了解對方的興趣、情緒及行為方式。這樣的家長們並沒有去了解他們的孩子，孩子們也沒有去了解他們的父母。結果就造成了：迪士尼樂園綜合症。週末的家長們都願意大把大把地花錢，讓遊樂活動、禮物和沒有營養的食物充斥整個週末。這對孩子來說意味著兩件事：

第一，這個家長很好；第二，沒有必要去遵守任何紀律。一般來說，當孩子們有吃有玩的時候表現得都很好。那麼，如何改變孩子的這些反常行為呢？應增加孩子和無監護權的父親（母親）在一起的機會，這樣反常行為會逐漸減少，綜合症也會逐漸消失。

隨著父親（母親）與孩子在一起的時間增多，他們共用的那一段時間就會安排得更為有條理。這樣家長就會更為了解孩子的生活，並且對孩子的各方面更加負責，這裡面也包括紀律。這樣做會使父母雙方在教育孩子的問題上達成一致，團結合作，為孩子營造一個更加穩定的成長環境。結果我們就會看到，無論在父母面前還是在學校，孩子都會表現得更為出色。

## ● 一個孩子的三個心願

離婚對孩子的影響不可能被抹煞，但可以減弱。下面列出的幾種方法，可以幫助孩子從父母離婚的陰影中走出來，當然這些對於父母們來說很難完成，但對孩子來說通常是最好的心願。

★ 心願1：孩子可以自由地與雙親連繫。他們可以打電話或見到任意一方家長，而不必害怕會冒犯到另一方。孩子們不用非得在父母間做出

選擇，他們不應該擔心選擇一方就會失去另一方。允許孩子無論是在父親還是母親面前，都可以表現出對兩個人的愛。

倘若父母遠離子女，情況又會怎麼樣呢？許多這樣的父母都錯誤地認為他們離開後，孩子沒有他們會生活得更好。其實不然，孩子和父母應該盡可能地多聯絡，可以傳訊息或是打電話，或者也可以寄明信片。孩子可以寄學校通知單和活動請柬的影本等給父母；在休假或放暑假時，父母與孩子可以互訪。

總之，接觸得越多越好。假如一方家長拒絕聯絡，就應跟孩子說明這並不是他的錯。缺乏父母的連繫，通常會使孩子覺得他是一個沒有價值的人。因此應該經常表揚孩子好的品格，給他安慰。

有些情況下，接觸也要有所限制。例如不應該讓曾經虐待過孩子的父親（母親）與孩子單獨接觸。像這樣的情況，得事先給孩子一些建議和勸告。

★ **心願 2**：孩子們希望父母雙方對自己的要求是一致的，這樣他們會感到更加安全可靠。父母需要在雙方家庭中建立相類似的規章制度，保持它的一致性。父母雙方還需要定期地討論和商定孩子的日常事務，例如孩子可以吃的食物和零食；孩子可以看的電影、就寢時間、洗浴時間、寫家庭作業等等。這種合作的精神會讓孩子感到父母是可親的人。

孩子們總是需要令他們滿意的父母，就像父母需要令他們滿意的孩子一樣。父母雙方的一致性會使孩子的心理得到平衡，幫助他們在父母離異的情況下重新調整自我。心理調整得越好，也就意味著在學校的表現和成績就越好。

許多單親父母感到非常內疚。有負罪感的單親父母有讓孩子放任自流的趨勢，他們為孩子尋找藉口：「這不是他的錯，他自己也不清楚做了什麼。」放任自流是一種錯誤。單親父母應該言行一致，理解孩子、支持孩

子，但卻不能允許孩子有不正當的行為存在，孩子也希望父母能言行一致，並用紀律約束他們。

★ 心願 3：孩子們應該知道父母雙方仍然與他們的生活密不可分，即使父母離婚也不會離開他們的孩子。孩子需要父母雙方的照顧，而不僅僅是父母對孩子的聯合監護；孩子們需要父母參與他們生活中各方面的活動，尤其是學校活動，父母雙方都應該參加家長會，如果不能一起參加，也可以單獨參加；父母還應該參加學校舉辦的各種集會，他們可以分開坐或者輪流參加活動。雙方的參與很明顯地表明，父母相信學校對孩子影響的重要性。這樣對孩子來說，在學校表現出色就更為重要。

## ● 學校能做什麼

　　學校有責任和父母雙方保持連繫，儘管有的父母不喜歡這樣，學校也應該提供一個最佳實踐的典範。當父母參與孩子的教育時，孩子就會做得更好。學校需要各方面的努力，包括父母雙方的努力，送兩張成績單，分別召開兩次家長會。分發兩張學校活動的請柬，當孩子在校表現好的時候打電話告訴父母。這樣兩個家庭和學校將會組成一個相互支持、更加穩固的構架。

　　老師也應該意識到，父母離異的孩子經常會出現感情和行為上的問題。在不同的時期裡給予他們支援和鼓勵，做一個好的聽眾，給孩子時間傾訴他的情感。老師可能是他願意與之交談的唯一成年人。

　　再婚經常產生混合家庭。一個混合的家庭裡包括他的，她的和他們的孩子。不同婚姻結合的幾個孩子在每星期、每月或每年的不同時期住在一起。這樣的家庭肯定會有些混亂，這就是父母在這些情況下一定要保持一致的原因。更多的一致性意味著更少的混亂。

在擴展的家庭裡，一致性是非常重要的。我有一個這樣的例子：一個六歲的孩子跟她的母親，她的叔叔和她的爺爺、奶奶住在一起，她有四個家長，每人都給她不同的待遇。叔叔是一個很好看的年輕人，他允許她做任何事情；而在爺爺、奶奶面前呢？不管她做什麼事，都得用糖果哄著，否則就不做；母親不得不承擔起教育的重任。她使用了各種方法，懲罰、叫喊和威脅。後來這位母親徵求我的意見。在我們第一次會談時，仔細地聽了她的情況。我們進行第二次會談時，有母親、叔叔、爺爺和奶奶參加。我們花了整個會談的時間討論一致性問題。比如像制定規章制度、就寢時間、零食等等。

當今，存在許多不同的家庭形態。許多家庭都能培養出正常的、行為端正和能自律的孩子，孩子們能夠在不同的家庭情況下調整自我。倘若父母能始終堅持如一，他們的調整也就越快越健康。

## ● 小結

讓孩子稍稍活動一下吧！他會以十分鐘專心聽講的行為來報答你的。

—— 烏申斯基

上百萬兒童因父母離異身心受到傷害。一直以來，我們都以為孩子自身的靈活性和伸縮性，可以保證他們正常成長，然而我們現在卻有了不同的了解。孩子們只有自我感覺良好，才能在學校裡表現出色。感情的衝突、不安、壓力和恐懼，都會影響孩子的成長。

如果離婚後，父母仍然是孩子生活中的一部分，孩子就會把自己的心態調整好，因此在學校表現得也就更好。父母離異對於孩子的影響，沒有治癒的可能性，卻可以治療。處方就是父母雙方和平相處，並參與孩子的

各方面生活。父母之間的關係越融洽，孩子的心態調整也就越好，就是這麼簡單。我知道許多婚姻嚴重破裂而導致離婚的父母，認為這些建議是不現實的，也許是這樣。但我所寫的是怎樣做對孩子最好，對孩子最好的，就是父母能夠團結一致。

# 第二十七章
# 孩子與他們的同儕

在遊戲當中，兒童們已經是一個很成熟的人，他想嘗試自己的力量，並獨立支配自己的創造物。

—— 烏申斯基

## ● 來自同儕的壓力

比利哭著從學校回家，他是五年級學生中唯一一個得到滿分的。然而他的朋友卻都取笑他，說他是個「書呆子」，並明白地告訴他：「如果你想要別人喜歡你的話，就應該更擅長足球而不是數學。」

研究人員發現，青春期的少年少女所遭受的壓力較大，但壓力的結果似乎不盡相同 —— 少女們的遭遇，更有可能使她們產生生理和心理上的障礙。

少女要比少年遭受更為沉重的人際關係壓力，這些壓力來自於她們與父母，以及與同學和同儕的關係。

與此相反，少年則在人際關係以外的其他方面，遭受了更大的壓力，比如在校表現。但像少女一樣，少年的某些壓力也來自於他們自身。一項新的研究發現，少女的情緒與身材矮小之間亦有連繫。處於青春期和青春期前的少女如果過分憂慮，其身高將比其他少女平均矮 2.5 ～ 5 公分。以前的研究曾經證明，情緒緊張憂慮或沮喪的兒童，無論男女，生長激素的數量均低於一般水準。生長激素乃是一種刺激孩子的肌肉和骨骼生長的化學物質。所以這項研究的重要性在於，它表明情緒對少女的身體發育與身高具有重要影響。

經過 9 年的觀察發現，少女的憂慮影響了成年後的身高。在考慮到諸如社會經濟條件等已知的影響成人身高的各種因素後，研究人員特別發現，憂慮的少女在任何階段，都比情緒健康的少女矮小。

少女被診斷出有情緒障礙的年齡越大，這種障礙對身高的影響也越大。在 11 ～ 20 歲時，被診斷出有分離憂慮的女孩身上，情緒障礙與身高的連繫最為明顯。

總之，激素與情緒問題之間有某種連繫，但尚不知道究竟涉及哪種激素，以及它們是否具有直接影響。難怪專家會認為，儘管少年少女都應該學會妥善地處理生活中的壓力，可是女孩子更應當學會如何進行人際交往，並且掌握處理各種壓力的正確方法。

與孩子一起面對同儕的壓力。

「榜樣的力量是無窮的」，正因有了榜樣的作用，父母們就把同齡孩子之間的競爭看得異常重要，孩子一絲一毫的得失，都時時牽動著自己。當父母以孩子的「成就」作為全家喜怒哀樂的晴雨錶時，你是否意識到，正是你盲目的功利主義、虛榮感和嫉妒心，不僅拉遠了孩子與你之間的距離，而且已經使孩子的身心壓力嚴重超載。

察言觀色，感知「對比」給孩子帶來的副作用。

自從 5 歲男孩邵慕開始學鋼琴後，他的母親陸豔紅就一直處於「恨鐵不成鋼」的情緒中。鄰家女孩，6 歲的楊錚幾乎與邵慕同時開始學琴，一年過去了，楊錚的琴聲母子倆都聽得心知肚明，「楊錚」兩字從此就成了陸豔紅貶斥邵慕的原因。邵慕一直表現得無所謂，這更激怒了陸豔紅，她經常激動地敲著琴蓋說：「朽木不可雕！」又說：「你一點也不覺得丟臉嗎？」

她一直認為自己心中的壓力傳至兒子那裡，還不及原來的百分之一呢！直到有一天，她邀請楊錚來家裡作客，順便為邵慕示範指法，而邵慕抓著門框極「憤怒」地對楊錚姐姐說：「我不歡迎妳來，我媽媽歡迎妳，

那是她一個人的意思！」這時陸豔紅才領悟到：比較產生的壓力已在邵慕心中結繭，它在孩子心中產生對「榜樣」的某種敵意 —— 這種敵意與嫉妒無關，而是恨「榜樣」剝奪了自己的無憂無慮，恨它造成了母子關係的疏離。

## ● 同儕的壓力所產生的影響

同儕壓力指的是孩子們之間的一種影響力。這種影響力有時是正面的，而有時卻是負面的。就像一些孩子在壞朋友的影響下一起酗酒吸毒、在學校裡調皮搗蛋等。

孩子上學後很容易會受周圍同儕的影響。它們可能來自教室、操場甚至是孩子聚集的任何地方。因而能夠自覺地抵禦不良影響，便成為兒童和青少年成長的一個重要問題。

有些人認為，在人群當中不應該十分突出，不要獨樹一幟，要與其他人一樣。即不要穿得太好，也不要穿得太差；在班裡既不要得第一，也不要當最後一名，萬事只求一般就可以了。

大多數的青少年都不會正確地評價自我，他們害怕自身的缺點，這就是為什麼他們總是在鏡子前花上大量時間的原因。因為他們還沒有弄清內在美的意義，所以就需要使他們的外表看起來比較完美，而我們當今的社會也鼓勵這種外在美。據統計，青少年平均每到十六歲就會看到 350,000 個廣告。例如：「買我們的食品，你會變得更健美。」、「用我們的牙膏，你的愛將會更加持久。」

身為父母，你應從小就教育孩子，告訴他們世上最美好的東西來源於內在，而不是外表。每一個人都是不同的，而每個人都有他們自己的長處和短處，或者說，有其自身的優點與缺點，這都是很正常的。教育孩子應專心於把每件事做得更好，而不僅僅是但求一般，隨波逐流。

　　並不是所有的人都擅長足球。確實有一些人體格很好，比其他人更有運動的天分。但你也有你的長處：你善良，每個認識你的人都喜歡你；你有幽默感，你成績優秀，你用不著因為不會踢足球而感到自卑，你只需盡最大努力就夠了。

　　孩子抵禦不良影響的最強大的武器就是自信。指出他們強於他人之處，用他們的長處武裝自我；教會他們做正直的人，告訴他們：「你現在已經有能力處理自己的事了。大膽地去做那些你認為是對的事情，而你應該為自己所做的感到自豪。」這樣會使孩子十分自信，同時有能力去自我判斷。你應告訴他們要有自尊心，有時認為自己不夠好是很正常的；讓他們將自己的不愉快講述給他人聽；讓他們知道當他們有困難的時候，可以來找你。

　　「每個人都會有心情不好的時候，這沒什麼。當我感到困惑時，我就會找人談一談，只要將問題說出來，這問題好像就沒什麼了不起的了。你媽媽和我經常一起討論某些問題，這讓我們感覺非常好。你有權決定你想做的事，而且無論那是什麼，只要你需要，我都會在你身邊的。」

　　鼓勵你的孩子，讓他們也向別的孩子談他們的心事。「我知道你有一個好朋友，你可以和她談談。我敢肯定她和你一樣也害怕參加那個舞會。去和她聊聊，你會感覺好一點的。」

　　告訴孩子世界上沒有人是無所不知的，有時拿不定主意是很正常的。當孩子知道其實其他人對待這樣的問題也會有同樣的感覺，他們就不會認為這有什麼大不了的，因而他們也就不會感到如此孤單和害怕，空虛和無助了。

　　讓你的家成為孩子可以依靠的港灣，讓他有自己的生活空間，可以隨時聽音樂、談天、玩遊戲。你可以不時地稱讚他幾句，如：「我很高興，你跟朋友們能夠相處得這麼好，交幾個好朋友對你的成長十分有利。」教

會孩子們要相互幫助，而且要和那些喜歡你的性格、願意和你在一起的人做朋友。告訴孩子盡量遠離那些比較挑剔苛刻的人，告訴他們：「每個人的是非標準並非都是一樣的，不要和那些會把你帶壞或讓你感到不快的人在一起，如果你能讓他們改過自新，那當然好，但絕不能讓他們的惡習同時也影響到你。」

來自學校的同儕影響是你無法改變的，不過你可以讓孩子多接觸其他的人。

同儕對兒童的影響大於父母。

為改變英國青少年中廣泛存在的叛逆現象，英國政府寄希望於父母，計畫開展教育改革，斥鉅資幫助父母提高教育子女的能力。但美國心理學家的研究發現，兒童成長過程中更易受流行文化、同齡朋友等來自家庭生活以外因素的影響。這無疑給英國教育改革項目潑了一瓢冷水。

同齡優勢。

據英國《每日電訊報》西元 2007 年 4 月 26 日的報導，美國心理學家朱迪絲・里奇・哈里斯（Judith Rich Harris）在英國《展望》雜誌上撰文說，與家庭生活和遺傳基因相比，外部因素，如流行文化、同齡朋友甚至街頭混混等，對兒童的成長和性格形成的影響更大。

哈里斯說，為了能在學校受歡迎，和朋友們打成一片，孩子們更容易接受來自同儕的影響，而對父母的「耳提面命」多有「感冒」。

哈里斯的研究成果與英國政府計畫推行的教育改革相衝突。

英國政府計畫斥資 3,000 萬英鎊（折合 6,000 萬美元），引導父母糾正「失控」兒童的行為。教育技能部 4 月 25 日發布了名為「家長學院」的全國性改革專案計畫。該專案將針對兒童撫養、政府改革措施的實施展開研究，還將開設專門課程提高父母管教子女的能力。

無關家庭。

　　哈里斯不否認父母對兒童的日常生活有很大的影響，但她認為，長期看來，家庭背景和遺傳基因，對兒童性格習慣和行為舉止的形成並無明顯影響。

　　「與父母的關係影響兒童每天的快樂，就像婚姻關係影響成年人每天的快樂，但事實上對孩子性格形成均無太大作用。」哈里斯說，「從長遠看來，來自家庭以外的因素對兒童行為、性格的形成影響更大。」

　　哈里斯認為，兒童父母的感情狀況、家庭經濟條件、居住環境、父母的興趣愛好等，對孩子性格和行為形成的影響都不大。「要是與不良少年交了朋友，在家教嚴格家庭中長大的孩子也一樣會變壞。」哈里斯說。

　　質疑傳統。

　　早在 8 年前，哈里斯寫成《教養的迷思》（*The Nurture Assumption*）一書，質疑「有其父必有其子」的觀念，認為父母對子女成長過程的影響，並沒有傳統觀念所認為的那樣大。

　　這次，為證明自己的觀點，哈里斯還列舉了一對雙胞胎的事例。英國廣播公司（BBC）播出的系列紀錄片《我們時代的孩子》中介紹了兩個 6 歲小男孩。他們為同卵雙胞胎，遺傳基因十分相似，而且生活在同一家庭，但兩人性格迥異。一個頗具男子漢氣概，整天和一群男孩們打打鬧鬧；另一個則更喜歡和女孩玩耍，甚至還會給玩偶換尿片。

　　在新書《基因或教養》（*No Two Alik*）中，哈里斯進一步論證，兒童更易受其生長環境影響，而並非一味追隨其父母。她還詳細分析說，兒童會接受同儕影響而形成自己特定的口音、說話方式和處世態度，而不太會聽從父母的教誨。

## ● 傾聽有助於彼此的信任

　　有問題的孩子總是說：「我無法和我父母溝通，他們不能理解我。我的任何事他們也不知道，我不相信他們，而他們也不信任我。」相反，一些成功的少年則說：「我認為我能和父母談任何事，他們總是耐心傾聽我的問題，我也不害怕把我的麻煩事告訴他們。」所以說，成功的孩子總是有他們耐心的聽眾，即是他們的父母。

　　當孩子們有麻煩時，他們總是到你這裡來尋求幫助。一旦發覺在你這裡並沒有找到應有的那份安全感時，他們就會選擇獨自面對自己的問題。對於某些孩子來說，這也許沒什麼，但對於另外一些孩子可就不一樣了。許多孩子在他們不能獨自面對和解決某一問題時，他們往往會選擇逃避。一般的逃避方法就是成群結夥、喝酒、吸毒甚至是自殺。

　　對孩子適當地尊重有利於更好地傾聽。我們往往對陌生人比對孩子更有禮貌。你對老闆、鄰居的態度，和對孩子的態度是一樣的嗎？尊重你的孩子，這樣他們也會學著尊重你和他們自己。當你和孩子交談時，應顯示出信任、信心和耐心，他們反過來也會這樣對你的。

　　「我想聽聽你的想法…」

　　「我相信你的決定……」

　　「我並不完全同意這樣決定，不過你能把你的想法、決定告訴我，我非常高興……」

　　「上次我們談話時，我也許並沒有十分注意聽，我感到十分抱歉。但如果你願意再給我一次機會的話，我十分願意現在就仔細聽……」

　　當孩子和你談話時，你應精神集中，電視、電話或其他孩子的喊叫，都很容易分散你的精力。生氣是最大的忌諱，當你心煩意亂時，便很難精力集中，思維清晰，這樣也就使你很容易想到自己的一些事情，比如錢、

工作或是該準備晚飯了等等。

比如你正在工作時，有好幾次孩子都想和你談一談。當時確實不方便，所以你可以讓他們等一會，「我現在正好寫到關鍵的地方，你能先等我兩三分鐘嗎？」我認為誠實比假裝在聽要好得多。

應注意不要分散精力，應該全神貫注地看著他、聽他講話，讓他知道你相信這次談話是重要的。或許你們可以找一個比較安靜的地方會更好些，以免遭到干擾、分散精力。一起出去騎腳踏車，出去散步或到公園裡坐坐都是很不錯的。這將突顯你們兩個對這次談話的重視程度，也會使他感到他所講的對你來說同樣是十分重要的。同時還可讓你的孩子知道，他可以和你無話不談。

對孩子所說的一切，家長都要泰然處之，不管他說得多離奇、多可怕，你都不要加以指責和批判。即使他所說的使你心驚肉跳，你也得盡量保持鎮靜，並且試著弄清孩子真正的意思。

## ● 如何弄清孩子的意圖

可以透過改用不同方式表達孩子的陳述。首先你得聽出孩子所表達的隱含的感受或意思，當你認為自己已經猜到孩子的意思時，你可以用這種方法來檢驗自己的猜測。這裡是一些父母的不同反應。

麗莎：「特瑞莎是個笨蛋！」

媽媽：「別那麼說，我不是告訴過妳嗎？」

這位母親的語氣是批評的，她對麗莎的話做出了反應，而且是關鍵性的反應。她的回答使這次對話結束了。麗莎將不會再說她的煩惱和感受了。

麗莎：「特瑞莎是個笨蛋！」

媽媽：「妳生特瑞莎的氣了？」

麗莎：「是的，她告訴別的女孩，我喜歡布萊恩。」

在這個例子中，媽媽的回答是開放式的，並使其與麗莎的談話得以繼續。媽媽感覺到麗莎是在生氣，她核實了一下，這讓麗莎知道媽媽正在聽她說。不是每一次你的感覺都正確，但開放式的回答，能鼓勵孩子繼續和你交談。

麗莎：「特瑞莎是個笨蛋！」

媽媽：「你生特瑞莎的氣了？」

麗莎：「我沒有生氣，我只是感到難過。她沒有邀請我去參加她的聚會。」

一個好的傾聽者能聽到談話以外的含義。使用上述的方式讓孩子訴說她的煩惱和感受。要用引導提問的方式去教育孩子如何自己去思考，而不要用責怪、判斷或建議的語氣回答他們，除非他們確實想要聽到你的建議。

## ● 培養自己思考

父母總是喜歡給孩子們建議，我們喜歡替他們解決問題，我們總是害怕他們犯錯，我們喜歡給他們答案。我們不喜歡等待，直到他們自己找出答案。在大多數情況下，這樣做是有益的，但有時卻不是這樣。孩子們需要一定的時間反覆思考。你的主要任務是教會孩子要在行動前思考。「我真應該事先想到這些。」當青少年在面對來自同儕的壓力、毒品、色情和學校問題時，他們需要自己去認真思考。

當孩子們還小時，他們應該去練習著解決問題。這樣，當他們成長為青少年時，他們才會知道怎樣解決問題。因此，教會孩子怎樣找出自己的答案，要比直接給他們答案更好。

以下這些詢問的技巧，將幫助你在孩子們做決定時，如何引導他們思考。

★ 你是怎樣的？

★ 你應該怎樣做呢？

★ 做了一個正確的選擇嗎？

★ 你本應該怎樣做呢？

★ 下次你會怎麼做？

這些問題只是一些建議。你可以運用自己認為有效的方法。這裡有一段媽媽和一個十二歲的孩子吳迪之間的對話。這個例子說明了應該如何進行引導性提問。

媽媽：「你怎麼了，吳迪？」

吳迪：「她取笑我。」

媽媽：「快告訴我你做了什麼？」

吳迪：「我打了她。」

媽媽：「那你為什麼打人呢？」

吳迪：「她罵了我。」

媽媽：「你打她了？」

吳迪：「打了。」

媽媽：「你可以打人嗎？」

吳迪：（沉默）

媽媽：「除了打她，你還可以怎樣做呢？」

吳迪：「我或許可以走開。」

媽媽：「是的。那樣做或許更好。如果你走開了，她還會罵你嗎？」

吳迪：「不。」

媽媽：「下一次別人取笑你時，你也許應該試試這樣做。」

媽媽沒有接受解釋，也沒有讓吳迪轉移話題，而是教他思考自己所做的，並演繹出將來在這種情況下該如何做。

當孩子不能自己做決定時，不要給他建議。如果你那樣做了，而你的建議沒發揮作用，那你就失敗了。你可以透過講故事來提供建議：「當我像你這麼大時，我有一個朋友，她也遇過和你類似的情況。她解決問題的方法是不去理睬那些取笑她的孩子。」這裡隱含著建議，把她留給你的孩子自己選擇。（我不覺得這是欺騙。我相信這一定曾發生在我朋友身上。）

透過正確的提問，你可以避免爭吵，並教會孩子如何做一個正確的決定。這裡有一個解決起來比較棘手的例子。

爸爸：「怎麼了，吳迪？」

吳迪：「沒什麼。」

爸爸：「有什麼問題嗎？」

吳迪：「我說了沒什麼。」

爸爸：「我看到你打了弟弟。」

吳迪：「你都已經知道了，那還問？」

爸爸：「我們曾經談過。你知道在這個家裡，打人是不允許的，我希望下一次你遇到這種情況時，會有個更好的決定。等一下我們再一起談談這件事吧！」

爸爸要和他一起談論事情，但吳迪並不願意。這種情況很普遍，特別是倔強的孩子。儘管吳迪不願談論這件事，可是爸爸還是保持冷靜，沒有立刻因為打人或固執而責備吳迪。他意識到吳迪當時不願意談話。爸爸很明智，沒有堅持馬上要跟吳迪交談，而是等吳迪冷靜下來，再跟他進一步談話，這才是個好主意。這樣他會知道吳迪更多的感受。

## ● 小結

> 對天真無邪的惡作劇，遊戲和孩子本能的行為，應完全任其自由，
> 而且要最大限度地予以寬容。
>
> —— 洛克

·生活的滋味來自內心的感受，而不是來自外界。孩子會從你身上學習到這些。

·如果你無條件地愛孩子，他們也將照著做。

·讓你的每個孩子都知道，你是多麼重視他（她）。

·「不論外面的世界怎樣變化，始終都有人支持我。」這正是孩子們面對壓力時所需要的。

·當孩子們還小的時候，要引導他們自己思考，給他們選擇權。

·當他們做得好時給予表揚、稱讚。在他們做錯時，就應該告訴他們。幫助他們改正錯誤的決定和行為，引導孩子自己去思考解決問題的途徑，告訴他們不同決定的不同結果，教會他們有能力決定自己的未來。

# 成為父母的資格：

## 言傳身教 × 雙向理解 × 反面激勵 × 有效懲罰，每個孩子都是獨特的生命，請為他們提供適合的教育！

編　　著：孔謐，沈麗丹，陳文科

發 行 人：黃振庭

出 版 者：崧燁文化事業有限公司

發 行 者：崧燁文化事業有限公司

E-mail：sonbookservice@gmail.com

粉 絲 頁：https://www.facebook.com/
　　　　　sonbookss/

網　　址：https://sonbook.net/

地　　址：台北市中正區重慶南路一段六十一號八
　　　　　樓 815 室

Rm. 815, 8F., No.61, Sec. 1, Chongqing S. Rd.,
Zhongzheng Dist., Taipei City 100, Taiwan

電　　話：(02)2370-3310

傳　　真：(02)2388-1990

印　　刷：京峯彩色印刷有限公司（京峰數位）

律師顧問：廣華律師事務所 張珮琦律師

**國家圖書館出版品預行編目資料**

成為父母的資格：言傳身教 × 雙
向理解 × 反面激勵 × 有效懲罰，
每個孩子都是獨特的生命，請為
他們提供適合的教育！ / 孔謐，沈
麗丹，陳文科編著 . -- 第一版 . --
臺北市：崧燁文化事業有限公司，
2023.05
面；　公分
POD 版
ISBN 978-626-357-322-2( 平裝 )
1.CST: 親職教育 2.CST: 子女教育
3.CST: 育兒
528.2　　112005527

定　　價：520 元

發行日期：2023 年 05 月第一版

◎本書以 POD 印製

電子書購買

臉書